『文学院项目培育经费』资助项目

山东大学中文专刊

语音学田野调查方法与实践

——黔东苗语（新寨）个案研究

刘文 著

山东大学出版社

图书在版编目(CIP)数据

语音学田野调查方法与实践:黔东苗语(新寨)个案研究/刘文著.—济南:山东大学出版社,2021.6
ISBN 978-7-5607-7065-9

Ⅰ.①语… Ⅱ.①刘… Ⅲ.①苗语—语言调查—调查研究—黔东南苗族侗族自治州 Ⅳ.①H216

中国版本图书馆 CIP 数据核字(2021)第 118177 号

责任编辑 李孝德
文案编辑 张彩芸
封面设计 泽坤广告

出版发行 山东大学出版社
社　　址 山东省济南市山大南路 20 号
邮政编码 250100
发行热线 (0531)88363008
经　　销 新华书店
印　　刷 济南乾丰印刷有限公司
规　　格 787 毫米×1092 毫米 1/16
　　　　 18.5 印张 6 插页 217 千字
版　　次 2021 年 6 月第 1 版
印　　次 2021 年 6 月第 1 次印刷
定　　价 75.00 元

刘 文

男，山东济宁人，北京大学中文系博士。现任山东大学文学院副研究员，硕士研究生导师，研究方向为理论语言学和实验语音学，曾在《语言学论丛》《民族语文》《当代语言学》、Language and Linguistics、Journal of Chinese Liniguistics、Journal of the International Phonetic Association 等期刊发表论文20余篇，代表作有《同型声调感知的多维研究——基于声学、行为学和脑电的证据》和《瑶语方言历史比较研究》。

苗族风物・新寨鸟瞰

苗族风物・水田人家

苗族风物 · 织布机

苗族风物 · 刺绣

“山东大学中文专刊”
编辑工作组

组长

杜泽逊　张　帅

副组长

李剑锋　黄发有　程相占　马　兵

成员

王培源　刘晓东　萧光乾　张学军　张树铮
孙之梅　关家铮　王新华　杨振兰　岳立静
戚良德　祁海文　李开军　刘晓多　沈　文
王　萌　刘靖渊　程鸿彬　刘天宇　吉　颙
李振聚

《山东大学中文专刊》编辑出版说明

《山东大学中文专刊》，是山东大学中文学科学者著述的一套丛书。由山东大学文学院主持编辑，邀请有关专家担任编纂工作，请国内有经验的专业出版社分工出版。山东大学中文学科与山东大学的历史同步，在社会巨变中，屡经分合迁转，是国内历史悠久、名家辈出、有较大影响的中文学科之一。1901年山东大学堂创办之初，其课程设置就包括经史子集等中文课程。1926年省立山东大学在济南创办，设立了文学院，有中国哲学、国文学两系。上世纪30年代至40年代，杨振声、闻一多、老舍、洪深、梁实秋、游国恩、王献唐、张煦、丁山、姜叔明、沈从文、明义士、台静农、闻宥、栾调甫、顾颉刚、胡厚宣、黄孝纾等著名学者、作家在国立山东（青岛）大学、齐鲁大学任教，在学术界享有盛誉。中华人民共和国成立后，山东大学中文学科迎来新的发展时期，华岗、成仿吾先后担任校长，陆侃如、冯沅君先后担任副校长，黄孝纾、王统照、吕荧、高亨、高兰、萧涤非、殷孟伦、殷焕先、刘泮溪、孙昌熙、关德栋、蒋维崧等语言文学名家在山东大学任教，是国内中文学科实力雄厚的学术重镇。改革开放以来，中华人民共和国培养的一代学术名家周来祥、袁世硕、董治安、牟世金、张可礼、龚克昌、刘乃昌、朱德才、郭延礼、葛本仪、钱曾怡、曾繁仁、张忠纲等，以深厚的学术功力和开拓创新精神，谱写了山东大学中文学科新的辉煌。总结历史成就，整理出版几代人用心血和智慧凝结而成的著述，是对学术前辈最大的尊敬，也是开拓未来，创造新知，更上一层楼的最好起点。2018年4月16日，山东大学新一届领导班子奉命成立，20日履任。如何在新的阶段为学科发展做一些有益的工作，是摆在面前的首要课题。编辑出版《山东大学中文专刊》是新举措之一。经过一年的紧张工作，一批成果即将问世。这其中既有历史成就的总结，也有新时期的新著。相信这是一项长期的任务，而且长江后浪推前浪，在未来的学术界，山东大学中文学科的学人一定能够创造出无愧于前哲，无愧于当代，无愧于后劲的更加辉煌的业绩。

山东大学文学院

2019年10月11日

序

语言研究要基于文本。然而,世界上绝大部分语言都没有自然产生的文字系统,因此没有记录的文本资料,这无疑影响了人类对语言的研究和探索。为了对世界的语言进行研究,语音学和音位学应运而生。在过去的一百年中,传统语音学主要是采用听音和记音这种“口耳之学”的方法对未知的语言进行记录和调查,在记录语音材料的基础上,利用音位学的方法进行音位系统的归纳和整理。传统的语音学和音位学在语言的研究中起了巨大的推动作用,做出了很大的贡献。

众所周知,每个时代都有每个时代的学问,这主要是基于这个时代一个学科的基础理论和方法论。传统语音学在方法论上主要基于听音记音,由于调查者母语认知系统的影响,听不准现象普遍存在,这为音位学的研究埋下了隐患。目前音位学的基本理论和研究方法主要是基于结构主义,而非语言的认知系统。基于结构主义的方法论势必只能将研究的重点放在语言的表层结构上,较难深入到语言的认知层面,这从结构主义音位学的基本归纳原则就能反映出来,其结果是不同的人调查同一种语言会得出不同的音位系统。

随着语音科学和认知心理学等理论和方法的发展,语音田野调查越来越实证,如声学语音学、生理语音学、心理语言学、认知神经科学、言语工程等。无论是声学分析的方法、生理分析的方法，还是感知分析的方法，这些新方法和新技术的使用都大大提高了语音的描写精度，深化了对语音生理、声学和感知机制的解释，使语音学的研究从传统的方式逐渐进入科学的领域。

近年来，语音学研究方法的更迭和理论的提升，特别是语音感知和认知研究的发展、行为学感知测试，以及脑电仪、功能性核磁共振、脑磁仪等成像设备的介入，为从语音学的角度研究音位的心理实体提供了更为科学的方法，也为建立更为科学的音位学理论体系奠定了坚实的基础。人类在演化的过程中自然选择了声音作为交际的介质，因而，语音学和音位学正在成为脑科学研究的一个重要组成部分，这些发展势必会改变语音田野调查的方法和音位学的理论基础。

刘文的专著《语音学田野调查方法与实践——黔东苗语（新寨）个案研究》正是基于"现代语音科学"这一研究理念而展开的工作。刘文是我的博士研究生，他勤奋刻苦，精研学术，对语言学有浓厚的兴趣，热爱语言学田野调查，每个寒暑假都深入贵州、云南、福建和浙江等省份的偏远山区进行田野调查。在北京大学学习期间，他在语言学和语音学方面受到过系统严格的训练，并学习了数字信号处理的技术和方法，理论功底深厚，研究方法多元，技术手段全面，动手能力强。他专著中研究对象的调查始于2013年，其后他一直对该语言进行追踪调查和研究。除了传统的听音记音、音位归纳、音节表的提取外，他还借助录音设备、喉头仪、语音感知设备、脑电仪等仪器系统研究了该语言言语产生的生理、声学机制和言语感知机制，书中部分内容发表在 *Journal of the International Phonetic Association*、《民族语文》《语言学论丛》和《中国语音学报》等国内外著名期刊上。这些论文思维严谨，逻辑清晰，不乏创见。例如，他首次揭示五个平调的感知模式、提出一套用于判定声调调型的可操作性的感知标准等。这些成果均得到了同行的认可与好评。

正是认识到传统语音学田野调查的局限性，在获得目标语言音系的基础上，该书又引入声学分析、生理分析和感知研究等现代语音科学技术手段，系统全面地呈现了黔东苗语（新寨）的语音面貌，为研究和认识该语言的共时语音系统、声学特性、生理特性、语音感知特性、音位范畴实质和历史音变等提供了新的研究方法和理论基础。

《语音学田野调查方法与实践——黔东苗语（新寨）个案研究》一书可以为当下方兴未艾的语言保护工作提供一种新的研究范式和参照，书中所涉及的理论探讨、技术手段和研究成果无论是对调查一种未知的语言，还是对描写前人没有深入调查和研究的强势语言来说都具有重要的借鉴意义。从这本专著中我们可以清晰地看出，在理论上田野调查的方法怎样从传统语音学向语音科学的过渡和结构主义音位学存在的问题怎样利用感知和认知的方法得到解决，因此，该专著具有一定的学科导向和重要的基础理论意义。

孔江平

北京大学中文系教授、语音乐律实验室主任

2021 年 3 月 25 日

目　录

图

表

第1章 引言

语音学田野调查，广义地讲，就是观察人的谈话。因此，无论是在实验室、城市还是偏远山区，对一种语言、方言，甚至是一个人口音的描写，这其中的原理是相似的，这些观察他人说话的行为都属于语音学田野调查。

通常来说，这种观察是基于语言的音系结构框架。田野中数据的收集是确保田野调查成功的一项关键性工作。传统语音学田野调查工作的主要内容有听音记音、引导/启发、转写和记录。在这种研究范式下，语音学田野调查与音系分析紧密结合。因此，调查者在工作时需要带着各种假设，如目标语言的音位及其变体、音节结构、音位配列、协同发音、连读变调和语调等，并在实践中对这些假设进行逐一检验。

除上述传统调查内容外，当今的语音学田野调查还要求调查者借助现代仪器设备和技术手段来获取和分析语音数据，因此，田野工作者还必须精通这些技术。Ladefoged(2003b)指出，如果想要描述人们是如何谈话的，你必须录制一些数据，然后进行分析。通常来说，除国际音标(International Phonetic Alphabet, IPA)标注的数据外，技术的进步使得在田野中收集目标语言的可用于量化的各种各样的语音数据成为可能。具体来说，这些语音数据包含声学数据(音频)、生理数据(空气动力学数据、喉头活动数据、电子腭位数据、舌位数据）和感知数据（行为学数据、神经电生理数据）。在当今世界上的大多数语言都处于濒危状态的时代背景下，结合传统听音记音和现代语音科技的语音学田野调查显得尤为重要。

本书基于笔者对黔东苗语（新寨）的多年追踪调查和研究，主要讲述语音学田野调查（听音记音）的要求、声学研究、生理研究和感知研究，目的是向学界呈现语音学田野调查所涉及的诸多方面，如语音学田野调查的理论与方法、研究对象、实践要求、仪器和设备、手段和技术等。这些知识无论是对调查一个鲜为人知的濒危语言，还是对描写像汉语普通话这样拥有众多使用者的强势语言的调查者或研究者来说都是有借鉴意义的。

1.1 研究背景

任何一种人类语言至少具有语音、词汇和语法三个子系统（Hockett，1958）。语音系统关注的是说话者将所要表达的信息进行编码，并通过大脑下发指令调用发音器官将其转化为语音波形，进而被听者解码。这一系列的信息传递活动也被称为“言语链”（见图 1-1）。根据信息流传递的方式，语音学包含生理语音学、声学语音学和听觉/感知语音学三个分支。生理语音学关注语音是如何产生的，声学语音学研究声音本身的性质，听觉/感知语音学则聚焦于听者对语音刺激的反应。这三者相互影响、相互制约。例如，研究者可以从语音的声学信息中推导出发音生理的活动和感知的结果。

从语言学的视角出发，研究者在给语音学分类时更加关注语音表达意义的方面。例如，呈现特定语言的语音系统、分析个体言语行为、将人类语音能力特征化、将语音学应用到现实生活(如语音教学和语音合成)等。通常来说,语音系统的内涵包括两个大的层面:一是涉及语音信号中可从物理上进行分解的语音波形,即声学语音学的研究范畴;二是涉及语言的音位系统,即音系学的研究范畴。语音学侧重描写特定人的语音,音系学则重在描写一个语言的语音系统,二者存在根本区别。一个语言的音系是由一群人塑造的,个体的语音则包含许多异质成分。因此,在语音描写上就存在两种不同的范式:一是语音学被看作是用来解释音系(音位)差异;二是传统上被称为“印象性的语音描写”(Ladefoged,2003a)。事实上,如果想要系统地分析语言的语音系统,首先应该充分了解和把握该语言的音位系统。换句话说,如果不了解与该语言的语音系统相关的音位系统,那么无论是从发音还是声学角度来分析语音系统都是徒劳的。基于这一认识,Ladefoged(1971)提出了“语言学的语音学”(linguistic phonetics)。

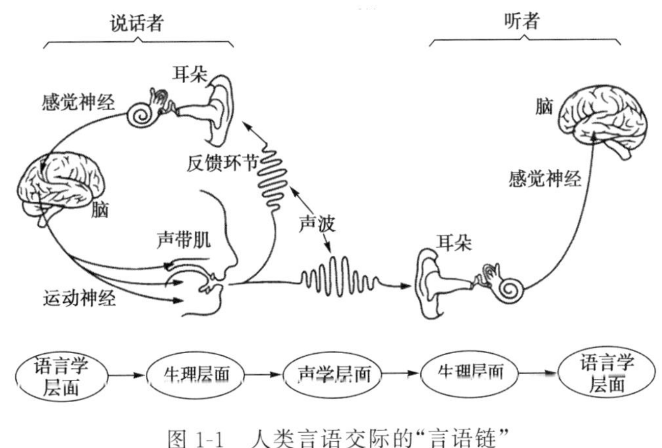

图1-1 人类言语交际的“言语链”

语音是语言的物质外壳形式。在语言的三个基本子系统中,语音系统是唯一一个具有物理表征的系统，它的单位是言语声音。由于言语声音是物理事件，因此它可以被录音、数字化、存储、分析和检索。声学语音学(acoustic phonetics)关注声音的物理特性。总体来说，人的发音器官产生的声音有无限多的可能性，言语声音是声音的一个子集(Catford，1968)。虽然人类发音器官所能产生的声音可能性是无穷的，但是人类语言中使用的只是其中很小的一部分，仅有几十个。尽管如此，在音位数量上，语言间也存在较大变异。即使是同一种语言，由于处理方案的不同，音位数量也会存在差异。根据 Crystal(2010)的统计，语言中音位数量最少的只有 11 个(如 Rotokas 和 Pirahã)，最多的可达 141 个(如！Xũ)。通常来说，人类语言中最为常见的元音系统包含五个元音(/i//e//a//o//u/)，最常见的辅音有/p//t//k//m//n/。具体而言，就元音音位来说，最少的只有两个(如 Ubykh 和 Arrernte)；最多的则有 14 个(如 Ngwel)，其中 12 个元音分长短，因此共有 26 个口元音，再加上 6 个分长短的鼻化元音，该语言总共有 38 个元音。至于辅音音位，少的有 6 个(如Rotokas)或 7 个(如 Puinave 和 Tauade)，多则七八十个(如！Xóõ：77；Ubykh：81)。最后是声调或重音，有些语言没有音位性的声调或重音(如法语)；而有些语言的声调数目可达十几个(如侗语)。因此，无论是语音学还是音系学，它们所关注的重点都是占据较少数量的音位，而非无限可能的音素。但是这并非意味着音素就不重要。Ladefoged(1971)提出“语音事件出现在语言世界中”，并进一步阐释表层语音事件的详细知识是发展一个完备音系理论的必要条件。为了获得是什么构成人类语音的清晰认识，以及构建一个完备的音系理论，我们需要从自然口语中录制和系统化实证语音数据。从自然话语中通过经验观察和语言学的语音学事件分析可以构建一个语言学的语音学知识库。

语言是人类最重要的交际工具，其产生于漫长的进化过程之中。作为一种活生生的、不断变化的实体，语言的消亡充斥于人类历史的各个阶段。但需要警觉的是，现如今语言消亡的速度史无前例。毫不夸张地说，每个月至少有一种语言从这个世界上消失。语言濒危已引起语言学家的高度关注（Hale et al.，1992）。Krauss（2007）给出了一组数字：在世界6000种语言中，40％～75％是危险的，在21世纪可能就会被儿童一代放弃；20％～50％已经或很快就不再被儿童一代使用，会成为濒危语言，并且在这个世纪就会灭绝；只有5％～10％是“安全的”。据最新统计，目前世界上有7117种活语言（Eberhard et al.，2020），在未来100年内（21世纪末），约有一半将处于濒危状态（Austin and Sallabank，2011；Moseley，2010）。

语言作为言语社团中每一个成员的知识遗产和文化习惯的独特表达形式，随着语言的消亡，构建环境和社会结构的方式也将不可避免地消失。当一种语言消亡时，这种看待世界的独特视角也会随之消失。每种语言消亡后，除了错失它们独特的语言类型外，人类都会损失大量的历史与文化遗产（Ladefoged and Maddieson，1996a；Miyaoka，2001）。此外，还将因此无法了解特定人群是如何与周边世界关联的，随之消失的还有科学、医学和植物学知识。更重要的是，人类还会失去一些族群对幽默、爱和生活的表达方式。简而言之，人类将失去许多世纪以来积累的生活证据。因此，语言学的田野调查和记录迫在眉睫，其既有紧迫性，又有必要性。Ladefoged（2003c）曾说：“没有什么是比语言的声音更短暂的了，声音只有在这个语言中被言说时才是活着的。当孩子一代的声音属于另一个世界时，那么这些声音就会永久消失。剩下的就是我们能够存档的记录。”对于语言记录来说，高质量的录音和准确的转写至关重要，高质量的录音可以复原语言的面貌，精心转写的语料则是可靠音系分析的基础。在这一背景下，世界各国和各类组织对语言保护工作的重视与日俱增，其中影响较大的语言记录与保护项目有：我国 20 世纪 50 年代组织的语言大调查和 2015 年实施的中国语言资源保护工程、美国加利福尼亚大学洛杉矶分校语音实验室在 20 世纪 90 年代发起的濒危语言语音学结构的研究、DOBES（Documentation of Endangered Languages）、HRELP（The Hans Rausing Endangered Languages Project）以及 ELP（Endangered Languages Project）。就美国加利福尼亚大学洛杉矶分校语音实验室开展的濒危语言语音学结构研究而言，其目的是为了能够在语言消失之后了解它们的声音以及发音姿态。该项目历时数年，研究对象涉及数十种语言，研究内容包含录音（采用量化形式对声音进行标准化描写，通过特定材料确认和阐释主要的语音和音系模式，采用附加材料阐释协同发音和其他语音现象）、生理信号、气流气压信号和发音姿态。

总之，在语音学田野调查方面，一个最大的变化是描写语言观的变化，即描写一个语言在我们的观念中意味着什么。过去的描写多强调用于音系对立的语音转写，现在则更加强调语言是一群人的财产的观念。基于这种观念，语言记录的主要目标有两个：一是决定特定人群的语音在多大程度上代表整个语言，以及特定人群所属语言可允许的变异；二是保护和复兴语言，从而为后代说话者和研究者保存有关人类语言多样性和文化宝藏的信息。随着科技进步和发展，现如今有许多可资利用的工具和技术来帮助我们改变这种状况，以便更好地记录和保护语言。

1.2　研究内容

语音学田野调查与传统语言学田野调查有诸多不同，最主要地体现在以下两个方面：

一是调查内容。传统语言学田野调查涉及语音、词汇、形态、句法、语篇和故事等，语音学田野调查只关注语音。

二是调查时间。传统语言学田野调查少则几个月，多则几年；语音学田野调查所需时间较短，视具体研究目的而定，一般来说，多则一个月，少则一个星期，甚至几天。

就研究内容而言，语音学田野调查和记录的范围可以概括为系统的收集、分类、分析和储存语言的语音四个方面。当然，具体情况还需要取决于研究语言的实际以及研究者的目的。例如，在DOBES项目中，语言记录库包含以下类型的材料：含不同深度注释的音频和视频，通常会转写和翻译成一种或多种主要语言，并伴随形态句法标注；捆绑成一组记录过程的照片和绘图，如房屋建造过程；音乐文化活动和仪式的录像；记录语言的谱系分类，其社会语言环境、语音和语法特征以及录音和记录时的情形。Ladefoged and Maddieson(1996a)认为语言学家和语音学家一定要尽最大可能地搜集原始数据，这些原始数据应该包括文本、注释和对音频的语音转写。Ladefoged(1997，2003b)指出语言语音结构的描写有四个基本任务：一是决定描写什么，二是寻找合适的发音人，三是记录和分析必需的语音数据，四是用清晰的方式呈现结果。事实上，这四项任务在具体实践过程中常常重叠交叉，尤其是第四项任务，它应该贯穿整个田野调查过程，而不应该在调查结束后再开始，这一点需要调查者时刻牢记在心。

本书以黔东苗语(新寨)为研究对象,研究内容含四个方面:

一是语言学田野调查,涉及音系、词汇、语篇等内容。

二是声学数据,含辅音、元音、声调(单字调和双字调)。

三是生理数据,即涉及喉头运动的声门阻抗信号。

四是感知数据,即行为学听辨实验。

1.3 研究目标

本书基于语言学的语音学研究理念,无论是语音学田野调查的音位分析和归纳,还是后续的声学实验、生理实验和感知实验,其目的都是为了更好地呈现目标语言的真实面貌。此外,本书可以给正考虑进行语音学田野调查的同行提供些建议,还可以为对语音声学分析、生理分析和感知分析感兴趣的描写语言学家提供参考,或为在田野中碰到的语音分析问题寻求答案。

1.4 研究方法

本书的研究方法主要体现在以下三个方面:

一是田野调查法。本项研究首先需要对黔东苗语(新寨)进行传统的语言学田野调查,获得该语言的音位系统、音节表、词表、语篇等语料,为学界呈现该语言的音系或语音面貌。

二是声学分析。根据田野调查结果,提取出用于进行元音、辅音、声调和嗓音发声类型研究的素材,进而通过提取一系列声学和嗓音参数来确定所要研究对象的声学特性、分布模式以及语音对立基础。

三是行为学感知测试方法。该研究方法主要考察声调感知的模式及其影响因素，具体包含样本合成和听辨两个部分。

在样本合成方面，本书采用基音同步叠加法（pitch-synchronous overlap and add method，PSOLA）。该方法的原理是先将原始语音信号进行基音同步分析与标记，并与基音同步的时间窗进行点乘得到一系列短时分析信号；再将短时分析信号进行修改，如对基音标记进行基频、时长、幅度等方面的调整，从而得到新的基音标记，并确定短时合成信号；最后将短时合成信号与基音标记进行叠加，得到新基音周期的语音信号（见图1-2）。PSOLA算法的核心是基音同步，它把基音周期的完整性作为保证波形及频谱连续的前提。该算法的优点是简单实用，合成语音的自然度比较高，并且在合成刺激样本过程中只改变信号的基频，不会对影响嗓音质量的频谱特性做出改变（Moulines and Charpentier，1990；Moulines and Laroche，1995；Taylor，2009；杨若晓，2009；Upperman，2012；Garellek et al.，2013；Yang，2015）。杨若晓（2009）曾使用逆滤波分析和谱倾斜分析两种方法对采用PSOLA算法合成前后的语音样本进行基频、开商、速度商和频谱斜率参数测量与分析，结果证实了这种合成方式不会影响声源频谱特性。基于这一原理，本书才得以利用PSOLA算法考察嗓音发声类型对语音感知的影响。具体来说，在语音感知研究中，从样本A合成到样本B和从样本B合成到样本A这两个语音连续统中的刺激样本具有相同的基频，只是发声类型不同。从A合成到B的连续统保留的是A的发声类型，反之，从B合成到A的连续统保留的是B的发声类型。我们的研究假设是如果这两个语音连续统的感知结果相同，那么这就说明发声类型线索在感知中没有作用；反之，如果这两个语音连续统的感知结果存在显著性差异，那就表明原始样本的发声线索影响了感知结果。

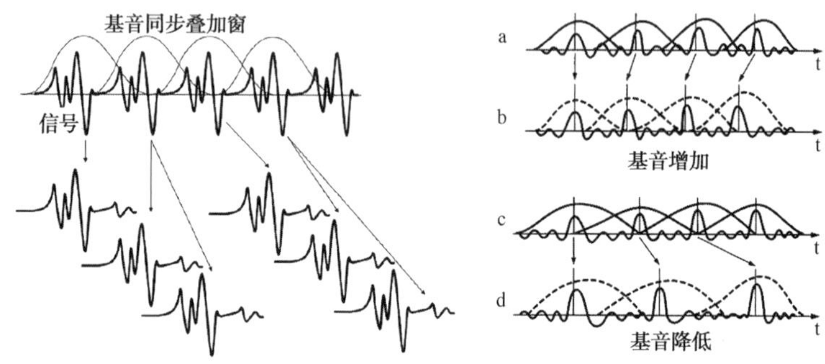

图 1-2　PSOLA 改变基频的原理示意

在听辨方法上，经典范畴感知实验的做法是控制其他参数，只改变其中一个参数，使其在连续统中渐变，进而合成一系列刺激样本，让被试进行确认实验（identification task）和区分实验（discrimination task）。本书的行为学实验测试程序由 E-Prime 软件控制。实验中，刺激以随机的方式呈现，每名被试都被要求完成上述两项任务，程序会自动记录下被试的反应按键和反应时间。在确认实验中，每个语音连续统中的刺激以随机的方式呈现给被试，要求被试通过按键做出判断。本书采用二选一的强迫性选择（two-alternative forced choice，2AFC），要求被试在给出的两个样本中选择一个。在区分任务中，本书采用 AX 范式，步长为两步。一对样本中的两个刺激间隔时间为 500 毫秒，因为这个时长可以最大化范畴间和范畴内的区分差异（Pisoni，1973）。对于一个给定的声学连续统，假如该连续统中有 10 个刺激样本，那么区分任务就有 26 个试次，其中 16 个试次包含两个不同的刺激样本对（正向：1-3，2-4，3-5，4-6，5-7，6-8，7-9，8-10；反向：3-1，4-2，5-3，6-4，7-5，8-6，9-7，10-8），10 个试次是相同的刺激样本对，即

1-1，2-2，3-3，4-4，5-5，6-6，7-7，8-8，9-9，10-10。每对刺激播放后，要求被试判断所播放的两个声音是相同的还是不同的。

1.5　仪器与技术

传统的语音学田野调查主要依赖调查者的听觉器官（耳朵）和发音器官（口），即接受过 IPA 训练的调查者将其在目标语言中听到的声音与 IPA 符号表中的标准音及其变体进行匹配，或调查者模仿目标语言的声音让母语者判断正误。换句话说，训练有素的双耳（能听出声音间的细微差别）与发音器官（可以发出各种可能的声音）协作，通过尝试各种发音来测试不同的研究假设。因此，这项技能也被称为“口耳之学”。理论上来说，一旦掌握这项技能，研究者可以调查世界上任何一种语言。传教士和结构主义语言学家正是采用这种方法调查了大量的语言，由此推动了语言学的快速发展。

尽管“口耳之学”在 19 世纪末期和 20 世纪早期取得了巨大成就，但是语言学家也意识到无论受过多么良好的训练，仅靠耳朵和发音器官来做好语音记录和转写是不够的，其中一个最大的问题是它无法证实或证伪观察者所得出的结论。例如，调查者无法准确判断舌头在口腔中的接触部位、喉头部位声带的开闭、塞音送气的时长，或者鼻化元音中的口鼻气流比值等。因此，要想获得一个完备的语音结构描写，语音学田野调查还需要借助生理、声学、感知的技术和手段进行数据记录。随着人们对言语声学的深入了解和认识，以及技术革新所带来的新工具和新方法，语音学，尤其是采用实验技术和手段的语音学逐渐进入大众视野，这就使得调查者在田野中使用这些技术手段成为可能。调查者借助笔记本电脑、仪器设备和分析程序不仅可以采集生理、声学和感知数据，还可以对数据进行精细分析，进而利用分析结果帮助核查转写，发现错误，从而提高语音转写质量。Ladefoged (1997)列出了借助辅助工具进行语音学田野调查的三个优点：一是会提出新的描写可能。例如，通过记录口鼻气流发现清鼻音(Bhaskararao and Ladefoged，1991)。笔者在转写黔东苗语(新寨)舌尖部位的清鼻音时，清鼻音([n̥ɛ]“太阳”)在听感上感觉发音好像伴随着一个同部位的清送气塞音([n̥t^{h}ɛ]“太阳”)，声学分析结果则表明清送气塞音是不存在的。二是工具允许进行永久记录，以便可以向那些无法接触该语言的人展示所描写语言的事实。三是工具能使人们进行量化描写。例如，尽管调查者具有一副好耳朵，但是他们也不能测量和报告不同环境下塞音送气时长的毫秒级差异。此外，如果没有测量数据，也就无法证明一组塞音与另一组塞音之间(或一个语言与另一个语言之间)是否存在统计上的显著性差异。

在语音学田野调查中，技术的选择取决于研究目的和数据类型。本节主要关注语音学田野调查中所用到的仪器设备和技术，以及如何利用它们来解决田野调查中的语言学的语音学问题。需要说明的是，本节重点在于介绍仪器语音学或工具语音学在田野中的应用，尤其是多通道数据采集。因此，我们假定读者已经具备声音是如何产生(生理语音学)、传播(声学语音学)以及被感知(听觉/感知语音学)等方面的基础知识，并且了解基本的语音学术语、概念和原理。最后，田野工作者应该牢记的是技术只是传统听音记音的补充，而非替代。语音转写是用 IPA 符号来描写离散的音位范畴，语音实验是想找到音位范畴与语音数据之间的对应，然而事实上二者之间并非一一对应。例如，学界通常采用基频来描写声调，但是基频并不等同于声调。因为声调是一个语言学概念，是感知出来的一个范畴，而非一条基频或音高曲线。声学分析只是一个参照，更为重要的是需要获得母语者的感知数据，通过感知结果来描写的声调才符合人类大脑的认知，也只有这样才能有效地确定声调的调型和相对调值。

1.5.1　声学数据

在田野调查工作中，早期的调查者仅依靠纸和笔进行语音转写。随着录音设备的发明和出现，语音学家可以通过录音来获得发音的声学数据。由于声学录音具有简单实用、非侵入等特点，因此在田野中深受语言学家喜爱。录音机是二战后出现的，主要有盒式磁带录音机和 DAT 数字录音机两种类型，不过现在基本都被抛弃。目前最为常用的录音设备是录音笔和笔记本电脑。Maddieson(2001)从设备的复杂性、操作的简洁性、录音时长、频响和数据易损性等方面对比了录音笔录音和电脑录音的优劣。录音笔体积小、容量大、无运动组件、易操作且可使用 SD 存储卡对数据进行快速便捷备份。需要注意的是，在选择录音笔时应着重考虑其频响(≥ 12000 Hz)和信噪比(≥ 45 dB)。随着便携式电脑的普及，相对于录音笔录音而言，将声音直接通过电脑进行数字化采集也许是田野收集数据的最好方式。鉴于电脑内置声卡和麦克风质量不高，因而会影响录音质量，所以在使用电脑录音时不建议使用电脑自带麦克风和扬声器。一般来说，在使用电脑录音时，通行做法是将电脑与外置声卡、调音台和麦克风等设备相结合，以便捕获高质量和高信噪比的声学数据。

此外，相对于录音笔而言，笔记本电脑还可以灵活回放录音以便检查录音质量，例如，核查声音的细微差异和对立与否。更为关键的是,借助声学分析软件,笔记本电脑还可以实时对录音的语音特性进行声学分析。在笔记本电脑的选择上,除了满足田野工作要求的轻便和坚固外,它还应该具有更快的处理器、更大的内存、更大的硬盘和更长的电池续航。

录音应该以录音日期、地点、发音人姓名、语言名称和录音内容的陈述作为开始,以便于后期检索和查找。在录音过程中,当发音人出现发音错误时,主试不要中断录音,只需要让发音人重复并说明即可。为了保证录音的一致性,Ladefoged(2003b:22-23)建议让一个理想发音人先说一个词,然后让其他人重复,以便获得整个言语社团认可的发音。

要想获得干净和清晰的高质量录音,调查者必须尽最大可能地减少录音时的环境噪音。Austin(2006:90)给出了四种管理背景噪音干扰的方法:录音时使用耳机监听录音内容;使用指向性麦克风;在大风环境下使用麦克风风罩,并在保证录音质量的前提下尽量将麦克风靠近发音人嘴部;限制人和物的非必要性移动。我们将上述方法归结为以下两种实现方式:

一是控制录音环境。田野环境的噪音来源通常有自然界的鸟蝉、鸡豚狗彘、风雨雷电、家用电器(风扇、冰箱和电灯的蜂鸣声)、建筑工地的搅拌机和拖拉机、商贩叫卖、小孩嬉戏和哭闹等,部分噪音源可以通过选择录音时间、地点和关闭家用电器等来屏蔽。例如,可以选择在凌晨进行录音,因为这个时间外界干扰最小。至于录音地点,可选择安静的房间。Ladefoged(2003b:21)建议不要选择在空荡的房间内录音,因为在空房间中声波会从光滑的墙面反射回来,从而产生混响。然而,现实生活中有时不得不在空荡的房间内(如宾馆)进行录音。当出现这种情况时,可以通过改造录音环境减小混响,如在房间四周布置被褥和床单。

Ladefoged(1997)认为最好的录音环境是自由声场，而非嘈杂且有混响的房间。Butcher(2013)报道在干涸河床中录制了质量相当好的录音。尽管在开阔场地录音会减少混响的发生概率，但是在这种环境下也会有其他噪音介入。户外录音的最大干扰就是风噪。此外，家用电源供电会产生一个50 Hz的蜂鸣声干扰，这可以通过采用电池供电来消除。当然，如果已知噪音有一个固定的频率，那么在后期数据分析时就可以采用特定算法对信号进行降噪处理。最后，笔者想要说明的是，如果条件允许的话，最理想的录音环境是当地高校的隔音室或录音室，其次是电视台或广播台的录播室。

二是使用特定的拾音设备。就麦克风而言，其越耐用越好。此外，麦克风的选择还需要考虑频响、指向性和拾音类型三个技术指标。频响是麦克风最为关键的特性，语音学研究要求麦克风的频响至少要涵盖50 Hz～20 kHz的频率范围，并且频响曲线尽可能是平坦的。就指向性而言，麦克风分为指向性麦克风和全向性麦克风。指向性麦克风最好选择心形或超心形模式，其适用于单人录音。目前较为常用的两款指向性麦克风是头戴式麦克风和领夹式麦克风，它们的设计可以消除来自其他方向的声音。如果研究目的需要录制多人的声音，那么就需要使用全向性麦克风，即让发音人围成一个圈儿，并将麦克风置于圆圈的中间位置。就拾音类型而言，根据将声学信号转换为电信号的途径，麦克风可以分为动圈式麦克风和电容式麦克风。动圈式麦克风的鲁棒性强，但是其在低频的灵敏度低，并且体积相对较大，不便于携带。电容式麦克风体积小且便携，但是它需要额外配备电池供电。需要注意的是，在热带地区录音时最好避免使用电容式麦克风，因为它们很容易受潮，从而影响其性能。

信噪比是衡量录音质量的一个关键技术指标。在田野环境中，调查者面临的一大挑战是获取理想的信噪比。通常来说，要使录音拥有一个较高的信噪比，调查者需要将信号保持在一个可允许的最高电平上，从而确保信号能够最大限度地高于背景噪音。这就要求调查者学会正确使用麦克风。由于音强随着声源和麦克风之间距离的平方变化而变化，在确保信号强度不超载或不出现喷麦的情况下，应尽可能地减小麦克风与声源之间的距离，并且最好将麦克风固定在某一特定位置上。头戴式麦克风是在嘈杂环境中录音的最佳选择，录音时可以将麦克风与嘴唇之间的距离固定在约 5 厘米处，并且将麦克风调整为稍微偏向一侧的位置。如果录音环境相对安静，对成年人来说，佩戴领夹式麦克风可能更为合适，麦克风与嘴唇之间的距离通常设定为 10～15 厘米。正式录音前，与发音人进行录音演练和设置录音电平也是十分关键的，因为发音人的发音强度会随语音材料的改变而改变，适合的增益系数可以帮助我们在信号无失真和削波的前提下捕获最大信号电平。录音期间，田野工作者要时刻监视录音信号电平，确保所录信号不过载，以免影响后期的声学分析。

录音时，田野工作者要确保录音数据无压缩和高保真度。因此，在将声音的模拟信号转换为数字信号时(模数转换)，我们需要注意以下三个问题:第一个是采样频率，其大小取决于所要研究的信号类型。根据奈奎斯特—香农采样定理，采样频率至少要达到所要采集信号最大频率的两倍。具体来说，如果研究声调，1 kHz 的采样频率就够用了;如果研究元音，5 个共振峰可能需要 10 kHz 的采样频率;如果研究辅音，需要 22 kHz 的采样频率;如果研究噪音，采样频率就要达到 44 kHz。第二个是采样量化解析率，相对于 8 bit 提供的 48 dB 的信噪比而言，16 bit 系统可以提供最高 96 dB 的信噪比。第三是采样振幅表示的准确性。如果每个振幅都可以用 1024 个可能的数字中的任何一个来表示，那么其所存储的波形要比用 256 个可能的数字表示的更接近原始声音。需要注意的是，尽管随着计算机软硬件的迅猛发展，高采样频率和高精度值在现实中早已变为可能，但是这些值并非越高越好。在选择数字化参数时，一方面取决于研究信号的性质，另一方面还需要视研究目的而定。同时，田野工作者还需要平衡信号采样精度与存储数据量之间的关系。

获取录音后，田野工作者可以借助声学分析软件进行语音声学分析，通用的声学分析软件有 Praat、CSL 语音分析工作站和 SciconRD 家族的分析程序。当然，研究者也可以根据自己的研究需求编写相关分析程序。常用的声学分析有：基频（窄带语图），音强（功率谱），时长（波形），元音共振峰变化（宽带语图），元音共振峰峰值（FFT 和 LPC 谱），辅音冲直条、VOT、强频带（宽带语图、频谱分析），鼻音共振峰、边音共振峰（FFT 和 LPC 谱），发声类型（频谱分析）。在此，我们想强调下 FFT 分析，因为它是语音声学分析的基石，其主要是将语音的时域信号转换到频率域，从而实现将语音复合波拆分成单个正弦波的目的。当进行 FFT 分析时，一定要牢记系统限制。FFT 可以显示频谱分量振幅，假定这些分量都是波形（基频）的整数倍，那么其频率分辨率大小则取决于 FFT 的点数。FFT 的点数越大，波长越长，那么波的频率就越低，并且计算分量间的间隔就越小。通常来说，FFT 的计算程序都会有一个可允许的最大点数（512 或 1024）。当点数固定时，提高频率域精度（即减小所测量的分量间的间隔）的唯一方法就是降低采样频率，这将起到减少可供观察频率范围的效果。但是，由于在该范围内计算相同数量的分量，那么分量之间的距离将更为接近。Ladefoged(1997)举例说明了这一问题。当给定一个采样频率为 20 kHz 的信号,并且 FFT 点数为 512,那么在 10 kHz范围内将有 256 个间隔为 40 Hz 的分量。但是当采样频率降到 10 kHz,那么在 5 kHz 的频率范围内这 256 个分量的间隔将变为 20 Hz。出于这个原因,如果研究元音的共振峰,一种方案是采用较低的采样频率(如 11025 Hz),另一种方案是提高 FFT 的点数。

1.5.2 生理数据

生理语音学主要关注发音时的唇形、舌头在口腔中的活动、气流气压变化、喉头和声带运动、胸腹呼吸等。本节扼要介绍语音学田野调查中常用的生理数据采集仪器和技术。

1.5.2.1 唇形数据

随着研究的深入,语音中的视觉参数受到广泛关注。因此,在田野中,如果条件允许的话,调查者需要借助特定设备采集语音视觉参数,其中最易于观察和获取的语音视觉参数是唇形,它可以用来确定唇和齿部位声音的准确发音部位,如圆唇元音或唇辅音(Ladefoged,1997;Maddieson,1998)。唇形数据有二维和三维之分。二维数据可以通过摄像机捕获,三维数据则需要利用专业的运动捕捉设备,这需要在实验室中完成数据采集(潘晓声,2011)。本节主要介绍田野中可资利用的二维唇形数据的采集。

在现代语音学田野调查中,摄像机已成为一项必不可少的田野伴侣,其用途十分广泛,既可以拍摄静态照片,又可以进行动态录像。在摄像机的选择上,除满足小巧便携、防尘防水和耐用坚固等特性外,最为重要的一点是摄像机的录制质量。一般来说,要想录制高质量的视频，摄像机至少需要具备 3-CMOS(complementary metal oxide semiconductor)的图像传感器和全画幅特性。3-CMOS 包含 3 个独立的 CMOS 传感器，每个传感器支配一个原色，即红、绿、蓝，这可以生成分辨率高达 1920×1080 像素的高清信号。全画幅可以保证摄像机的采集速度至少达到 30 帧/秒。目前市面上通行的摄像机全高清拍摄时一般都可以达到 60 帧/秒，4K 拍摄约为 25～30 帧/秒。虽然摄像机的这个速度可以记录唇的发音运动，但是它无法捕获塞音除阻或颤音的发音姿态，因为这种发音的速度太快，只能通过每秒可以达到上千帧的高速摄像机来捕获。

此外，在摄像时我们还需要考虑音视频同步的问题。不同的研究目的有不同的技术要求。Butcher(2013)给出了三种参考方案：一是高质量的视频和高质量的音频，这需要使用两个独立的设备，即一个摄像机和一个 SMPTE 时间码的音频记录器；二是高质量的视频和经过压缩的音频，这仅需要使用一个配有 XLR 音频输入和可选自动增益控制的摄像机；三是高质量(无压缩)的音频(WAV 格式，解析率为 24 bit，采样率为 96 kHz)和一般的视频(MPEG-4 格式，解析率为 640×480，帧速率为 30 帧/秒)，这需要使用一个手持型视频记录器。

1.5.2.2　腭位数据

腭位照相(palatography)主要用来确定发音时舌腭的接触位置，它是传统的收集舌尖或舌面辅音数据的一种简便方式(Abercrombie，1957；Ladefoged，1957，1997，2003b；Dart，1991；Butcher，1995；Anderson，2008)。

早期的腭位照相技术采集的是发音时的静态数据。静态腭位照相技术的主要程序如下：发音前，先将等量的木炭粉和橄榄油调和而成的“造影剂/对比剂”(contrast medium)涂抹在发音人舌头上；发音时，舌头上的调和物会在与上腭接触的部位留下印记；发音后，发音人不允许用舌头接触上腭，并且主试要在第一时间内借助镜子和摄像机记录下接触的准确位置，即可得到腭位图。采用静态腭位照相研究辅音发音部位的研究有：王力(1931/2014)，周殿福、吴宗济(1963)，Gordon and Maddieson(1999)以及Gordon(2003)等。

静态腭位照相技术的主要缺点是不能捕获发音的时间进程。随着技术的进步，调查者可以借助便携式动态电子腭位仪(electropalatography，EPG)在田野中采集发音时更为精密的腭位数据。Tabain(2009，2011)和 Tabain et al.(2011)详细介绍了 EPG 技术及其使用方法。EPG 的出现使得研究者可以通过采集舌面和硬腭的动态接触过程来研究辅音的发音部位和协同发音过程(李英浩，2011；艾则孜，2018)。作为一项田野技术，EPG 的主要缺点是它限制研究者只能使用少数发音人，并且在进行田野之前还需要进行大量的准备工作。例如，研究者事先需要给发音人制作牙模，并将牙模寄到国外特定公司定做电子假腭。由于 EPG 数据采集需要借助电子假腭，因此这种侵入性的数据采集方式也会影响被试发音的自然度。此外，EPG 的数据记录也是一个漫长的过程，很有可能需要反复多次录制。因此，为了保证数据采集的持续性和重复性，研究者应该优先考虑那些具有长期合作可能性的发音人。

至于腭位数据的采集与后期的数据处理，Ladefoged(1997；2003b：30-51)给出了腭位照相的操作程序以及详尽的使用指导意见。Vaux and Cooper(1999：66)讨论了一个研究硬腭发音的程序,该程序可以将舌头接触上腭的序列传输给计算机。李英浩(2011)基于 Matlab 搭建了动态电子腭位数据分析程序 EPGAnalyzer,该程序可以自动定位舌腭接触的关键帧,展现舌腭接触频率图和腭位参数动态变化图,同步腭位参数和共振峰参数等。

无论是使用静态腭位照相技术还是动态电子腭位技术,在采集舌腭接触数据时,语音材料的选择十分关键。换句话说,词表设计好坏直接决定实验成败。最为理想的情况是,除了目标辅音外,词中的声音应尽量避免产生舌腭接触,因为其他声音的接触(尤其是发音部位相似的声音)会掩盖目标辅音的数据。另外,对于辅音的腭位照相来说,控制其出现环境也是十分重要的,低元音通常是较好的选择(Ladefoged,1997;Gordon,2003)。最后,腭位研究费时费力,尤其是电子腭位的制作成本较高且只适用于特定发音人,因此,研究者还需要平衡发音人数量与他们所发语音代表性之间的关系。

1.5.2.3 舌位数据

舌位数据主要是用来确定发音时舌头的哪个部分是积极参与的(Ladefoged,2003b:40-42)。与腭位图的制作类似,舌位图的制作需要先将造影剂涂抹在硬腭上,等发音结束后,发音人将舌头伸出口外即可获得舌位图。

另一种用来记录发音时舌位和舌头形状的仪器是言语超声仪。超声图像可以由视频记录器捕获,并与音频同步进行分析(Gick,2002;兰正群、吴西愉,2017;吴西愉,2019)。目前市面上有很多可供选择的用于语音学田野调查的便携式超声仪,并且其采样率高达 124 Hz(Miller and Finch,2011)。田野中使用超声仪所面临的最大挑战是传感器位置相对于发音人头部的稳定性，现行较好的做法是使用固定头戴装置。除了追踪整个舌头形状的时间进程外，超声仪还能够观察舌根和咽腔壁，测量非矢状面的舌头，例如边音除阻和舌槽(Gick,2002)。

尽管超声仪是一款非侵入性的设备，但是它对发音人也有选择。相对来说，年轻瘦的女性通常可以产生高质量的超声图像(Tabain,2013)。

1.5.2.4 空气动力学数据

在田野中，调查者使用气流气压计可以采集和分析发音的空气动力学数据，即口压、口流、鼻压、鼻流，这些数据可以弥补声学分析的局限，展现一些重要的发音事实。例如，描写由不同气流机制产生的辅音(喷音、内爆音)(Ladefoged and Maddieson, 1996a)、证实发音气流方向(呼气音、吸气音)(Butcher,2004)、清化鼻音(Bhaskararao and Ladefoged, 1991; Blankenship et al., 1993)、鼻化元音(Butcher, 1999; Butcher and Loakes, 2008; Demolin,2011)、阻塞音是否存在清浊对立(Stoakes et al.,2006)。

如果想要分别采集口腔气流和鼻腔气流，以消除两个通道间的气流泄漏，那就需要使用非侵入式的口鼻分离面罩(Rothenberg,1973、1977)。将口鼻面罩的磁阻差压传感器通过模数转换盒连接到笔记本电脑上，就可以分别采集口部和鼻部的气流气压信号。在采集气流气压数据的同时，研究者还可以借助麦克风同步采集音频信号，声压信号可以用于辅助气流信号进行后续的语音分段和时长的测量，如元音长度和塞音 VOT。

如果研究者对发音时的口内气压感兴趣，则可以通过采用一个置于唇间且连接气压传感器的导管来记录口腔内气压的变化(Ladefoged，2003b)。获得空气动力学数据后，对其进行适当分析还可以从中推导出其他信息。例如，对口部气流进行逆滤波分析就可以消除语音的口腔共鸣特性，进而揭示出声门波的形状(Rothenberg，1977；Javkin et al.，1987)。

在使用空气动力学测量之前，对仪器进行校准十分重要，尤其是在气候和海拔差异可能会导致输出结果变化的地区。口内压传感器可以在实验室中通过厂家提供的 U 型管装置进行校准。当进入田野后，也可以通过一把尺子和一杯水进行简单的重新校准(Ladefoged，2003b：61)。气流传感器的校准涉及使用转子流量计，操作起来比较麻烦，因此只能在实验室内完成(Ladefoged，2003b：61)。事实上，在现代空气动力学系统中，仪器的变异通常很小，偶尔存在零线漂移。

与其他田野设备的要求一致，田野中使用的采集空气动力学数据的系统也应该具备便携和耐用等特性。Ladefoged(1967、1997、2003b：54-74)详细讨论了收集空气动力学数据所需要的设备、操作程序和数据处理。

1.5.2.5　喉头数据

除了可以从语音信号(Ladefoged et al.，1988)和气流气压信号(Rothenberg，1977；Javkin et al.，1987)中推导出喉头活动外，田野工作者还可以借助喉头仪观察发音时的喉头活动和声带开合情况。喉头仪是一款十分轻便的田野常规设备，其采用非侵入性方式采集信号，并且可以与采集音视频、气流气压、呼吸等多通道数据采集系统一起使用。喉头仪的工作原理是通过放置在颈部甲状软骨外侧的两个压片测量声带的接触程度。当声带关闭时，声带接触，两个压片间的电极阻抗小，喉头仪信号就强；当声带打开时，声带分离，两个压片间的电极阻抗大，喉头仪信号就弱。与声门气流波形右倾模式不同的是，喉头仪信号通常是左倾模式。在喉头仪信号研究中，开商和速度商是两个较为常用的参数。开商指的是喉头仪周期信号中开相和整个周期的比值，速度商指的是周期内正在打开相与正在关闭相的比值。相对于正常嗓音而言，气嗓音或松音的开商大、速度商小；紧音、挤喉音或喉化音的开商小、速度商大（例如，孔江平，2001；Kong，2007；Brunelle et al.，2010）。此外，从喉头仪信号中还可以推导出基频。利用基频、开商和速度商 3 个参数就可以研究声带振动的不同状态和模式，从而量化不同类型的嗓音发声类型。除研究语言嗓音发声类型外，喉头仪也是观察声门塞音和喉塞音的一个有效工具，因为这些声音在喉头仪波形上通常伴随着一个急剧上升问题（Stoakes et al.，2007）。需要说明的是，研究者在解释喉头仪波形时需谨慎（Titze，1990）。

喉头仪虽然是一项非侵入性技术手段，但是在使用它时需要考虑发音人的生理特征。通常来说，肥胖男性、女性和小孩的喉头仪信号不容易采集，最为理想的采集对象是偏瘦的成年男性。

1.5.2.6 呼吸数据

呼吸是发音的动力源。研究表明，腹呼吸主要提供动力，胸呼吸则和发音有关（孔江平，2015）。目前，最为简单便捷的呼吸采集器是呼吸带。呼吸带的核心元件是一个压电传感器，它通过电压变化反映长度的线性改变，利用这个特性，研究者就可以利用呼吸带来测量呼吸时胸腔或腹腔体积的改变。基于呼吸信号提取的常用参数有呼吸曲线、呼吸重置时长和呼吸重置幅度。在语言学领域,呼吸带主要用于言语呼吸动力和朗读节奏研究(谭晶晶,2008;杨锋,2012、2018;吴韩娜,2015)。

在采集胸腹呼吸信号时,研究者也可以借助多通道采集器同步采集语音信号和嗓音信号。

1.5.3 感知数据

语音感知研究可以用来阐明音位边界(范畴 vs. 连续)、音节内部各要素之间的制约关系,以及声学线索(例如音高、时长、发声类型等)在语音中的相对重要性等问题。例如,要想确定发音人对辅音发音的感知在何种程度上受周围元音的影响,田野工作者可以编辑自然发音,创建出现在目标辅音前后的各种不同元音序列。在这些拼接的音频中,发音人对辅音的确认可以展现出元音是如何影响辅音感知的。举例来说,当出现在清不送气塞音[k]前的[s]被移除时([skunk]),英语母语者可以听到一个浊塞音[g],即[gunk](Butcher,2013)。尽管语音感知研究对音系描写和分析十分有用,然而语音感知的田野研究并没有太久的历史,并且实验类型多被限定在行为学听辨测试方面,即给被试呈现语音刺激样本,然后要求他们听音并做出判断。不过,随着研究的深入,当研究者充分了解目标语言的音系、并对该语言的生理和声学要素进行分析后,那么就可以设计有关感知的研究。Brunelle(2011)讨论了与田野环境相关的语音感知研究。根据前人研究,我们可以将语音感知实验的内容归结为以下三个方面:一是判断两个声音的异同(相异度矩阵),二是判断两个声音的相似度(相似度矩阵),三是判断单个声音属于哪一个音位范畴(范畴感知实验)。针对田野环境,在设计语音感知实验时要尽可能地短而简单，原因有以下两点：一是工作环境不理想（噪音和其他干扰因素），二是发音人有可能不能完全理解实验任务。因此，田野中的语音感知实验多采用确认任务（判断是否，或让被试进行强迫性选择）和简单形式的区分任务（AX、ABX）。

除行为学听辨实验外，近年来也有个别研究将脑电仪带进田野，通过采集发音人的神经生理电信号考察语音感知的认知神经加工机制（刘文，2019）。

语音感知实验对仪器设备的硬件和软件也有一定的要求。在硬件方面，尽量采用高性能的笔记本电脑，屏幕尺寸至少要具备14英寸，以便于被试观察。如果开展脑电实验，除了语音刺激呈现机外，还需要一台采集数据的主试机和呈现特定任务的平板电脑。在被试判断方面，视被试喜好和舒适度来选择使用键盘还是鼠标。如果采用按键方式，最好选择键盘右下边缘的键，因为处于中间位置的键很容易被误按成其附近位置的键。在软件方面，无论是行为学听辨实验还是脑电实验，研究者都可能会用到E-Prime这一刺激呈现软件。特别需要强调的是，E-Prime与电脑操作系统存在兼容性问题。例如，E-Prime 2.0要求电脑的操作系统是Windows 7。如果将其安装在Windows 10操作系统中运行，那么在实验中有可能会面临软件自动退出或无理由中断等问题。如果研究者想要在Windows 10操作系统上运行，那么就需要将E-Prime的版本更新到3.0。当然，除E-Prime外，研究者也可以根据自己的研究需要使用Praat或Matlab编写程序呈现实验刺激。无论采用何种刺激呈现程序，研究者都需要考虑刺激间隔时间、刺激呈现方式（随机或固定）、刺激模块、休息时间、刺激重复次数等因素。至于实验刺激，最好使用自然语音刺激样本，但是在特定研究目的下，研究者也可以使用合成刺激样本。

在正式实验之前，筛查测试是至关重要的，其目的是为了使参与者熟悉刺激并确保他们能够完成接下来的实验任务。为了避免外界不必要的干扰因素，语音感知实验一定要选择在你所能找到的最安静的环境下进行，并且实验全程要求被试佩戴封闭式耳机，其目的：一是标准化音量，二是不让外界干扰分散被试注意力。实验时，研究者可以利用分线器监听整个实验过程。在刺激呈现方面，如果被试不识字或不了解目标语言的拼写法，那么研究者就可以采用图片形式来展现与刺激声音相关的语义，让被试“听音选图”。

获取语音数据后，接下来的问题就是存储和保存数据。在此，笔者着重谈谈备份这个老生常谈的话题。无论使用什么仪器设备、采集何种类型的语音数据（例如，IPA 语音转写数据、声学数据、生理数据、感知数据），备份的价值怎么强调都不为过，尤其是在田野工作中，因为所有田野工作者都清楚事情总会有出错的时候。通常来说，备份包含两个部分。一是对设备或系统进行备份，以防止它们在田野调查中出现机械故障。例如，对录音而言，除了携带笔记本电脑外，调查者还可以配备一个具有高信噪比（≥45 dB）和宽频率比（≥22 kHz）的专业录音笔。喉头仪的压片、气流气压计的压力传感器和呼吸带等比较容易出现故障，因此调查者在去田野调查时还需要携带备件，以防止可能发生的任何故障。在去田野之前，田野工作者应该全面彻底检查所有设备，确保带上所有必要的连接电缆、插线板、转换头（公母）、转换器（电压）、充电器、电源、电池（含备用电池）、抗菌剂和消毒剂等。二是对数据进行备份。为防止出现数据丢失或意外删除等情形，笔者通常采用三重备份，即将采集到的语音数据分别保存在笔记本电脑、移动硬盘和 U 盘三种不同的存储介质上。

1.6　研究意义

相比于前人研究,本书的研究意义主要体现在以下几个方面:

(1)本书作为一个跨学科的综合研究,集语言学、声学、心理学和认知科学于一体,融合田野调查、声学实验、生理实验和行为学听辨实验等多种研究方法,克服单一方法数据量和解释力不足的局限,为语言记录与语言保护提供一种新的研究范式和参照。这些研究无论是对调查一个鲜为人知的濒危语言,还是对描写像汉语这样拥有众多使用者的强势语言来说都具有重要参考价值。

(2)本书挖掘出一种在语言类型学上具有独特价值的语言,即黔东苗语(新寨),并给出了该语言的音系、辅音声学分析、元音声学分析、声调声学分析和嗓音声学分析,这对丰富语言类型和认知人类语言的多样性来说提供了极为重要的语音数据,并且这些数据和知识对历史和文化研究也极为重要。

(3)本书以五平调作为研究对象,系统全面揭示了它们之间的感知模式,并论证了特殊嗓音发声类型对声调感知的影响。考察同型声调感知的范畴化程度及其背后的心理物理基础,可以为揭示声调范畴化感知的形成机制提供关键信息。这对言语感知研究来说是一个创新和突破。

(4)本书依据调型异同对声调感知模式的影响,提出了一种判定平调的方案。它可以指导田野调查中声调系统的处理和归纳,尤其有助于判定基频斜率呈微升或微降的声调。此外,这一研究成果对确定声调的音位范畴具有重要参考价值,同时还可以为解释共时语言系统中声调分布的类型与数量、窥探和预测声调的演变方向等提供验证标准。这是本书的一个重要创新点。

1.7　章节安排

全书共有10个章节，可以归纳为六大部分：

第一部分是引言（第1章），主要介绍本项研究的研究背景、研究内容、研究目标、研究方法、仪器与技术、研究意义、章节安排。

第二部分是音系研究，包含语音学田野调查（第2章）和黔东苗语（新寨）音系研究（第3章）。第2章是理论部分，阐述语音学田野调查的方法及实践技巧，具体包含准备工作、词表、发音人、语音转写、音系分析。第3章是实践部分，首先给出黔东苗语（新寨）的地理位置、人口、民族、语言使用和系属信息，接下来描写并分析辅音、元音、声调、嗓音质量和音节结构，最后呈现语篇“北风与太阳”的转写。

第三部分是声学研究，包括辅音声学研究（第4章）、元音声学研究（第5章）和声调声学研究（第6章）。第4章统计了辅音声母的出现频率，并根据发音方法分别对不同发音部位的辅音进行声学分析。具体包括：根据语图表现（冲直条、摩擦乱纹、送气乱纹）和VOT分析阻塞音；利用时长、谱重心和频谱形状区分擦音；借助语音波形和语图表现对比鼻音的清浊；采用FFT功率谱、对数谱、谱重心、EGG、基频和时长等参数分析边擦音。第5章通过宽带语图呈现新寨苗语8个元音的共振峰分布模式，并在此基础上运用线性预测算法（LPC）提取每一个元音的共振峰参数，然后基于共振峰数据绘制了声学元音图。第6章提取基频和时长两个声学参数分析了新寨苗语单字调及双字调的基频模式。

第四部分是嗓音研究，包含声调嗓音研究（第7章）。第7章基于喉头仪信号（EGG）提取基频（F0）、开商（OQ）和速度商（SQ）

三个跨语言常用的描写嗓音发声类型的参数,研究母语者在发音时的声带振动模式,以及单字调和双字调的嗓音发声特性。

第五部分是感知研究,包含五平调的感知研究(第 8 章)和升平调的感知研究(第 9 章)。第 8 章首先给出五个平调在母语者发音音域和感知音域中的分布,进而讨论它们在言语产生和言语感知上的关联。在此基础上,该章基于范畴感知实验范式进一步考察了五平调的感知模式。第 9 章以新寨苗语中基频模式呈“先升后平”的声调为例,采用经典范畴感知范式设计感知实验,考察母语者在听辨这类声调时是关注基频中“升”的部分,还是关注“平”的部分,抑或是同时关注“升”和“平”。

第六部分是结语(第 10 章),总结本书的研究成果,指出未来可供研究的方向。

第 2 章　语音学田野调查

前人就语音学田野调查所涉及的话题已有较多论述，例如，调查前的准备工作、制作词表、发音人的选择、语音转写、音系分析、仪器设备和技术等（例如，Ladefoged and Maddieson，1996a；Ladefoged，1997，2003a，2003b；Maddieson，2001；Newman and Ratliff，2001；Gordon，2003；Bhaskararao，2004；Crowley，2007；Bowern，2008；Chelliah and de Reuse，2011；Thieberger，2012；Butcher，2013）。本章结合笔者自身的经历来具体阐释语音学田野调查所涉及的诸多方面。

2.1　准备工作

在田野调查之前，首先应确定调查对象。通常有两种途径：

第一种是随机方式，这种方式可能会给调查者带来意想不到的“惊喜”，即在该语言中发现前人未曾报道的语言现象或类型，但是这种“碰运气”的方式往往也存在较高风险，最终结果很有可能达不到调查者的心理预期。此外，如果采用这种工作方式，调查者面临的首要问题就是要对目标语言进行详细的音系描写，即听音记音、寻找语音差异、观察它们是否存在音位对立、整理同音字表和音节表。当然，为了描写音系，调查者还需要对语音学有所了解。语音学和音系学密切关联，至于谁先谁后，就如同鸡和蛋的问题，有学者认为，音系知识通常先于详尽的语音观察(Ladefoged，1997)。

第二种是尽可能多地收集前人已有的语言记录和描写材料，通过阅读这些材料(如果有可能的话还可以听音频)，进而从中寻找符合研究目标的对象。这种方案可以做到知己知彼，在田野中有的放矢。如果采用这种方案，建议调查者事先与研究过该语言或与这个语言有亲属关系的语言学家取得联系，因为这样可以让研究者在最短的时间内获取目标语言的更多有用信息，并能指出值得进一步研究的问题。当然，如果之前描写过该语言音系的研究者愿意陪你一起去田野，那就会使田野工作更加富有成效。不过，即便如此，调查者仍需通过阅读可获得的资料来做好充分的准备。Ladefoged(1997)认为在没有先前文献知识的情况下，最好不要去从事田野工作，并指出在充分的语音学描写之前，调查者必须完全解决语言的音系描写，因为语言学的语音学描写要处于音系之后，而非之前。当然，也有人持不同意见，例如，Kelly and Local(1989)建议田野工作者在调查之前要避免阅读目标语言的任何材料。无论事先准备如何，这种方案都可以实现事半功倍的效果，但是其问题是该研究对象有可能早已经被其他语言学家所研究。因此，在具体实践中，调查者要具体问题具体分析。

笔者个人倾向于采用有较大风险的第一种方案，因为高风险也就意味着高收益。需要说明的是，第一种方案所确定的研究对象虽然未被前人调查，但这并不代表它“与世隔绝”，因为它的亲属语言有可能已被调查与描写。例如，前人虽未调查过语言类型独特的黔东苗语(新寨)(刘文等，2017)，但是学界已有很多关于苗语其他方言的记录。因此，在进行黔东苗语(新寨)的调查之前，笔者查阅了前人对其他苗语的描写或记录，包括语音和音系描写、语篇故事等，目的是为了对苗语的声音、音位、音节结构、音位配列、声调和语调等超音段特征有个感性的认知。最后，在上述两种方案都无果的情况下，调查者也可以采用带着研究问题去咨询其他语言学家的策略。举例来说，笔者曾有个研究目标，即寻找存在 3 个升调最小对立的语言。尽管在前人发表的文献中找到了 3 个升调，但是经过核实，前人文献中的 3 个升调在该语言或方言中并非最小对立，个别升调的调值与声母存在互补关系。在这种情形下，我们向在田野调查方面有丰富经验的语言学家进行咨询，幸运的是，在同行的帮助下，我们最终找到了包含这种声调现象的目标语言。

此外，调查者还需储备相关的理论知识。在进入田野之前，调查者最好重新复习语音学和音系学的基本概念（Dixon，2010a：264-288），并借助 IPA 反复训练听音记音能力。如果有可能的话，建议从网络或其他途径寻找一些有关语言的声音样本进行转写练习，这对后期的实地调查十分有帮助。注意，在使用录音的早期转写版本时应十分谨慎，因为它们可能存在不一致之处，这是由于录音描写的对象与所要调查的对象可能是不同的方言，或者它们可能代表的是方言和标准语的组合（Ladefoged，2003b：2）。

除与目标语言本身的准备工作外，田野工作者还需要为衣食住行等做准备。穿着的选择取决于当地气候。例如，夏季在高原地区调查时尽量穿着宽松、轻薄和封闭的服装，避免遭受紫外线暴晒。就饮食而言，调查者要尊重当地饮食习惯。如果调查者不能适应当地的饮食习惯（例如西南少数民族有吃辣的传统），那么建议自备粮食。通常情况下，调查者可以借宿在发音人家，如果当地有民宿、旅社或宾馆，就会更加方便。无论在哪儿住宿，都要记得带上蚊帐。交通工具是另一个重要的考虑事项，首要原则是选择能够尽快到达目的地的交通工具。例如，笔者 2015 年去云南调查瑶语时，就是先从北京乘坐飞机到昆明，然后从昆明坐火车到蒙自，再从蒙自乘坐大巴车到河口，最后从河口租用当地摩托车到达瑶山。另外，如果调查者需要携带大量仪器和设备，建议最好在当地租车。例如，笔者 2017 年前往黔东苗语（新寨）开展脑电实验，考虑到脑电设备较为贵重且体积庞大，我们就在当地租车用来运送脑电设备。注意，无论采用哪种交通工具，去田野之前一定记得购买保险，以防万一。最后，田野调查的时间选择也很关键，因为许多田野点受限于季节性天气。例如，去西藏调查的最好时间是 5 月份，因为在这之前天气寒冷，之后则进入雨季，道路容易出现塌方。

2.2 制作词表

当确定调查对象后，调查者需确定所要收集的数据。田野工作中的数据类型通常有词表、句子、故事、对话和口传文化。在上述数据类型中，词表最为重要，因为它可以确保调查者能够测量所有出现在可比较环境下的声音的语音特性。一般来说，词表应该包括但不限于以下集合：自然现象、动物、植物、饮食、服饰、房舍、家具和器具、社会、商业和买卖、交通和通信、文化和娱乐、鬼神和习俗及交际、人体、生老病死、亲属关系、人品、职业、基本活动、精神活动、生理感受、状态、品性和行为、时间、空间、存现、数量、代词、副词、时态、否定、领属、介词、连词、量词。当然，调查者也可以根据当地特有物产、习俗、祭祀、地名和人名等扩展词表。

就笔者经验而言，在调查一种语言时，调查者可以先采用已有的通用词表，然后结合自己的调查，逐渐形成针对特定语言的词表。如果可能的话，调查者还可以将词表分为基本词汇和一般词汇。基本词汇通常包含身体部位、家庭成员、当地食物、自然环境和常用动词等，调查者可以先调查目标语言的基本词汇。

就词表数量而言，根据研究目标不同，语言间所需要词表的大小亦不同。Chelliah and de Reuse（2011：252）指出一个500～700个词的词表就可以得到目标语言的音素。在汉藏语系语言中，通用词表约有3000个词，使用这类词表一般都可以调查出目标语言的音素，并可以从中归纳出音位系统。在音位描写时，调查者可能需要将所有声音包含在内，并且确保属于相同语音类的音位出现在可对比的环境中。控制环境在音位归纳和整理中至关重要。例如，归纳辅音音位时，最好将辅音放在相同的位置，并且这个位置最好是相同元音前的词首。同理，元音和声调亦是如此。当然，如果已经清楚目标语言的语音数量，则仅需要较少数量的词表就可以完成音位的整理和归纳。例如，使用《方言调查字表》（1981）的前三页即可获得调查对象的初步音系面貌。基于这一思路，孔江平等（2011）制作了藏语的调查字表。不过，仅有音位数量还远远不够，音位的组合和聚合模式才是调查的重点。即通过词表获得对象语言的音节表才是我们调查的目标。因为音节表中有音位出现的各种环境和变体，这也是窥探整个语言音系全貌的基础。孔江平（2018）基于音位负担量提出了反映音位本质和结构的"音涯一千"学说，即语言的音节数量通常在1000个左右，无论构成基本语素的音节是单音节、双音节还是三音节，这一参数可为田野调查提供了一个参照。当调查对象的音节数目过少时，调查者需要继续深入调查；当调查对象的音节数目过多时，调查者需要排除音节表中是否有其他语言或方言混入的成分。对音节数量的认识实质上反映出的是调查的充分性问题。充分性具有相对性，尽管调查者尽最大可能地追求调查的充分性，但在实践中却很难达成。因此，有研究者建议放弃词表，直接从自然交谈中获取语音成分。例如，Pike(1947)认为语言学家应该先去田野对某些发音人进行详尽的语音转写，然后再从这些声音中挑选出音位。这种做法的好处是可以观察语言的真实面貌，让调查者沉浸于对象语言的语境中，并且每个语音成分的出现环境及其变异形式也都会暴露在调查者面前。然而，这种做法会大大增加调查者的工作量，因为调查者需要从海量的语料中寻找相似的语音环境从而分离出可供比较的声音，然后还需要找出某个语音形式的所有出现环境，并检查它们是否存在对立。在具体实践中，这种做法其实很难复原对象语言的语音信息，也几乎是不可能的。此外，自然会话的转写是调查者面临的另一大挑战，尤其是在调查者对该语言一无所知的前提下。

除获取音系和同音字表的词表，调查者还可以根据自己特定研究目的组织专门用于某项研究的小型词表。例如，如果调查者想要研究塞音的VOT(voice onset time)，那么就需要构建特定数据集，其中需要考虑的因素有发音部位、音节位置、元音环境、发音速率和词频等。通常有两种组织数据的方案：一是收集大量数据，凭借绝对数量消除所有因素的影响；二是收集少量数据，平衡所有影响因素(Maddieson，2001)。在田野工作中，调查者倾向于采纳第二种方案。如果调查者想要组织用于声学分析的词表，那么还需要着重考虑以下三个问题：一是获得尽可能自然的发音，二是记录大量的词以便它们在用于分析时方便组织，三是创建在各种语音环境中定位目标语音的数据集(Chelliah and de Reuse，

2011)。此外,调查者还需要考虑词表是采用单念还是将其放在承载句中。单念的优点是可以避免语流中的协同发音或由连读带来的语流音变,不过其缺点是会稍微拖长音节(Hildebrandt,2005:27-28)。承载句虽然可以避免音节拖长(Hildebrandt,2005:27-28),但是如果控制不好环境的话,它会导致所要考察的成分受到相邻音段成分的影响。例如,在研究汉语普通话的上声时,承载句应该避免上上相连,因为这种环境会导致前上变阳平。再者,使用承载句研究声调时,通常需要将所要考察的声调放在句中位置,而非结尾,因为结尾处存在音高自然下倾效应。除了考虑词与词之间的影响外,还需要考虑同一个词内部各成分之间的相互作用。例如,研究元音段的气嗓音特性就不能选择送气塞音声母,研究声调时长要尽可能选择清声母的样本。在承载句的选择上,研究者应该根据研究对象选用承载句。一般来说,组织良好的承载句可以帮助研究者轻松提取出相同或不同词的样本间的声音以进行比较。例如,Ladefoged(2003b:7)给出了用于语音学研究的两个经典承载句:一是用于研究辅音长度的"Say______again",其将目标辅音夹在两个元音之间可以使辅音有一个明确的开始点和结束点;二是用于研究元音长度的"Repeat______twice",该承载句将目标元音夹在两个辅音之间以便为元音提供一个清晰的开始点和结束点。由此可见,在语言学声学实验中,控制环境也是十分重要的,因为调查者感兴趣的是目标声音而非它们出现的环境。当然,如果调查者想要进行环境变异实验研究,那就需要另当别论。例如,如果所有声调都出现在[ta]这个结构上,那么研究者就可以得出声调的差异在于其本身的不同。相反,如果一个声调同时出现在[ta]和[ti]两个音节上,那么研究者就很难解释声调的差异是由声调本身还是由元音内在音高的差异导致的，因为在这种区分中有两个变量（声调音高和元音内在音高）交织在一起，使得数据解释变得较为困难。

因此，如果调查者采用从前人调查报告中摘录的词表，那么在去田野之前，最好找一个母语者一起核查词表，或者在田野工作一开始时就先找一个发音人一起核对词表，否则可能会遇到很多问题。例如，读音不一致。这一方面可能是由语音演变导致的，另一方面也可能是同一个语言的不同方言点，还有一种可能是前人的记音不准确。

2.3 寻找合作发音人

好的发音人是顺利开展田野调查的关键。因此，语言学田野调查面临的一个问题就是如何寻找发音人。这个问题并没有标准答案。毫无疑问的是，调查者需要慎重挑选时间、精力、个人条件方面都能满足要求的发音人。就笔者个人经验来说，对于初次去田野调查的人来说，首先需要寻找一位中间人。通常来说，中间人应当是在当地威望高、受尊重的人，其作用主要是给田野工作者介绍那些对母语感兴趣且热衷于让母语被记录、保护和研究的人。较为理想的发音人一般是长期生活在当地且具有一定文化水平的年长母语者，例如当地学校的老师。因为他们熟知当地风土人情，且能很快了解调查者的意图。此外，调查者在挑选发音人时还必须考虑母语者的年龄和身体状况，如何平衡母语者的年龄和身体状况之间的关系是田野调查者面临的一大挑战。由于语言学田野调查时间紧、任务重，这就需要母语者能够配合调查者进行持续的高强度工作。因此，调查者一定要了解母语者的健康状况，例如，母语者有无高血压、冠心病等基础性疾病，从而避免调查过程中出现不必要的麻烦。结合年龄和身体状况，50～60 岁年龄段的母语者是较为理想的候选对象。此外，母语者还应该具有整齐的牙齿、无口吃或口齿不清等言语障碍、无听力问题。整齐的牙齿十分必要，尤其是要有完整的门齿，否则母语者在发音时会产生漏气，从而影响对语音送气与否的判断。由于肌体老化问题，相对于年轻人，老年人对发音器官的控制较差（Maddieson，2001：218），但是这并不意味着他们不适合做语言学田野调查。大量证据显示，老年人可能是唯一还保留着特定词汇中不常见语音的人群（Abbi，2001：77）。再者，如果言语社团对所谓的“正确或标准”发音比较敏感，并且认为只有特定老年人才拥有该发音，那么在这种情况下与老年人合作至关重要（Chelliah and de Reuse，2011：254）。事实上，在多数情况下，老年人的确还保留着年轻人早已失去的有关目标语言的重要语音特征。例如，笔者在调查紫云苗语时发现，只有 70 岁以上的母语者还保留着该语言五平调的最小对立。在寻找合作发音人上，我很乐意分享黔东苗语（新寨）的故事。苗族同胞民风淳朴、热情好客，笔者第一次进入苗寨时就受到了盛情款待。米酒是融入当地言语社团的第一道坎，也是与母语者建立友谊的桥梁。尽管笔者当晚都不清楚自己是如何回到住处的，但是第二天一大早门口就已经聚集了大量等待被调查和录音的母语者。需要说明的是，如果调查者的工作是在寨子中的一户人家进行，那么一定要注意寻找并解决发音人所属的家族问题，免得引起家族纠纷。在这种情况下，让中间人出面帮忙，事情就会变得极其简单。

在田野调查过程中，调查者往往面临着需要采集多少母语者的数据才合适的问题。虽然对这一问题的回答没有标准答案，但是基于单个发音人的数据呈现显然是不合适的（Ladefoged，

1968,1997)。发音人数量的增加有助于确保调查者发现的特性是目标语言的普遍特性而非发音人的个性。一般来说,母语者的数量取决于调查者的研究目的。对音系分析而言,在田野调查的听音记音阶段,不同的研究者所采用的策略不同,因此所需要的发音人的数量亦不同。例如,有研究者在调查时倾向于只使用一个人的发音,等到核对音节表时再参考其他人的读音。有研究者则在调查一开始时就招募两到三名发音人,这种做法的好处是几名母语者可以互相监督、核查发音,缺点是当他们之间的读音不一致时,往往会带来比较大的争执,从而影响调查进度。需要说明的是,语言学的田野调查并非一蹴而就,它需要反复多次。因此,这就要求调查者要对发音人进行追踪调查。除了收集语言材料外,调查者还需要为母语者建立个人信息档案,具体包括姓名、年龄、性别、民族、出生年月、母语、其他语言、个人生活和教育经历、对母语的态度等等。追踪调查有很多优点,它可以在时间维度上纵向考察语言的变异和演变,例如,陈保亚(1996)对傣语和汉语接触的追踪研究。另一方面,对语音学的量化研究而言,我们通常需要若干发音人和若干样本。Ladefoged(1997)认为至少需要录制3男3女,建议男女各6人,因为被试数量太少会影响统计分析结果。研究表明个体间的差异要远大于个体内部重复之间的差异(Johnson et al.,1993),这也是为什么更为可取的做法是采集6个不同的个体说同一个内容,而非一个人重复一个内容6遍的缘由。Maddieson(2001)认为判定发音人数量的标准是结果要达到统计检验水平,通过这种标准来避免发音人个体的异质性(例如,母语者发音器官形状、个人历史、感知策略和其他因素等)。Ladefoged(2003b:14)建议使用24~40个发音人(男女各半)。就笔者个人经验而言,如果想要研究成果发表在同行评审的国际学术刊物上，那么声学分析至少需要 10 个发音人（男女各半），感知研究则至少需要 20 个被试（男女各半）。语言学的语音学研究对语言间的差异感兴趣，这就意味着研究者必须记录多个被认为是可以代表不同语言的发音人群体。当试图呈现不同语言特定声音间的差异时，研究者需要展现这些不同在统计上显著大于每一个群体说话者内部的不同，当然也大于单个说话者多次重复间的不同。当完成上述比较后，调查者才可以说由群体所代表的语言的声音确实存在语音上的不同，这也是语言学的语音学的全部内容（Ladefoged，1997）。然而，在现实中，语音学田野调查的发音人招募面临着一系列困难和挑战，发音人数量的选择需要考虑语言和当地环境。例如，在我国境内，由于地区之间存在巨大的经济和文化差异，迫于生计，很多西部地区的人群远走他乡，前往经济和文化较为发达的东部地区谋生，这种频繁的人群迁徙导致当地寨子或村子中的年轻人口大量流失。即使有幸找到个别年轻人，他们的母语也都退化得比较严重，有的甚至早已放弃母语，改用当地汉语方言或汉语普通话。综上，无论是老年人还是年轻人，他们都是我们的调查对象，只是不同的研究目的有不同的选择而已。对音系学研究而言，老年人发音地道，且熟悉当地各种动植物和文化习俗，是听音记音工作的首选。此外，老年人的参与表示他们认可现行的调查项目，并支持年轻人也参与其中，同时还可以提供变异发音（Maddieson，2001：218）。对语音学研究而言，那些被社区或语言学家认为是“最佳发音人”的老年母语者可能并不一定合适。因为老年人可能存在发音器官退化和缺失等诸多生理缺陷以及记忆力差、任务理解力差、拘谨、音量小、发音含糊、不习惯新技术和新事物、声带损害等问题。根据笔者的经验，老年人通常会有以下几种状况：一是门牙脱落、发音器官的肌肉运动控制退化等生理组织结构的变化会影响声带振动和声道激励等声学信号;二是不习惯麦克风,录音时故意强调发音,从而影响录音的自然度;三是不会使用电脑,导致感知实验中的按键反应经常出现误按和漏按现象;四是由抽烟、喝酒、用嗓过度等生活习惯导致嗓音病变。相反,年轻人则是进行录音、声学实验和感知实验的理想人选,尤其是那些思维敏捷、牙齿整齐和声音洪亮的年轻人。因此,语言学田野调查需要将老年人和年轻人结合起来,老年人可帮助准备和组织素材,年轻人则可以作为被试开展实验。当然,如果实验能结合老年人和年轻人的数据,研究者有可能从中窥探到正在进行的语言变异和演变。

找到发音人是第一步,接下来的田野调查对母语者也有一些要求。首先就是伦理问题。调查者要如实向发音人解释所从事的工作,并且这项工作要征得发音人的同意。笔者通常从两个角度向发音人说明这个问题:一是研究需要,二是语言与文化传承。其次是要求发音人采用最自然的方式发音,并且向母语者说明研究目标。显然,调查者不应该期望发音人可以帮助我们列出其母语中的所有声音。当然,在极少数情况下,如果有幸碰到一个接受过语言学训练的母语者,他/她有可能帮助调查者完成这项工作。通常情况下,母语者会告诉调查者什么不是他们母语中的声音,这点对在我国西南地区工作的调查者来说尤为重要。众所周知,中国西南地区的“语言走廊”上存在诸多有着深度接触史的语言,除当地汉语方言外,一个人往往还精通好几种语言。例如,笔者在云南省河口县瑶山乡的一个寨子中遇到了一个精通哈尼语、瑶语、彝语和苗语四种语言的发音人。因此,在调查过程中,调查者需要明确调查对象,然后反复和母语者确认其发音属于哪一个语言系统。再者,无论其语言系统多么独特和有趣,母语者通常都意识不到。只有当调查者将这些成分单独摘出，并以对比的形式反馈给母语者时，他们才能感知到自己母语中竟存在这种区分。例如，黔东苗语（新寨）存在 5 个平调的对立，在笔者调查之前，当地没有人意识到他们的母语中竟然还存在这种区分。当笔者将 5 个平调按照音高从低到高的方式排列，并让母语者发音时，他们才意识到原来自己的母语中竟然还存在如此有意思的语言现象。另外，母语者对语言的主观感受会给调查者带来些许提示。例如，在美坝白语的调查中，该语言系统中 4 个降调的区分对笔者来说是个极大的挑战，发音人将这一情形看在眼中、记在心里，有一次我再次和母语者通过比字进行核对确认时，他突然灵机一动，告诉笔者其母语中的低降调相当于普通话的第三声。追寻这一线索，笔者很快掌握了判断这一降调的听音记音技巧。

在田野调查的初期，由于调查者不熟悉目标语言的语音系统，再加上过分追求所谓的“严式记音”，势必会导致调查者要求发音人不断地重复。Healey（1964：350）指出过多的重复请求会使母语者感到疲劳或厌烦，结果将会模糊语调模式和变体之间的区别。同时，重复疲劳对田野工作者来说也是一个挑战，因为耳朵慢慢地就会对语音对立的反应迟钝。此外，重复要求可能会被发音人理解为他们的发音是否出现了错误。为了避免重复疲劳现象，Chelliah and de Reuse（2011：254）建议田野工作者应该将重复的次数限定在 3～4 次，并通过将特定语音穿插在后续的调查中进行确认。另外一种做法是调查者应该尝试模仿包含目标声音的词的发音，让母语者确定发音是否正确。如果发音是错误的，那么要确定哪一部分是错误的。当然，还有一种简便的方法来帮助调查者确定母语者的发音，即利用仪器和设备来分析特定参数、考察声音的声学特性，从而确定其所属的类别。例如，利用

VOT 确定塞音清浊和送气与否、利用共振峰确定元音、利用基频确定声调调型等。最后，理解重复的本质也是十分重要的。当发音人重复一个读音时，他们实际上是再给调查者一个机会来捕获这个声音。然而，发音人有时可能实际上提供了两个不同的形式，以便让一个特定声音形成对立。田野工作者可能并不清楚发音人是产生了一个更正形式、一个不同的形式，还是一次重复。

最后，在现代社会多数发音人都期望能够从发音工作中获得一定的报酬，因此，制定符合当地经济水平和工作类型的支付标准很重要。一般来说，报酬大致与当地平均工资水平相当。切记不要盲目支付报酬，尤其是高额支付，因为这会直接影响后续的田野工作者。

2.4 语音转写

语音转写是田野调查的关键环节，因为转写的好坏将直接决定整个调查的成败。因此，在进入田野之前，进行转写练习是一个必要环节。目前，国内很多高校都已开设汉语方言或民族语言调查课程，通过课程学习可以帮助调查者系统训练转写规范、转写技巧以及需要具备的相关知识。在互联网时代，除课程学习外，我们还可以利用诸多网络资源进行转写练习。首要的资源是国际语音学会在其会刊 *Journal of the International Phonetic Association* 上公开发表的有关世界各地语言的语音转写(IPA illustration)。这些研究除了有对世界各地语言音系的详细说明外，还配有相关音频，可以帮助学习者建立 IPA 符号与它们所代表的声音之间的关联。此外，UCLA Phonetics Lab Archive (2007)、Ladefoged and Disner(2012)和 Ladefoged and Jonson

(2015)中也有附录的音频资源。通过以上资源,我们还可以简便快捷地熟悉特定地区和特定语族的语言中通常具有什么类型的声音,以及应该使用什么 IPA 符号转写它们。在转写训练之前,通行做法是先掌握 IPA 表中给出的"标准音",包含辅音表(肺部气流和非肺部气流)、元音表和声调表等。尽管 IPA 是一个十分强大的工具,但是其在转写时也存在局限性,因为它并不能准确反映出语言间的细微差异。例如,IPA 无法体现出苗语不同方言间清鼻音的送气程度。因此,在具体田野实践中,这种更具普遍性的"耳朵训练"(Redden,1982)应该遵从特定语言的"耳朵训练"。例如,IPA 表中就没有汉藏语系中常见的硬腭塞擦音。Healey(1964)对如何做到这一点给出了一些建议。调查者应该将自己置身于自然语言输入中,并尝试从中发现目标语言的使用情况,以便使自己习惯于听目标语言。此外,调查者最好能学会目标语言中的一些日常会话(例如打招呼、吃饭等用语),这些日常交际用语会拉近调查者和调查对象之间的心理距离。另外一种做法是调查者将调查过程中频繁重复出现的声音录下来,然后将其转写出来,以作为可资比较的基础。

在转写时,调查者还可以通过观察发音人的发音部位和发音动作来协助转写。例如,通过观察发音人的唇形可以为调查者判定元音的圆唇与否、声母是否为唇齿音、韵尾是否双唇塞音等提供有用的指导。然而,语言中的很多发音并不能通过肉眼观察直接获得,这时就需要借助仪器设备和相关技术来确定所要转写的声音。例如,腭位照相技术可以用来确定舌腭接触时的具体发音部位,超声仪可以用来观察发音时的舌头形状,气流气压计可以用来确定鼻化与否和辅音发音的气流机制,喉头仪可以用来观察发音时的声门运动状态。除此之外,发音人通常有他们自己的一套术语来谈论发音和确定声音，事实上，发音人对其母语的感性认识会启发调查者的转写工作。例如，笔者在调查彝语时，发音人经常会在发音时讨论喉头松紧的问题，这对我们转写该语言的松紧嗓音是非常有帮助的。另一方面，如果发音人对自己母语的语音敏感并了解通用的语音系统，那么他们在转写时可能会给出自己的建议。在这种情形下，调查者最好先记录下母语者的转写建议。因为这种做法，一是可以向母语者表明他们的建议受到了足够的重视，二是母语者的建议有时的确是正确的。例如，在黔东苗语(新寨)的调查过程中，受母语干扰影响，当笔者第一次听到齿龈部位的送气擦音[s^h]时，就将其转写成了[ts^h]，母语发音人要求笔者将转写念给他听，当笔者按照转写发音时，母语发音人却直摇头，并让笔者仔细听其重复发音，由此笔者才意识到这个语言中存在送气擦音。在调查休息之余，当笔者和发音人再次谈论这个问题，并询问发音人是如何知道送气擦音和送气塞擦音是不同的时，发音人的回答是其母语和汉语普通话中都存在送气塞擦音，但是他们母语中送气擦音的读音与送气塞擦音虽然听起来相似，但实则不同。因此，在语音转写时，调查者应该始终关注母语者的建议和主观感受，不要放过母语者身上的任何细节。

随着对目标语言的熟悉和转写的深入，调查者通常会以更快的速度进行听音记音。为了保持转写的一致性，调查者倾向于采用音位转写。由此引出的问题是：在田野调查中，调查者什么时候需要从严式转写转向宽式转写呢？或者说，从音素转写转向音位转写？Laver(1994:549-562)概述了不同阶段的转写。就笔者的经验来看，通常情况下，只有当获得目标语言的音系后，我们才可以转向宽式音位转写。例如，在汉语方言调查中，记录完《方言调查字表》前三页之后即可进入音位转写。这是因为如果过早地采用音位转写，势必会忽略音位之间的细微差异，导致本属于不同音位的声音被误认为是同一个音位。由此带来的后果是后期的校对工作会相当繁杂，因为需要将之前合并的音位逐一拆开。Bowern(2008:64)列举了音位转写的三个优点：一是音位转写比音素转写更有效，因为音位在音位化的过程中需要书写和键入的附加符号较少，并且它们的变体也较少；二是音位转写有助于计算机检索；三是音位转写更适用于发表。另一方面，如果调查者一味追求描写的详尽性，自始至终都选择严式音素转写，那么就会大大影响调查进度。此外，在无对立的情形下，追求音素的详尽描写其实是无意义的。举个简单的例子，古希腊哲学家赫拉克利特曾说过“人不能两次踏进同一条河流”。同理，人也不可能两次发出同一个[a]，因为这两个[a]在共振峰这一声学参数上是存在差异的。由此可见，在严式音素转写时，调查者应该把握好某个音素之所以成为这个音素的区别性特征，而非过分追求它的冗余特征。当然，如果调查者不能确定部分在语音细节上存在变异的声音，建议最好还是采用严式转写。这种做法的好处有以下两点：一是严式转写可以反映这类声音的实际面貌；二是如果后期确定它们属于之前已经确定的音位，那么合并工作相对来说要简单许多。此外，如 Sutton and Walsh(1979:16)所讨论的，如果发音人对特定词的发音始终不一致，那么继续采用严式转写是十分有用的，因为这些转写最终有可能帮助调查者确定这些发音人说的是不同的方言。

田野调查者的一个共同经历是调查者在田野工作的初期常常会怀疑自己的转写，并总是担心自己的转写是否准确。Chelliah and de Reuse(2011:256)给出的建议是调查者最好相信自己的耳朵和直觉，听到什么就转写什么。这是因为这些早期的转写大部分都被证明是准确的,而后期经过“校正的转写”反而被证明是错误的。如果调查者不能确定转写是否准确,那么一个验证方法是调查者将转写形式通过语音反馈给母语者,并询问母语者这个读音是否地道以及这个读音所代表的意思(Ladefoged,2003b:11)。如果母语者认为发音地道,并能准确指出该读音所代表的语义,那就说明转写是准确的。如果母语者认为这个词的发音不正确,那就说明这个转写是有问题的。在这种情形下,调查者应该试图辨析出词中哪个部分(如声母、韵母、声调、发声类型等)的发音不正确。一个简单的做法是调查者可以先就某个部分发出两个变体,只改变一个特定特征,并询问母语者哪一个发音更地道。如果两个发音都不好,则可能是词的另一部分中的某个特征的问题,以此类推。一旦母语者接受了调查者的发音,那么就需要根据这一读音确定转写形式。需要注意的是,当调查者根据语音转写形式模仿特定词的发音时,母语者有时碍于面子,不会当面指出调查者的错误,但是他们私下交谈时会谈论到他们从来不会像调查者这样发音。最后,田野转写工作是一个反复校对的过程,并非一蹴而就,因此要求调查者要有足够的耐心。

2.5 音位分析

获取语音转写材料后,接下来的工作就是需要对语料进行分析。Hoijer(1958)建议调查者在一定程度上学习一些目标语言,以便他们可以利用自己的直觉来确定声音是对立分布还是互补分布。注意,在分析环节,调查者对目标语言语音的感知很容易受到自身母语语音系统的干扰,尤其是当调查者的母语与目标语言的语音较为相似时。再者,目标语言有、母语无的语音成分也不易被感知。例如，在调查黔东苗语（新寨）时，笔者在下列语音的区分上存在困难：声门塞音、软腭塞音和小舌塞音、鼻化、送气擦音和同部位的送气塞擦音、清鼻音、五平调、气嗓音等。在这种情况下，控制环境，寻找最小对立，也许是最好的解决方案。

对我国境内的多数以单音节为主的汉藏语系语言而言，调查者可以很容易获得最小对立对。一般来说，处于词首位置的语音成分最容易对比，因为它们是最容易被母语者回想起来的（Maddieson，2001：217）。当然，对立也可能出现在词中和词尾位置。另一种策略是利用组合关系和聚合关系来寻找对立：前者横向比较，例如，[pa vs. pi]；后者纵向比较，例如，[pa vs. ta]。此外，调查者还可以采用启发式询问寻找最小对立对，这虽然是一种便捷的途径，但该方法对母语者要求较高。当找不到最小对立对时，调查者也可以使用近似最小对立对来比较。在实践中，由于种种原因，总是有些语音成分无法找到与之构成最小对立对的成分，这时选用近似最小对立对也不失为一种明智的选择。当调查者不能确定两个声音是否构成对立时，就可以尝试使用配对测试（pair testing）（Harris，1951），其操作方法如下：将看起来有一个声音对立的两个词嵌入到一个约有 40 个其他最小对立的列表中，给发音人重复相同的次数。如果发音人能够 100%地将这两个词指定为不同的意义，那么就可以断定词中的目标声音实际上是不同的音位；如果发音人有 50%的概率将两个词指定为相同的意思，那么词对中的两个声音就是自由变体。由此可见，意义异同在判定最小对立对中扮演着十分重要的角色。需要说明的是，有些意义下辖多个义项，例如，在中国西南地区的少数民族语言中，“洗衣服”“洗头”和“洗澡”中的“洗”分属于三个不同的语音形式，因此，调查者在转写时需要严格核查语义的准确性。

在确定对立音位后，接下来需要考虑音位内部是否存在变体形式。一般来说，音位变体有自由变体和条件变体两种形式。确定音位是否存在变体的标准是考察音位的分布环境，这与词类划分的标准类似。除了考察音位在词首、词中和词尾等不同位置的分布外，还需要考察音位在不同的语音环境下的分布。Harris(1951:32-33)给出的方案是差别状态测试(differential status test)，该测试利用母语者的直觉来确定声音。具体来说，研究者先产生一个词的两个变异形式，即声音 A 的变体 1 和声音 B 的变体 2。如果怀疑声音 A 和声音 B 是同一个音位的不同变体，那么研究者可以咨询母语者变体 1 和变体 2 是相同的还是不同的，结果有两种可能：一是母语者确认这些声音是相同的，也就是说，转写不同的声音是同一个音位的变体，或许是自由变体；二是母语者确认这些声音是不同的，即转写不同的声音是不同音位的变体。需要注意的是，如果两个声音在所有环境中都不能形成对立，那么检查它们在几个不同环境中的分布是很重要的。例如，针对英语塞音而言，如果只考察词首位置，可以得到 3 个清送气塞音[p^h、t^h、k^h]和 3 个浊塞音[b、d、g]，这会使人假定这些声音是对立分布的。然而，当检查词中位置时，我们了解到[p、t、k]与[b、d、g]对立，送气只是清塞音的一个伴随特征。由此可见，只有综合考察词首和词中环境后我们才能得到有关英语塞音分布的完整情形。最后，在实际调查过程中，并非在语言中需要确认的所有声音都能出现在所有环境中，在这种情形下，补充词表就变得十分有必要。Chelliah and de Reuse(2011:264-265)给出了三种用于增补词表的技巧：(1)音节提示。Maddieson(2001:217)指出识字的发音人在想出说明性的词方面可能会非常有帮助。例如，调查者可以提供一个可能音节的列表，并询问母语者是否可以想到这些音节形式对应的词。笔者在田野调查中经常使用这一方法，其本质是填写同音字表中的空格，不过其前提是我们先获得目标语言的同音字表。这种做法的好处是可以帮助调查者查缺补漏，大大提高后期的核对效率，但是它对母语者的要求较高。因此，在进行这项任务时，最好多招募几个母语者参与其中，一方面是可以让发音人避免疲劳，另一方面是多人参与不容易漏掉目标语言中可能存在的形式。(2)替换任务。构造符合目标语言音位配列的形式，看发音人是否接受并赋予这个形式意义。(3)用押韵替换。当试图对比词首或词尾位置的声音时，另一项特别有用的替换任务是从词表中构造押韵的词。当然，如果母语者不了解押韵的话，那么这个技巧就很难实施(Bowern，2008:38)。

虽然在进入田野之前调查者都已接受过听音记音训练，但是在具体实践中我们仍然可能会碰到一些能够感知出来但是不知道如何转写的声音。如果出现这种情况，我们就需要借助 IPA 表中的附加符号进行转写。例如，当目标语言中的元音与 IPA 表中的某个标准元音相近但舌位有细微差异时，我们可以通过采用在标准元音下方添加提升或降低符号的方式来分别表示舌位略高或略低。如果调查者完全不能确定导致声音听起来异常的因素时，Sutton and Walsh(1979)建议使用最能代表所听到声音的符号，并且要在符号下方添加下划线。如果这些符号是偶然出现的，就说明这些特征只是发音的一种变异形式，在后期音位处理时可以忽略；相反，如果这些符号在后续调查中频繁出现，那么它们的存在就是一种特定模式，需要引起调查者的重视。另一方面，调查者也不应该过度使用附加符号，否则会导致音位归纳变得异常复杂。在田野调查中，有些语言学家为了展示自己耳朵灵敏、听音准确，其在记音时往往采用诸多附加符号，甚至将母语者感知相同的一个声音区分成了两个。不过,调查时也不必过度担心,因为后期只要进行同音字校验就可以解决这一问题。

在采用词表进行调查时,调查者对哪些音素有可能是目标语言的音位作出假设是十分有必要的,因为这是推动调查深入进行的绝对必要条件(Gleason,1961:296;Chelliah and de Reuse,2011:256)。调查者可以基于已经调查到的语音及其分布环境作出对立分布或互补分布的假设,Harris(1951:60-78)和 Gleason(1961:271-285)给出了语言调查中分布分析的方法。Chelliah and de Reuse(2011:260)列举了一些常见的变化类型,例如,辅音丛简化、增音、末尾辅音去浊化、元音间的塞音擦音化、元音间插入滑音、发音部位同化(尤其是鼻音)、同化、异化、清辅音间或词尾位置的元音去浊化、元音和谐、元音弱化(非重读元音央化)。再者,如果某个声音分布广泛,且在已知相关语言中是音位,那么调查者最初可以假定这些声音在目标语言中也是音位。此外,假设还可以基于语言类型学的普遍倾向。例如,如果清塞音[p]和[t]是音位,那么[k]很有可能也是音位。需要注意的是,音系格局并非总是那么整齐。事实上,就目前来看,已知语言的音系格局中都存在空格。换句话说,音系格局并非完全对称、整齐。相反,不存在空格的系统反而是不正常的。随着调查的深入和数据的增多,工作假设也将随之进行修订。例如,笔者在做汉语方言调查时,有时会发现新音位在调查的后期才出现,这是因为有些音位所辖词较少,并且这些词汇在语言中的使用频率很低。因此,只有进行充分深入的调查才有可能将它们挖掘出来。Abbi(2001:96)和 Bowern(2008:38)给出了如何利用 IPA 表来跟踪正在进行的音位分析,例如,调查者可以在 IPA 表上圈出已经发现的声音,在 IPA 表上将看起来是音位变体的声音用框标记,记下发音特征奇怪和意想不到的声音，以便核查。

综上，语音分析的阶段涉及很多环境，例如组织数据、观察语音分布环境、提出语音分布假设、检验假设。这些程序都不是一蹴而就的，它们可能需要多次重复（如录音、发音和感知判断等），直到将音位及其变体形式确定为止。换句话说，这些重复都是为了检查一致性模式。当然，这一过程进展顺利与否还取决于语言的复杂度、调查者的听音记音能力以及发音人的配合程度。

2.6 声调

在田野工作中，调查者除了收集和分析音段成分外，还需要关注声调、重音和语调等其他韵律特征。事实上，在田野中收集这些方面的数据十分具有挑战性，因为它们的产出受许多因素影响。例如，发音人的生理构造、心理活动和精神状态。此外，音节内部各成分之间也存在相互影响和制约。例如，清辅音起始的音节通常伴随着较高的基频，浊辅音起始的音节则伴随着较低的基频。与音段分析类似，研究者的母语也会影响到他们对超音段特征的感知。例如，在调查声调语言时，如果调查者的母语系统不存在声调这一特征，那么他们通常就不会将声调转写出来。即使是声调语言的调查者，当调查的目标语言的声调数量远大于调查者母语系统时，那么在感知声调时也会存在困难。例如，在调查初期，笔者很难区分黔东苗语（新寨）的五平调的对立。如果调查者具有感知绝对音高能力，那么他们在调查声调和语调时会有很多便利之处。鉴于中国境内的语言大多存在声调，本小节将重点介绍声调的调查、转写与分析。

通常来说，声调研究需要重点关注以下四个方面的问题：一是选择声调调查的发音人，二是系统研究声调数据，三是练习声调的听音和发音，四是开发声调转写系统（Chelliah and de Reuse，2011：260）。

理想的声调发音人应该具备以下能力：一是在自然话语和引导语中能够产生清晰的声调区分，二是在有意义的语境中可以感知声调的差异，三是在无语境的情况下能够重复特定声调，四是可以为声调区分提供一致的描写。然而，在实际调查工作中，同时具备上述四种能力的母语者十分少见。现行的解决方案是先寻找一个较为合适的发音人协助调查者完成声调的初步调查，然后再招募其他母语者对调查结果进行校对和确认。当然，在后期的声调录音中，调查者还可以对声调进行再次核查。通常来说，笔者在声调录音之前会招募一批发音人，将录音词表交给调查时的主要合作发音人，让他/她按照词表逐一发音，然后让其他母语者评判主要合作发音人的发音是否准确、地道。这种做法不仅可以校准词表的声调，同时还可以寻找出部分同音异义的同音词。一般来说，当主要发音人和其他母语者的发音出现分歧时，这种情况往往是一个语音形式有两个意义。如果母语者接受过音乐训练，那么这将为调查提供很多便利。当然，在田野中，如果遇到声调系统比较复杂的语言，调查者还可以借助音阶来训练发音人。例如，在调查具有 5 个平调的黔东苗语（新寨）时，为了让发音人意识到自己母语系统中存在 5 个平调的最小对立，笔者通常会向母语者展示与五平调相对应的 5 个音阶，即钢琴上的 5 个键。需要注意的是，在当代社会，很多偏远地区的发音人也习得了汉语普通话。因此，在田野调查时，母语者有时会采用汉语普通话的四声来类比自己母语中的声调。当调查的目标语言与汉语普通话的声调系统一致时，这种类比是没有问题的。但是，多数情况下，调查的目标语言与汉语普通话的声调系统并不匹配，这时调查者要格外小心母语者给出的两种语言间的声调对应。例如，黔东苗语（新寨）母语者采用汉语普通话的阴平调匹配自己母语系统的中高平调（44）和高平调（55）。

在声调研究上，调查者需要关注采录声调数据的环境。一般来说，常用的形式有单念和承载句两种。当单念时，调查者一方面要注意控制母语者发音的停顿和间隔，以免产生降阶效应。另一方面，研究者还需要考虑音节内部结构制约。例如，浊辅音起始的音节通常会降低声调的音高，而清辅音起始的音节则会提升声调的音高。根据前人经验，研究声调时通常要求声母为塞音不送气形式，元音为单元音。采用承载句时要注意音节间的协同发音效应。例如，在研究汉语普通话的上声时，其前后语音环境不能为上声，否则会产生连读变调。需要强调的是，在使用承载句时，调查者最好不要将所要研究的语音样本置于承载句的末尾，因为末尾的自然音高下倾会影响末尾音节上的声调的相对音高。

在声调感知和区分上，相对于平调而言，曲折调通常更容易被母语者感知出来。如果一个语言中具有多个音高层级的同型声调，例如，多个平调、多个降调、多个升调、多个凸调和凹调，那么这对调查者来说是一个很大的挑战。此外，母语经验和背景常常会对调查者的判断造成干扰。具体来说，母语中有声调的调查者倾向于将无声调语言描写为有声调语言。例如，在描写藏语安多方言音系时，有调查者将该语言系统中的音调描写为声调。另一方面，母语中无声调的调查者往往将有声调的语言描写为无声调的语言（Whorf，1993）。再者，就声调的承载单位而言，有语言是以语素音节为单位。例如，汉语普通话，它的一个语素音节对应一个声调，并且声调不同，所表达的意义也不同。有的语言则是以词为单位，例如，小金嘉戎语（林幼菁、胡琛莹，2016）。

在声调调查中，调查者还需要确定声调转写的方案。目前较为常见的声调转写方案有两种：一是采用“H、L”的方案，二者分别用来标示高调和低调，二者的结合可以用来标示升降调，例如用“HL”标示降调，“LH”标示升调；二是“五度标调法”（Chao，1930），其将发音人的音域分为5个刻度，采用1、2、3、4、5这五个数字的结合来标示声调的音高和调型，例如用“55”表示高平调，“51”表示高降调，“15”表示高升调。需要强调的是，这些数字并不代表声调的绝对音高，而是每个发音人的相对音高。虽然男性的“5”要远小于女性，但是男女之间的相对音高大致相同。在田野工作中，至于调查者选用哪种方案，学界并没有一个明确的规定。一般来说，如果一个语族或地区的语言已经采用了某一种转写方案，那么大家最好遵循这个已经存在的转写系统，以便于实现一致的转写，从而方便后期的比较研究。例如，在中国境内的苗瑶语、侗台语和藏缅语的声调转写中，学界通常采用“五度标调法”，这实际上是调查者受汉语声调转写系统影响的结果。声调的转写与音段成分的转写一样，在没有归纳出调位之前，调查者应该使用严式转写，以便探寻声调同化和延展规则。Yip（2002：164-166）和Bao（1999：61-75）给出了有关声调音系学的讨论。另外，发声类型的差异常常与音高共现。例如，挤喉音只出现在低调上，气嗓音则可以出现在任何音高范围，也就是说，气嗓音既可以出现在低调上，也可以出现在中调或高调上。因此，在声调转写时，调查者还需要考虑声调的这些伴随特征。

当调查者完成转写工作后，接下来的任务就是核对转写，其目的是为了检查每一个词的声调转写是否准确以及确认目标语言中声调的数量。通常来说，调查者可以从以下三个方面入手：

一是借助母语者的判断。在田野调查的初期，调查者首先采用严式记音标记声调，然后寻找最小对立对，让母语者判断同音与否，进而确定调类。事实上，无论是在汉语方言调查，还是少数民族语言调查，调查者通常先确定代表字的调类和相对音高，并将这批字作为“标尺”(例如，中古四声代表字“天、子、圣、哲”；汉语普通话四声代表字“妈、麻、马、骂”)，然后将含有待定声调的字与代表字进行比较，询问母语者二者是相同的还是不同的。当完成所有词的声调转写后，可以利用单调测试(monotony test)来教母语者分离出“奇怪的调”(odd tone out)(Gleason，1961：302-304)。具体来说，这项测试将词进行分栏，每一栏都有一个区别性的声调，并用像高、中、低这样的名字给每一栏进行命名。调查者将这些词打乱顺序，以便它们出现在“错误”的栏中，然后让发音人读每一栏的词。如果列表中的词与其他词的声调模式不同，那么就需要将其重新排列到合适的列表中。事实上，在田野调查中，调查者都自觉或不自觉地使用了这项测试，但是在具体操作方案上与之有所差异。举例来说，在笔者完成词表转写工作后，我们通常会将所有词放入 Excel 中，并按照声母、韵母和声调将词表拆分成三个不同的列，然后对声调排序，使具有相同调类的词聚集在一个区域，随后让母语者自上而下读出声调列中的所有词。如果某个词的声调与其他词的声调模式格格不入，那么就需要将其移到栏中合适的位置。在完成声调核验工作后，我们会发现声韵组合在某些声调上有相应的词汇，而在另一些声调上则无词汇。这时调查者就可以采用启发母语者的方式尝试填补音节表中的“空格”。例如，在已知黔东苗语(新寨)存在五个平调的情况下，我们发现[ta]这一声韵组合可以与 11 调、22 调、33 调和 55 调相配，唯独 44 调上没有相应的词汇形式，那么调查者就可以将[ta44]这一形式的语音形式读给母语者，并询问发音人这样的语音形式在其母语中是否有意义。通过这种填空格的方式，调查者可以填补音节表中的诸多空格。然而，由于这一测试对母语者的要求太高，所以我们并不能苛求所有母语者都可以协助调查者完成这项任务。

二是声学实验。随着技术的进步和计算机性能的提高，如今在田野调查工作中借助仪器工具来核对声调转写变得相当简单。在田野工作中，调查者可以借助音高分析确定研究样本的调型和调值。需要强调的是，声学分析得到的参数是基频，它是一个物理量。虽然学界常常通过基频来确定声调，但基频并不完全等同于声调(孔江平，2015)。另外，有研究者在田野调查工作中让发音人读词表，并直接将读音录制到电脑，然后通过声学分析即时观察这些词的音高模式，从而辅助声调处理和分析。然而，笔者并不建议采用这种做法，原因如下：一是田野调查中的声学分析只是辅助手段，而非绝对必要手段；二是声学分析和感知结果并不完全对等。声调作为一个语言学概念，它是母语者感知的结果，而非一条或几条基频曲线。因此，声学分析应该用于调查者基于听感的转写和母语者的发音所形成的最初假设之后，而非之前。当使用声学分析得到的结果与调查者的直觉不一致时，这时就需要仔细检查仪器工具的设置和转写是否存在问题。

三是感知实验。感知测试不仅可以用于确认语言中声调的数量和类型，还可以用于判定声调的调型和预测声调演变的方向。例如，本书第 8 章以黔东苗语(新寨)的 5 个平调作为研究对象，给出了一个如何进行和使用感知测试结果的例子。具体来说，首先选择 5 个平调最小对立的声音样本，然后使用 AX 范式两两组合，即每次随机播放 5 个平调中的任意两个，要求母语者判断所听到的两个声音是相同的还是不同的，结果显示母语者能够百分之百地将这 5 个平调区分开。这一研究表明黔东苗语（新寨）确实存在 5 个平调的对立。本书第 9 章还依据调型异同对声调感知模式的影响，提出了判定某个声调是否为平调的标准。具体来说，如果一个待判定的声调与平调之间的感知模式属连续感知，那么这个待判定的声调为平调；相反，如果一个待判定声调与平调之间的感知模式属范畴感知，那么这个待判定的声调不是平调。这个标准不仅丰富了人们对声调的认识，而且可以指导田野调查中处理和归纳某种语言或方言的声调系统，尤其有助于判定微升调或微降调的调型是升调或降调，还是平调。例如，粤语的阳平调 T4，有人将其标记为低平[11]，有人则标记为低降[21]。我们可以采用粤语的一个平调与 T4 进行听辨合成，若感知结果是连续感知，那么 T4 是个平调；若感知结果是范畴感知，则 T4 是个降调。对其他语言或方言声调调型的判断，亦可采用这种判定标准来进行实证研究。由此可见，声调是一种复杂的语音现象，虽然其在声学上有多种实现形式，但是要想准确标记声调调值，首先需要将声调的声学基频计算出来，然后通过调节基频合成一系列语音样本，进而在特定语言中进行声调感知实验，让母语者进行听辨，获取母语者的感知数据并根据感知结果确定感知模式，再根据感知模式来有效地确定声调的调型。感知相似性是诱发音变的重要因素。通过声调感知的研究，我们可以从中窥探和预测音变的方向。一般来说，具有相近调型或相近音高的声调容易混同（Wang，1987）。例如，当两个同型声调之间的感知距离相近且易产生听辨混淆时，这两个声调未来可能会在三个维度上进行演变。一是改变调型以增加区分度，典型代表是紫云苗语的低平调。根据笔者的调查和研究，紫云苗语母语者在 20 世纪 80 年代能够很好地区分其语言中的5个平调，近年来，低平调(T11)为了与中低平调(T22)进行区分，其调型在部分母语者中已变成一个低降调。二是改变调型与母语声调系统中的另一调型的声调合并，典型代表是北五里桥白语的中降调(T31)，它目前正处于与中平调(T33)合流的过程之中(刘文、汪锋、孔江平，2019)。三是同调型的声调合并，例如，粤语的平调(李书娴，2008；Mok and Wong，2010；Mok et al.，2013；梁源，2017)。

2.7　小结

与母语者一起探索语言的奥秘是一件有趣且十分有意义的活动。对调查者而言，发现新现象并用活语言材料验证书本中的理论假设是驱使许多语言学家从事田野工作的原因所在。对母语者而言，调查者的提问也可以引导他们发现母语中的有趣之处。尽管田野调查充满诸多乐趣，但是想要收集高质量的数据却是一件十分困难的工作。因为它不仅需要调查者具有扎实的专业基础和较高的语言学素养，同时还需要耐心、细心和毅力。此外，数据收集是决定田野调查成功的关键。因此，在田野工作之前，调查者除了做好充分的准备工作外，还需要明确所要收集数据的所有可能来源。例如，音系数据、声学数据、生理数据和感知数据等。

需要强调的是，语音学田野调查作为一种实践活动，除了掌握相关方法和技术手段外，更为重要的是，调查者要将这些知识运用到实践中。Ladefoged(2003b)将田野调查比喻成心脏外科手术，认为只有进行练习才能学好它。

在完成田野调查的数据采集、处理和分析后，调查者最好能够及时公布自己的调查成果，即田野报告，以便让更多的人了解目标语言。Ladefoged(2003a)认为私人知识对这个世界没有任何好处，田野工作者的分享不仅可以让他人了解目标语言，同时也可以给自己带来更大的快乐。此外，他还建议调查者要与发音人保持联系，以便了解该语言的现状和发展趋势。同时不要忘记给合作发音人寄送一份有关他们母语的研究报告，这不仅是出于礼貌，还有利于调查该语言的后继者在该地区得到善待。

本章就语音学田野调查的准备工作和相关实践技巧作了扼要阐述，希望能够给那些即将从事田野调查的同行带来一些参考与帮助，以使田野工作更加顺利，最终目标是为了更好地开展语言记录与语言保护。

第3章　黔东苗语(新寨)音系研究

3.1　黔东苗语(新寨)

苗瑶语族是东南亚的一个主要语言群体,其内部大约包含三四十种语言,说这些语言的人口主要分布于中国的贵州、湖南、云南、广西、广东、四川、湖北、江西和海南。此外,部分分布在越南、泰国、老挝、法国、美国、加拿大以及澳大利亚等国家和地区(马学良,2003:509;Strecker,1987)。根据中华人民共和国第六次人口普查(2010)数据,中国境内的苗族人口共有9426007人。

本书的研究对象是苗语新寨话,为便于行文,下文称其为“新寨苗语”。新寨位于贵州省黔东南苗族侗族自治州凯里市三棵树镇板新村,地理位置为东经108°12′32″,北纬26°38′45″,距离凯里市约30公里。板新村由新寨、小寨和克板三个寨子组成,其中新寨是面积最大的一个,全村共有1000多人,全部为苗族。在新寨中,80岁以上的老年人几乎全部为苗语单语者。在过去的几十年,随着经济和交通的发展,年轻一代大多变成苗语和西南官话双语者。尽管如此,苗语仍是日常交流的主要语言。此外,新寨苗语没有自己的书写系统。

就语言分类而言，新寨苗语属于苗语黔东方言(王辅世，1983;王辅世，1985:103～104;中国社会科学院、澳大利亚人文科学院，1987;Ratliff，2010:3;Liu et al.，2020)，说该方言的苗族大约有 1250000 人，主要分布在贵州省黔东南苗族侗族自治州(王辅世、毛宗武，1995:3～4;Lewis et al.，2016)。除黔东方言外，苗语还有湘西方言和川黔滇方言，它们与布努语、巴哼语、炯奈语和畲语等一起组成苗语支语言。苗语支语言与瑶语支语言(即瑶语)共同组成苗瑶语族语言(王辅世、毛宗武，1995:2～3;Ratliff，2010:3)。从语言发生学的角度看，学界对苗瑶语的系属存在较大争议(见李云兵，2018:17～21 的综述)。例如，Li(1937/1973)认为苗瑶语族与汉语族、藏缅语族和侗台语族语言同源，同属于汉藏语系。Benedict(1942，1972，1975)则将苗瑶语从汉藏语系中划分出去，理由在于苗瑶语和汉语有语音对应关系的词是由接触造成的，而非同源词。苗瑶语系属问题的争议焦点在于苗瑶语和汉语音近义同的一批关系语素是否有严格的语音对应支持，然而这一问题一直以来都没有得到足够的重视。严格的语音对应不仅是历史比较的基础，也是判定语源关系的必要条件。Wang(2015)、Wang and Liu(2017)分别基于普遍语音对应和完全语音对应考察了汉—苗瑶语关系语素，并采用词阶法分析这批关系语素，结果显示这些关系语素是来自汉语和苗瑶语共同的祖语，而非语言接触的产物。Liu(2019)比较了瑶语和汉语，结果也显示二者具有同源关系。瑶语属于苗瑶语，根据同源关系的可传递性

(陈保亚,1999),汉语和苗瑶语也属于同源关系。

本书所有语料均来自笔者的调查,调查时间为2013年12月,并于2014年1～3月、2016年6月、2017年3月和9月进行了多次补充调查。新寨苗语的主要发音人是杨正辉,其母语为新寨苗语,并且从小生活在寨子里,能用苗语进行流利的对话和交流。除苗语外,主要发音人还会讲西南官话(凯里话)和汉语普通话。

在音系说明中,为了更好地呈现新寨苗语的音系面貌,本章基于声学和EGG数据分析与描写新寨苗语的语音特性。录音设备包含领夹式电容麦克风(索尼ECM-44B)、喉头仪(Eggforsingers7050A)和笔记本电脑(Thinkpad X1 Carbon)。录音软件是Adobe Audition 2.0,音频文件是WAV格式,采样频率是44.1 kHz,解析率是16比特。注意,本章的声学分析只是初步的,详细分析见后续相关章节。

3.2 音系

本节描写了新寨苗语的音系,包括辅音表、元音表和声调表,并对每个子系统作出了详细说明。

3.2.1 辅音

如表3-1所示,新寨苗语共有32个辅音,发音部位从唇(双唇)到声门(喉)。阻塞音(塞音和塞擦音)在发音方法(送气)上呈现二分:清不送气音和清送气音。擦音(唇齿音和齿龈音)在发音方式上呈现三分:浊音、清不送气音和清送气音。鼻音在两个发音部位(双唇和齿龈)上呈现清浊对立。此外,新寨苗语存在软腭塞音[k]组和小舌塞音[q]组对立,塞擦音声母有[ts]组和[tɕ]组两套。

表 3-1　　新寨苗语辅音表

		双唇	唇齿	齿龈	硬腭	软腭	小舌	喉
塞音	不送气	p		t		k	q	
	送气	p^h		t^h		k^h	q^h	
塞擦音	不送气			ts	tɕ			
	送气			ts^h	$tɕ^h$			
鼻音		m̥　m		n̥　n		ŋ		
擦音	不送气		f　v	s　z	ɕ	x		h
	送气		f^h	s^h	$ɕ^h$			
边擦音	不送气			ɬ				
	送气			$ɬ^h$				
边音				l				
通音					j	ɰ		

表 3-2 给出的是最小对立和近最小对立例词。在我们的数据库中,新寨苗语的所有辅音对立都能出现在单音节词根的开头位置,但是,只有一小部分(鼻音)可以出现在韵尾位置。如无特殊说明,本书的语音转写都是音位性的。

表 3-2　　新寨苗语辅音声母例词

发音方式	声母	IPA	释义
塞音和塞擦音（送气对立）	p	pu^{33}	知道
	p^h	p^hu^{33}	铺开
	t	ta^{33}	地下
	t^h	t^ha^{33}	刨平
	k	ki^{33}	田螺
	k^h	k^hi^{33}	热
	q	qa^{33}	鸡
	q^h	q^ha^{44}	客人
	ts	tsa^{33}	五
	ts^h	ts^ho^{44}	刺穿
	tɕ	$tɕa^{33}$	药
	$tɕ^h$	$tɕ^haN^{44}$	摇动
擦音（清浊与送气对立）	f	fa^{33}	瓜
	f^h	f^ha^{33}	搓
	v	vi^{55}	天空
	s	so^{44}	瘦
	s^h	s^ho^{44}	洗（衣服）
	z	za^{51}	染
	ɕ	$ɕaN^{44}$	钉子
	$ɕ^h$	$ɕ^haN^{44}$	擦
	x	xi^{33}	新
	h	haN^{33}	走

续表

发音方式	声母	IPA	释义
通音	j	ji^{33}	秧苗
	ɰ	ɰu^{44}	好
边音 (清浊与送气对立)	l	la^{11}	菜园
	ɬ	ɬa^{11}	富裕
	ɬ^{h}	ɬ^{h}a^{11}	切割
鼻音 (清浊对立)	m	mu^{33}	病
	m̥	m̥u^{33}	苗族
	n	noN^{44}	这
	n̥	n̥ε^{33}	太阳
	ŋ	ŋaN^{11}	鹅

3.2.1.1　塞音与塞擦音

新寨苗语的塞音出现在四个发音部位:双唇、齿龈、软腭和小舌,塞擦音仅限制在齿龈和硬腭区域。新寨苗语的塞音和塞擦音都是清音,并且在发音方式上存在二分。也就是说,它们是清不送气音或清送气音。清不送气塞音和塞擦音的 VOT 小于同部位的相应的清送气的 VOT。例如,/ta^{33}/"厚"和/t^{h}a^{33}/"刨平"(见图 3-1),图中实线表示除阻,虚线表示声带开始振动。在清不送气塞音(左图)中,VOT 近乎为 0,因为塞音除阻和声带振动几乎同时发生,然而在清送气塞音(右图)中,塞音除阻和声带开始振动之间存在一段送气,VOT 的时长约为 70 毫秒。

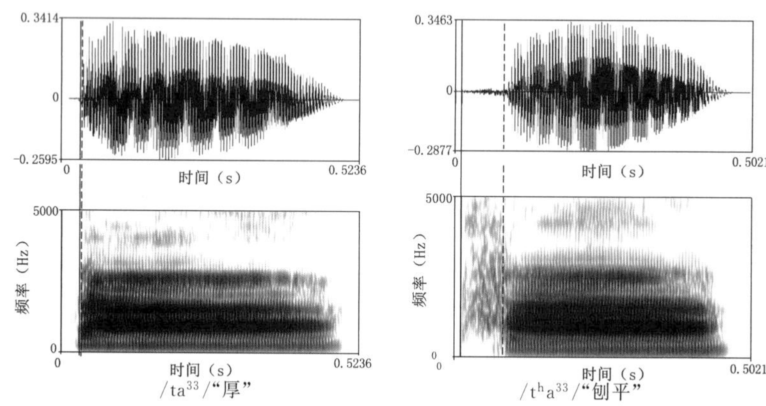

图 3-1 /ta^{33}/"厚"vs. /tʰa^{33}/"刨平"的波形和语图

3.2.1.2 擦音

新寨苗语擦音的发音部位有唇齿、齿龈、硬腭、软腭和喉。擦音除有清浊之分外，清擦音还可以被进一步细分为送气擦音和不送气擦音。擦音三分的格局出现在唇齿和齿龈部位。

送气擦音是黔东苗语与其他苗语方言（湘西方言、川黔滇方言）区分的一个特征。石德富等（2017）详细讨论了黔东苗语送气擦音的来源问题。图 3-2 和表 3-3 显示在音节起始位置处，图中虚线标示目标擦音。由此可见，送气擦音的时长要长于同部位的不送气擦音。听感上，清不送气硬腭擦音和塞擦音通常伴随一个硬腭滑音，但是这种情况在送气硬腭擦音和塞擦音中并不明显。

表 3-3　　新寨苗语擦音时长

擦音	f	fʰ	s	sʰ	ɕ	ɕʰ
时长（毫秒）	36	109	156	197	167	186

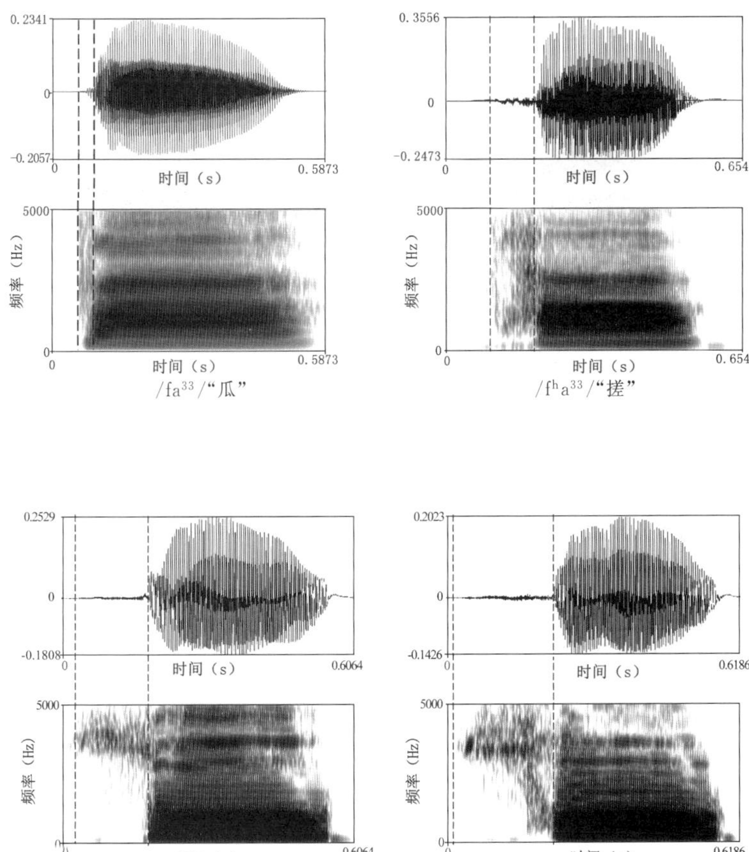

/fa^{33}/“瓜”　　/f^{h}a^{33}/“搓”

/so^{44}/“瘦”　　/s^{h}o^{44}/“洗(衣服)”

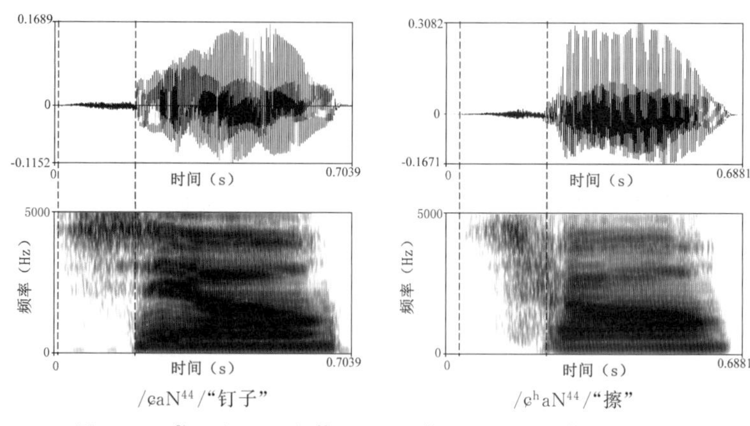

图 3-2 /fa³³/"瓜" vs. /fʰa³³/"搓"、/so⁴⁴/"瘦" vs. /sʰo⁴⁴/"洗（衣服）"、/ɕaN⁴⁴/"钉子" vs. /ɕʰaN⁴⁴/"擦"的波形和语图

3.2.1.3 鼻音

新寨苗语的鼻音发音部位有三个：双唇（/m//m̥/）、齿龈（/n//n̥/）和软腭（/ŋ/）。需要说明的是，鼻音在发音部位上的对立只能出现在音节起始位置。词尾位置上只能出现[m][n]和[ŋ]，并且可以通过鼻音之前的元音来预测鼻音。[m]只出现在元音/o/后，[n]出现在前元音后，[ŋ]出现在后元音后。由于/o/是个后元音，因此，/o/后面的[m]和[ŋ]是可以互换的，尽管母语者倾向于采用[ŋ]而非[m]。由此可知，音位/m//n/和/ŋ/在音节结尾处可以中和。因此，我们用/N/来代表音节结尾处的鼻音，它的具体发音部位则取决于其前面的元音，或其前面的元音是不是/o/。

当元音后接鼻音韵尾时，元音通常会被鼻化。当鼻音韵尾辅音前面的元音产生鼻化时，那么鼻音韵尾辅音就可以消失。鼻音韵尾这两种变异形式（元音＋鼻音；鼻化元音）背后的成因还未完全确定。到目前为止,我们观察到的是,在单音节形式中(当发音人读词表时),鼻化元音看起来是唯一选择,鼻辅音则出现在自由交谈或连续语流中。表 3-4 给出了新寨苗语鼻音韵尾的示例。不过,在我们的数据库中,至今还未发现央元音/ə/后接鼻音韵尾的实例。

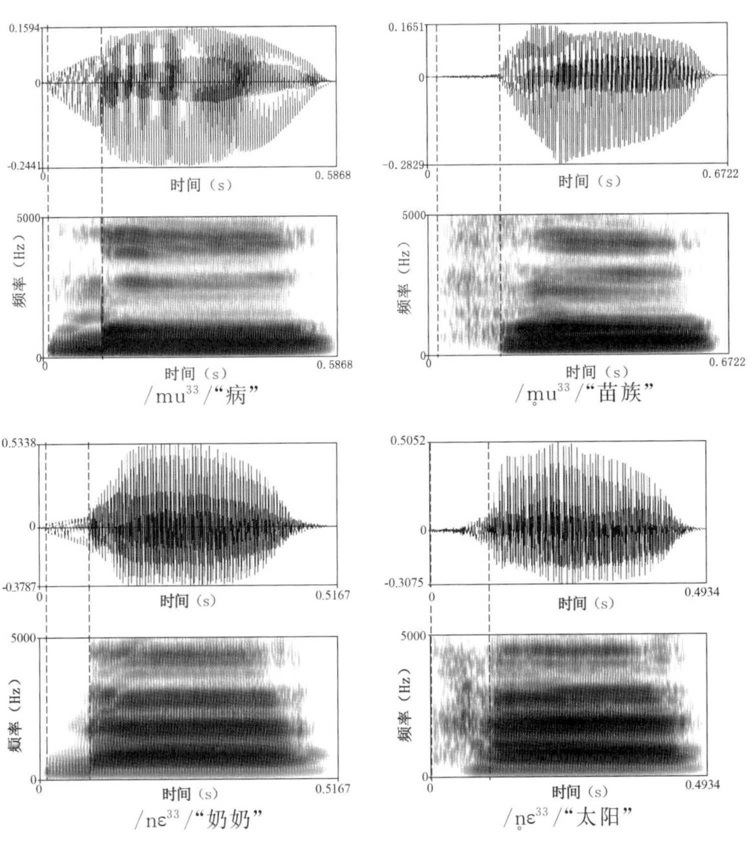

图 3-3　/mu^{33}/“病” vs. /m̥u^{33}/“苗族”、/nɛ^{33}/“奶奶” vs. /n̥ɛ^{33}/“太阳”的波形和语图

表 3-4 新寨苗语鼻音韵尾示例

音位转写	语音转写	释义
tiN^{11}	tĩn^{11} ~ tĩ^{11}	稳固
ɬeN^{55}	ɬẽn^{55} ~ ɬẽ^{55}	圆
paN^{55}	pɑ̃ŋ^{55} ~ pɑ̃^{55}	花
poN^{44}	põŋ^{44} ~ põm^{44} ~ põ^{44}	空气

新寨苗语的鼻音存在清浊对立，但是这种对立只出现在双唇和齿龈部位，软腭部位的鼻音(/ŋ/)没有相应的清音。图 3-3 呈现了鼻音清浊对立的实例：/mu^{33}/“病” vs. /m̥u^{33}/“苗族”、/nɛ^{33}/“奶奶” vs. /n̥ɛ^{33}/“太阳”，虚线标示鼻音。新寨苗语的清鼻音在鼻音除阻之前伴有大量鼻流。从图 3-3 中可以看出，在发音时，清鼻音以噪音开始，并且在鼻音除阻之前无声带振动。在听感上，新寨苗语的清鼻音可能会被感知为伴随同部位塞音。事实上，李方桂(1980：19)在黑苗中也报道了这一现象，清鼻音/n̥/听起来像[n̥t^{h}]。Chan(1987)、Chan and Ren(1987)也讨论了清鼻音声母被感知成以塞音结尾的语音现象，他们认为这是中国南方和东南亚北部某些语言的区域特征。然而，需要指出的是，在图 3-4 语图呈现的声学分析中，在清鼻音和后接元音之间并没有塞音爆破出现。至于是什么原因导致听感上的爆破，则还需要进一步研究。

另一方面，如果清鼻音出现在前一个音节的元音之后，那么它就会在清音开始之前实现为一个浊鼻音(见图 3-4)，图中虚线标示第二音节的清鼻音声母，它以浊鼻音起始，并且在元音开始前后接清音成分。

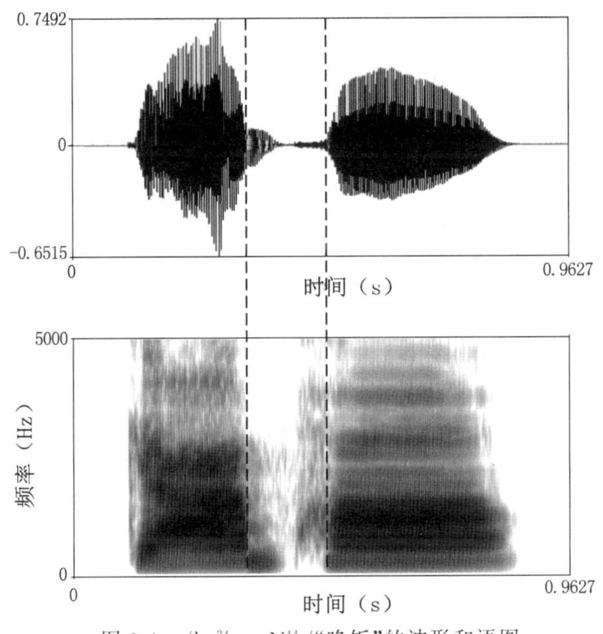

图 3-4　/ka²⁴ m̥aN⁴⁴/“晚饭”的波形和语图

同样值得注意的是,清鼻音声母通常会使后接的元音产生鼻化现象。在数据库中,我们没有发现清鼻音声母和正常元音(非鼻化元音)组合的音节。同样的情况就不会出现在浊鼻音声母中。

3.2.1.4　边音

新寨苗语的边音呈现三分格局:清不送气边擦音/ɬ/;清送气边擦音/ɬʰ/;边通音/l/。图 3-5 给出了三者最小对立的例词:/la¹¹/“菜园” vs. /ɬa¹¹/“富裕” vs. /ɬʰa¹¹/“割”,图中虚线标示边音。

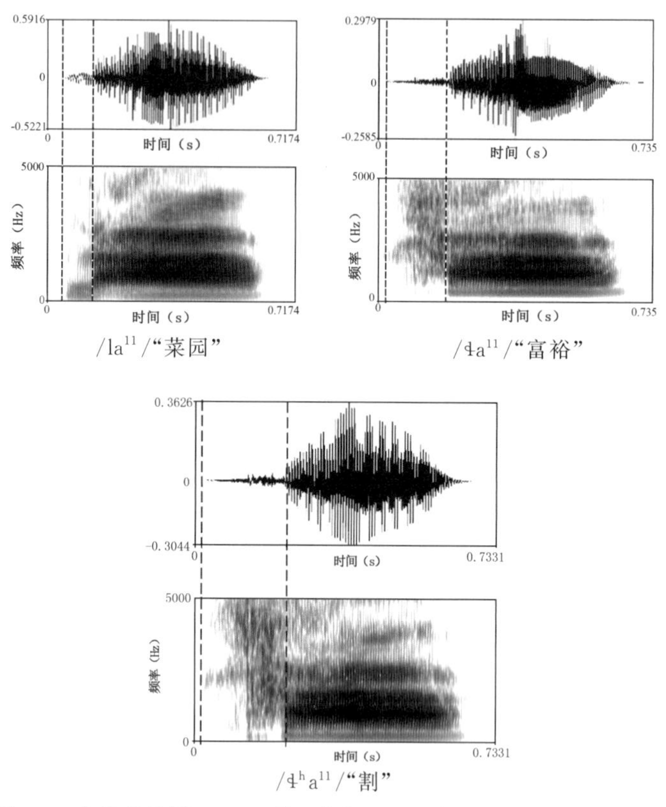

图 3-5　/la^{11}/“菜园” vs. /ɬa^{11}/“富裕” vs. /ɬʰa^{11}/“割”的波形和语图

3.2.1.5　通音

新寨苗语的通音在两个发音部位形成对立：硬腭(/j/)和软腭(/ɰ/)。当以韵律增强方式出现在句首位置时，这两个通音分别实现为浊硬腭擦音(/j/→[ʑ])和浊软腭擦音(/ɰ/→[ɣ])。然而，在某些情况下，通音和它们的擦音变体可以互换，不区分意义。

通音/j/是唯一的可以出现在辅音丛(CC)第二位置上的辅音,详细信息可参阅音节结构部分的讨论。

3.2.2　元音

新寨苗语有 8 个单元音/i//e//ɛ//a//ə//ɔ//o//u/(图 3-6 和表 3-5),并且元音与辅音的比值约为 0.25(8/32)。类型学统计显示世界语言元辅音比值的均值约为 0.39(Maddicson,1984:9)。从这个角度看,新寨苗语的元音系统比较简单。此外,新寨苗语的元音也没有长短对立、鼻化对立或松紧对立。

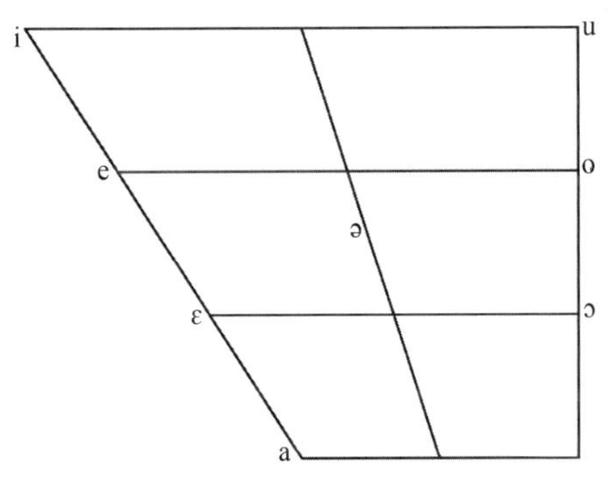

图 3-6　新寨苗语的元音系统

表 3-5　　新寨苗语单元音例词

元音(单元音)	语音转写	释义
i	pi^{33}	给
e	te^{44}	踢
ə	$pə^{44}$	响
ɛ	$tɛ^{33}$	儿子

续表

元音(单元音)	语音转写	释义
a	pa^{33}	大腿
ɔ	$tɔ^{44}$	树
o	to^{44}	斧头
u	pu^{33}	知道

需要注意的是,/a/在软腭鼻音后的实际音值实现为[ɑ];/u/在齿龈辅音后的实际音值实现为[əu],例如,[$təu^{55}$]“斗(度量单位)”。

3.2.3 声调

新寨苗语是声调语言,它有8个单音节的音位性声调:5个平调〔高平调(55)、中高平调(44)、中平调(33)、中低平调(22)、低平调(11)〕、2个升调〔高升调(24)、低升调(23)〕和1个高降调(51)。表3-6给出了苗语古调类与新寨苗语调值间的对应及最小对立对。

表3-6 新寨苗语的声调

调类	调值	例词	
T1	33	[ki^{33}]“田螺”	[to^{33}]“深”
T2	55	[ki^{55}]“哭”	[to^{55}]“冲”
T3	24	[ki^{24}]“方位词”	[to^{24}]“捣”
T4	22	[ki^{22}]“干涸”	[to^{22}]“父亲”
T5	44	[ki^{44}]“结冰”	[to^{44}]“不”
T6	11	[ki^{11}]“露出”	[to^{11}]“哪儿”
T7	23	[ki^{23}]“剪”	[to^{23}]“梭子”
T8	51	[ki^{51}]“挖”	[to^{51}]“凳子”

需要说明的是，原始苗语有 4 个调类，即平、上、去、入，它们根据声母的清浊进一步分化为 8 个声调，即阴平、阳平、阴上、阳上、阴去、阳去、阴入和阳入，分别用数字 1、2、3、4、5、6、7、8 表示(Chang，1947、1953、1972；王辅世，1994：1；王辅世、毛宗武，1995：23)。表中调类 1～8 的标签是基于原始苗语的构拟，调值采用五度标调法(Chao，1930)，数字 5 代表最高，数字 1 代表最低。

图 3-7 显示的是新寨苗语声调的音高曲线，它是基于一组单音节词的音高绘制而成。注意：高降调(51)的时长明显短于其他声调；升调 T3(24)和 T7(23)的基频曲线十分特别，因为根据运动轨迹，这两个声调的曲线可以被分为两个主要部分。在前半部分中，音高从低升到高；在后半部分，音高保持水平。这一表现不同于我们通常所见到的升调，例如，汉语普通话的升调(35)，其音高曲线只有上升。新寨苗语升调的表现也见于这一地区的黔东苗语鱼粮话(刘文、张锐锋，2016)。

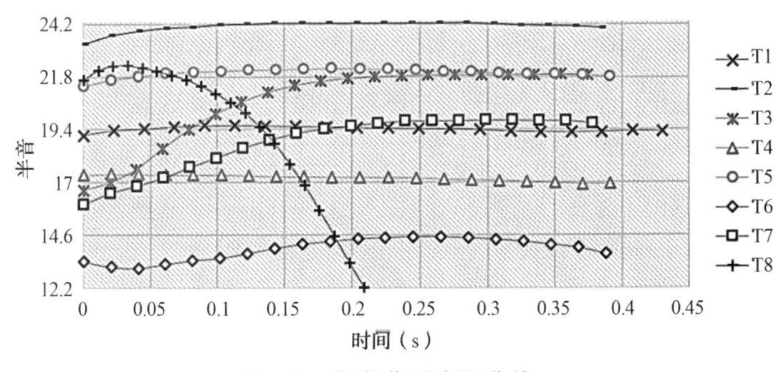

图 3-7　新寨苗语声调曲线

新寨苗语声调系统的一个显著特征是它有 5 个平调，这在苗语中是比较少见的。除新寨苗语外，黔东方言的黑苗(Kwan，

1971;王辅世,1994;王辅世、毛宗武,1995;Kuang,2013a,2013b)和川黔滇方言的紫云苗语(孔江平,1992)也存在5个平调的对立。据我们所知,五平调的对立是一种语言中所能容纳的最大平调对立数目,也就是说,到目前为止,还没有语言有超过5个平调的对立(Chao,1948;Maddieson,1978:338;Kuang,2013a:76,2013b:1)。此外,新寨苗语不存在连读变调,也就是说,在该语言中,声调的实现不受其周边环境的影响,详见第6章。

3.3 嗓音质量

除音高和时长差异,嗓音质量也是新寨苗语声调的组成部分之一。在新寨苗语元音的发音中,我们观察到两种嗓音发声类型:正常嗓音和气嗓音。事实上,气嗓音在苗语中十分常见,例如,绿苗(Huffman,1987;Andruski and Ratliff,2000)、白苗(Esposito,2012;Garellek et al.,2013)、黑苗(Kuang,2013a、2013b)。不过,在新寨苗语中,气嗓发声只出现在低平调(11)。根据我们的初步分析,与其他声调相比,在发音时,低平调(11)的开商最大。我们从包含低平调(11)的样本中检查了EGG信号中开相和整个周期的比值,发现开商值处于60%~65%。通常来说,正常嗓音的开商约为55%(孔江平,2001:172)。因此,新寨苗语低平调(11)的EGG信号说明它的发音伴随着气嗓音。这一结果也符合我们在田野调查中的主观判断。

新寨苗语低平调(11)中的气嗓音很容易被非母语者感知。气嗓音的声门脉冲在高次谐波上的能量较弱、且在基频部分能量较强。因此,我们可以通过测量基频(第一谐波)和高次谐波的能量,并借助基频和高次谐波的振幅差值来确定气嗓音的存在

(Ladefoged and Antoñanzas-Barroso,1985:79-81)。另外一个常用的检测气嗓音的参数是第一谐波和第二谐波的振幅差值(例如,Fischer-Jørgensen,1967;Bickley,1982;Kirk et al.,1984;Maddieson and Ladefoged,1985;Huffman,1987)。通常来说,气嗓音拥有一个较大的H1-H2(Andruski and Ratliff,2000;Ladefoged,2003)。对新寨苗语数据进行声学测量,结果显示特殊嗓音发声类型的特点是高频部分能量弱、H1-H2的差值大,这些指标都指向气嗓音。图3-8说明了正常嗓音和气嗓音的频谱特点:正常嗓音的H1-H2约为9.7 dB;气嗓音的H1-H2约为13.5 dB。

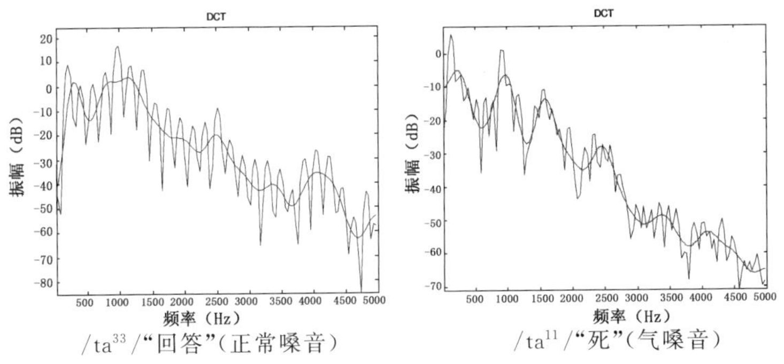

图3-8　新寨苗语正常嗓音(/ta[33]/"回答")和气嗓音(/ta[11]/"死")中的元音/a/一帧的FFT和对数谱

与低平调(11)相伴的特殊嗓音类型随不同的人而产生变异。到目前为止,我们在低平调(11)上观察到了气嗓音、粗糙音和近似正常嗓音的类型。粗糙音可能是气嗓音在低调上的副产品,因为在发音时,发音人倾向于降低喉头。在生理层面上,降低喉头不仅可以减少由环甲肌控制所带来的声带纵向应力,同时也可以使得其他喉肌参与其中,导致喉上收缩(Edmondson et al.,2001:

90;Edmondson and Esling,2006:169-171)。当声带和室带被压缩在狭小的声门上空间时,在这种情况下产生的嗓音质量就可以被感知成粗糙音。十分低的音高也会导致杓状会厌襞振动(Esling,2013:3)。通过对粗糙音的喉镜观察实验,Esling and Harris(2005:373)认识到当声门内收紧跟室带襞介入,继而会产生杓会厌收缩。

3.4 音节结构

典型的新寨苗语的音节至少要包含一个指派在特定声调上的必要音核(V)。音节至多可以在线性结构上包含三个可选成分:(C)(C)V(C)。中和性的鼻音(N)是唯一可以出现在音节结尾的辅音,并且经常与元音融合,从而导致鼻化元音的产生。复杂声母(CC)的第二个成分是/j/。总的来说,新寨苗语有下列五种音节类型:

(1)V:/ɔ^{33}/“水”。

(2)CV:/ta^{55}/“来”。

(3)CCV:/tju^{55}/“门”。

(4)CVC:/taN^{22}/“半”。

(5)CCVC:/tjaN^{55}/“油”。

与其周围的语言类似,在音系学上,新寨苗语是单音节性的,并且在词汇中倾向于采用双音节形式。多音节词主要是通过复合形式而得。

3.5　语篇转写

语篇选用伊索寓言故事《北风与太阳》,此处采用音位转写,所用符号见上文所述,声调采用五度标调法标记。在语音转写中,“|”标记暂停,“‖”标记一个完整句子的结尾。转写提供国际音标、注释和翻译。几个转写缩写形式为 CLF(量词)、NEG(否定)、CONJ(连词)、3SG(第三人称单数)、PFV(完成体)。

北风与太阳

tɕo^{55}	tɕi^{44}	pɛ^{51}	hɛ^{33}	lɛ^{33}	n̥ɛ^{33}
CLF	风	北	和	CLF	太阳

句一:有一回,北风跟太阳在那儿争论谁的本事大。争来争去就是分不出高低来。

mɛ^{55}	ɛ^{33}	tja^{11} |	tɕo^{55}	tɕi^{44}	pɛ^{51}	su^{22}	lɛ^{33}	n̥ɛ^{33}	njaN^{33}	haN^{24}	i^{44} |
有	一	次	CLF	风	北	和	CLF	太阳	在	地方	那

ɕi^{44} ɯa^{51}	tɛ^{22} qe^{24}	ɯo^{51}	no^{44} ‖	ɯa^{51}	mə^{22}	ɯa^{51}	ta^{55}	sɛ^{55}	feN^{33}
讨论	谁	强壮	比较	讨论	去	讨论	来	然而	区分

to^{44}	lo^{22}	tɛ^{22}	xi^{33}	kja^{22} ‖
NEG	出来	CLF	高	低

句二：这时候路上来了个走道儿的，他身上穿着件厚大衣。

kaN^{55}	i^{44}	mɛ^{55}	tɛ^{22}	haN^{33}	kje^{24}	ta^{55} |
时候	那	有	CLF	走	路	来

nɛ^{55}	naN^{22}	pʰaN^{33}	u^{24}	poN^{23}	ɬʰjə^{33} ‖
3SG	穿	CLF	衣服	棉	大

句三：他们俩就说好了，谁能先叫这个走道儿的脱下他的厚大衣，就算谁的本事大。

nɛ^{55}	o^{33}	lɛ^{55}	qɛ^{55}	m̥a^{44}	ɯu^{44} |	tɛ^{22} qe^{24}	xo^{44}	tɛ^{22}	haN^{33}
3SG	二	CLF	CONJ	说	好	谁	使	CLF	走

kje^{24}	ɛ^{33} |	tʰa^{24}	nɛ^{55}	paN^{51}	pʰaN^{33}	u^{24}	poN^{23}	ta^{33}	mə^{22} |
路	那	脱	3SG	GEN	CLF	衣服	棉	厚	去

neN^{24}	nɛ^{55}	qɛ^{55}	ɯo^{51}	no^{44} ‖
那么	3SG	CONJ	强壮	比较

句四：北风就使劲儿地刮起来了。

tɕo^{55}	tɕi^{44}	pɛ^{51}	qɛ^{55}	tɕʰi^{24} ɯə^{11}	mu^{51}	tɕi^{44}	ta^{55} |
CLF	风	北	CONJ	尝试	吹	风	出来

tɕʰa^{33}	nɛ^{55}	mu^{51}	tɕi^{44}	ɯɵ^{22}	poN^{44} ‖
但是	3SG	吹	风	逐渐	十分

句五:不过他越是刮得厉害,那个走道儿的把大衣裹得越紧。后来北风没法儿了,只好就算了。过了一会儿,太阳出来了。

tɛ^{22}	haN^{33}	kje^{24}	i^{44} |	qɛ^{55}	qʰa^{24}	nɛ^{55}	paN^{51}	pʰaN^{33}	u^{24}
CLF	走	路	那	CONJ	裹	3SG	GEN	CLF	衣服

poN^{23}	ɬʰjə^{33}	i^{44} |	ɯɵ^{22}	tɕoN^{44} ‖	taN^{22} qaN^{22} |	tɕo^{55}	tɕi^{44}	pɛ^{51}
棉	大	那	逐渐	紧	后来	CLF	风	北

qɛ^{55}	to^{44}	pu^{33}	ɛ^{44} tɛ^{11} ɛ^{44}	jə^{22} |	qɛ^{55}	ɕoN^{33}	jaN^{55} ‖
CONJ	NEG	知道	怎么办	情态	CONJ	停止	PFV

taN^{22}	ɛ^{33}	kaN^{55}	tɛ^{33} |	lɛ^{33}	n̥ɛ^{33}	qɛ^{55}	ta^{55}	jaN^{55} ‖
等待	一	时刻	CLF	CLF	太阳	CONJ	出来	PFV

句六:他火辣辣地一晒,那个走道儿的马上就把那件厚大衣脱下来了。

nɛ^{55}	kʰi^{33}	ɕo^{23}	ki^{11} ɬi^{51}	tjə^{44}	ɛ^{33}	tso^{23} |	tɛ^{22}	haN^{33}	kje^{24}	i^{44} |
3SG	热	红	十分	目的	一	晒	CLF	走	路	那

qɛ^{55}	t^{h}a^{24}	po^{22} ɬjo^{22}	nɛ^{55}	paN^{51}	p^{h}aN^{33}	u^{24}	poN^{23}	ɬ^{h}jə^{33}	i^{44}	mə^{22} ‖
CONJ	脱	迅速	3SG	GEN	CLF	衣服	棉	大	那	下来

句七：这下儿北风只好承认，他们俩当中还是太阳的本事大。

kaN^{55}	i^{44}	neN^{44} |	tɕo^{55}	tɕi^{44}	pɛ^{51}	i^{44}	qɛ^{55}	ta^{51}jiN^{23}	keN^{23} |
时候	那	然后	CLF	风	北	那	CONJ	承认	必须

nɛ^{55}	o^{33}	lɛ^{55}	neN^{44} |	tɛ^{22}	tjo^{11}	lɛ^{33}	n̥ɛ^{33}	ɰo^{51}	no^{44} ‖
3SG	二	CLF	然后	仍然	是	CLF	太阳	强壮	比较

第4章　辅音声学研究

辅音指的是发音时气流在声腔中受到阻碍而形成的声音，其形成涉及一个动程，具体可以分为三个部分：一是成阻阶段，即主动发音器官和被动发音器官靠拢，从而形成阻碍；二是持阻阶段，即形成阻碍的发音器官保持一定时间的紧张，使得阻碍得以持续；三是除阻阶段，即形成阻碍的发音器官分离，从而解除阻碍。根据上述定义，学界通常从发音部位和发音方法两个角度入手来对辅音进行分类。根据发音部位的不同，辅音可以分为双唇音、唇齿音、齿音、齿龈音、齿龈后音、卷舌音、硬腭音、软腭音、小舌音、咽音和喉音。根据发音方法的不同，辅音可以分为塞音、塞擦音、鼻音、颤音、闪音、擦音、边擦音、通音、边音。

由于辅音的发音动作大多是在声腔内完成的，通过肉眼很难进行直接观察，因此只能借助生理仪器设备和技术。早期主要是通过X光技术来观察和研究发音动作，不过这项技术有辐射，对人体有害，现在基本被学界废弃。随着科技的发展，磁共振成像技术取代X光技术，成为研究语音发音生理的一个重要手段。此外，用于辅音发音研究的技术还有超声和电子腭位。尽管如此，由于上述仪器使用成本高且对环境有要求，所以只能用于少量研究。此外，除了借助生理设备采集辅音发音动作外，根据言语产生的原理，我们还可以利用声学分析技术研究辅音的发音特性。通过辅音的声学表现，研究者可以从中反推出辅音的发音部位和发音方法。再加上这种技术易于获得，因此，声学分析成为学界研究辅音的最为重要的手段。

新寨苗语有32个辅音,涉及的发音部位有双唇、唇齿、齿龈、硬腭、软腭、小舌和喉门,涉及的发音方法有塞音、塞擦音、鼻音、擦音、边擦音、边音和通音。此外,塞音、塞擦音、擦音、边擦音还存在送气与不送气之分,鼻音和擦音还存在清浊之别。

本章主要对新寨苗语的辅音进行声学分析,提取声学参数,描写辅音的声学特性。

4.1 辅音声母频率

根据我们的调查研究,对新寨苗语的同音语素表进行去重之后可以得到1029个单音节语素,对这1029个单音节语素样本进行统计分析,就可以得到新寨苗语的每一个辅音做声母的使用频率(见表4-1)。

表4-1 辅音声母频率

发音方式	声母	频次	比例(%)
塞音和塞擦音(送气对立)	p	48	4.66
	pʰ	20	1.94
	t	100	9.72
	tʰ	39	3.79
	k	41	3.98
	kʰ	21	2.04
	q	31	3.01
	qʰ	17	1.65
	ts	36	3.50
	tsʰ	20	1.94
	tɕ	51	4.96
	tɕʰ	24	2.33

续表

发音方式	声母	频次	比例(%)
擦音（清浊与送气对立）	f	20	1.94
	f^{h}	8	0.78
	v	24	2.33
	s	35	3.40
	s^{h}	22	2.14
	z	4	0.39
	ɕ	49	4.76
	ɕ^{h}	22	2.14
	x	17	1.65
	h	18	1.75
通音	j	40	3.89
	ɥ	27	2.62
边音（清浊与送气对立）	l	63	6.12
	ɬ	55	5.34
	ɬ^{h}	19	1.85
鼻音（清浊对立）	m	43	4.18
	m̥	8	0.78
	n	59	5.73
	n̥	11	1.07
	ŋ	10	0.97

注：表中32个辅音声母是不包含零声母的，零声母的频次为27，占比2.62%。

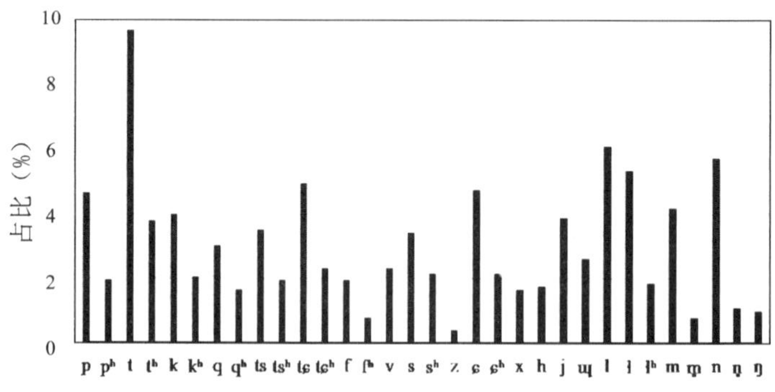

图 4-1　辅音声母出现频率分布(按发音方法分类)

表 4-1 和图 4-1 显示:塞音[t]的出现频次最高,有 100 次,占 9.72%;浊擦音[z]的频次最低,只有 4 次,占 0.39%。就阻塞音(塞音和塞擦音)而言,相同发音部位的不送气形式的出现频率都大于送气形式。从发音部位来看,就塞音而言,齿龈部位最多(139),双唇部位次之(68),软腭部位再次之(63),小舌部位最少(48);就塞擦音而言,硬腭部位(75)大于齿龈部位(56)。就擦音而言,相同部位的清不送气擦音都大于清送气擦音,并且硬腭部位的不送气清擦音[ɕ]在所有擦音中出现次数最多(49)。边音做声母的出现频率依次为:[l]>[ɬ]>[ɬʰ]。鼻音的发音部位按照出现频率由高到低为齿龈(70)、双唇(51)、软腭(10)。在双唇和齿龈两个存在清浊对立的部位上,浊鼻音的出现频率远远大于清鼻音。

4.2　阻塞音(塞音和塞擦音)

新寨苗语有四套塞音(双唇、齿龈、软腭、小舌)和两套塞擦音(齿龈和硬腭),并且每一个发音部位的塞音和塞擦音都可以根据声母送气与否进行二分,即清不送气塞音和塞擦音、清送气塞音和塞擦音(见表 4-2)。下面通过语音波形和语图分别说明塞音和塞擦音的声学特性。

表 4-2　　阻塞音(塞音、塞擦音)例词

发音部位+发音方法	声母	IPA	释义
双唇塞音	p	pu^{33}	知道
	p^{h}	p^{h}u^{33}	铺开
齿龈塞音	t	ta^{33}	地下
	t^{h}	t^{h}a^{33}	刨平
软腭塞音	k	ki^{33}	田螺
	k^{h}	k^{h}i^{33}	热
小舌塞音	q	qa^{33}	鸡
	q^{h}	q^{h}a^{44}	客人
齿龈塞擦音	ts	tsa^{33}	五
	tɜ^{h}	tɛ^{h}o^{44}	刺穿
硬腭塞擦音	tɕ	tɕa^{33}	药
	tɕ^{h}	tɕ^{h}aN^{44}	摇动

从声学上看，塞音的声学性质主要体现为冲直条，这是除阻爆破的声学表征。图 4-2、图 4-3、图 4-4、图 4-5 分别呈现的是双唇、齿龈、软腭和小舌部位塞音送气与否的波形和语图。从图中可以看出，塞音在爆破时，其在语图上从低频到高频都有较强的能量，即“冲直条”。根据发音部位的不同，冲直条上有些频段能量强，有些频段能量则弱，这是发音时声腔中的阻塞位置对爆破脉冲声源进行调制的产物。此外，在软腭塞音中（见图 4-4），我们还发现了双冲直条现象，这主要是由于软腭位置的阻塞面积较大，气流在除阻时有两个释放点。塞音的送气成分在声学上体现为乱纹。从频谱分析的角度看，乱纹的声学特性实质上是噪音声源。从噪音声源的能量来看，不同擦音能量的分布区域不同，即强频带不同（见擦音部分的讨论）。总体而言，送气噪音在语图上呈现出一个全频的分布模式，并根据发音部位的不同而表现出各自特点。通常来说，随着发音部位从前向后移动强频带由低到高。例如，双唇部位的强频带较低，软腭和小舌部位的强频带则较高。

图 4-6 和图 4-7 分别呈现了齿龈塞擦音和硬腭塞擦音的波形和语图。塞擦音在声学上体现为“冲直条＋摩擦乱纹”，如果语音是送气塞擦音，那么在此基础上还需要加上送气乱纹。从图中可以看出，相对于摩擦乱纹，送气乱纹的能量稍弱。在乱纹部分还可以观察到强频带，这是口腔共鸣特性在噪音声源中的体现，一旦声带开始振动，就会形成共振峰。

无论塞音还是塞擦音，区分它们送气与否的一个主要声学参数是嗓音起始时间（voice onset time，VOT），即塞音爆破到声带开始振动之间的时间差。一般而言,送气阻塞音的 VOT 要远大于不送气的阻塞音(图中实线和虚线之间的部分,实线表示除阻、虚线表示声带开始振动)。对新寨苗语阻塞音的 VOT 进行统计分析,我们发现二者之间存在显著性差异($p < 0.001$)。

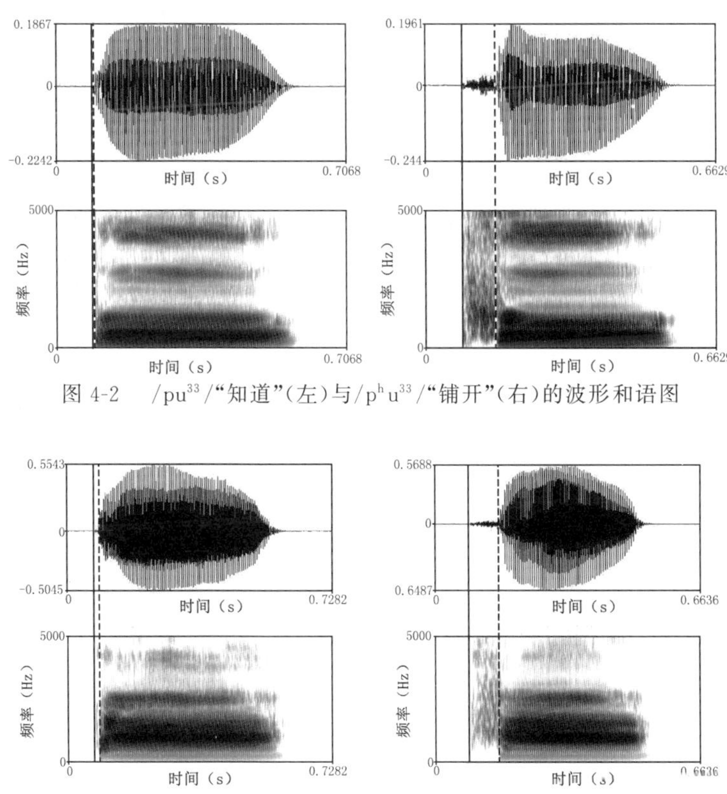

图 4-2　$/pu^{33}/$“知道”(左)与 $/p^hu^{33}/$“铺开”(右)的波形和语图

图 4-3　$/ta^{33}/$“厚”(左)与 $/t^ha^{33}/$“刨平”(右)的波形和语图

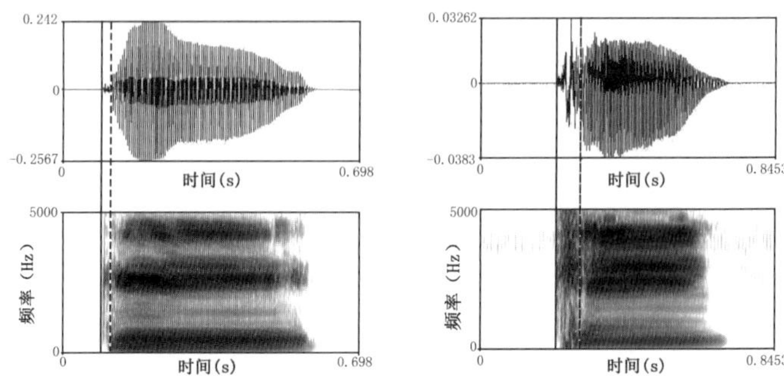

图 4-4　/ki³³/“田螺”(左)与/kʰi³³/“热”(右)的波形和语图

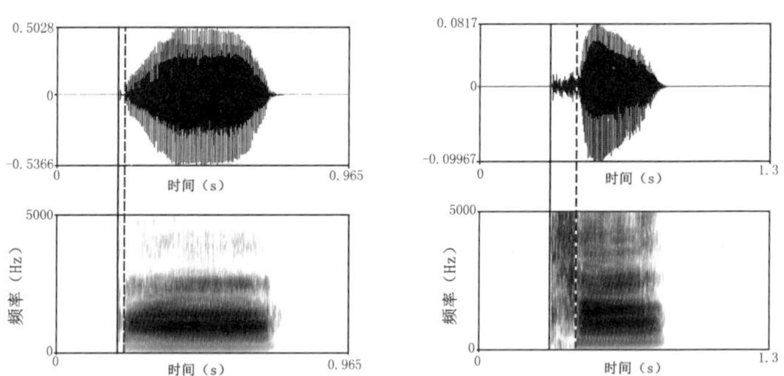

图 4-5　/qa³³/“鸡”(左)与/qʰa⁴⁴/“客人”(右)的波形和语图

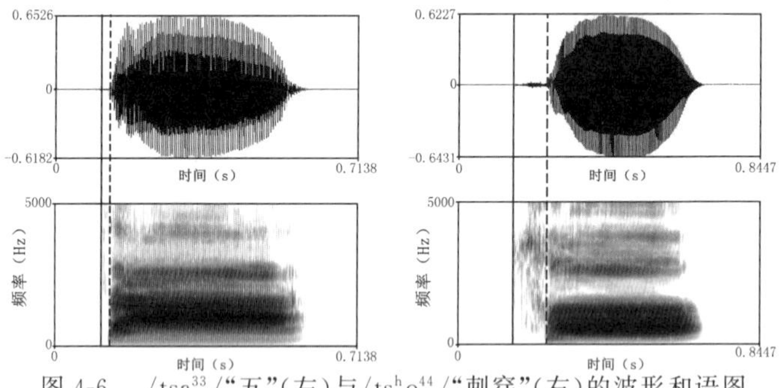

图 4-6　/tsa³³/“五”(左)与/tsʰo⁴⁴/“刺穿”(右)的波形和语图

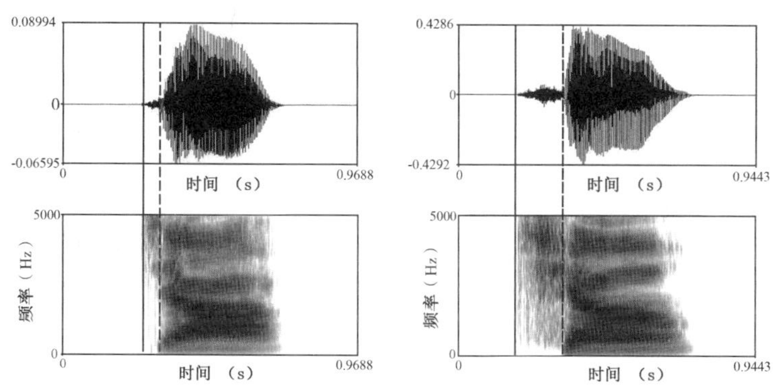

图 4-7　/tɕa³³/“药”(左)与/tɕʰaN⁴⁴/“摇动”(右)的波形和语图

4.3　擦音

从言语产生的声学原理来看,擦音是发音时气流受到阻碍摩擦而产生的声音,其气流在本质上属于湍流,与元音产生的层流不同。Hughes and Halle(1956)对擦音的开创性研究清晰地表明擦音的区分可以由声学参数来实现,例如,频谱形状、时长和总体强度。新寨苗语的擦音类型丰富,擦音除分清浊外,清擦音还根据送气与否进行区分。本节重点关注清不送气擦音/f//s//ɬ//ɕ//x//h/,分析它们的声学特性。

作为原始数据采集的一部分,在录音时,被试佩戴高质量降噪的头戴式麦克风,并采用外置声卡将模数转换数据直接存储到笔记本电脑,录音例词见表 4-3。考虑到擦音发音的频率范围,在对其进行数字化采样时,采样频率为 22050 Hz,采样精度为 16 比特值。

表 4-3 清擦音例词

发音部位	声母	IPA	释义
唇齿	f	fa^{33}	瓜
齿龈	s	so^{44}	瘦
齿龈后	ɬ	$ɬa^{11}$	富裕
硬腭	ɕ	$ɕaN^{44}$	钉子
软腭	x	xi^{33}	新
喉门	h	haN^{33}	走

在参数选择上，本项研究采用擦音研究中最为常用的一些声学测量。第一个参数是时长，其可以通过对语音波形进行标注来获取。不过，由于在确定擦音的起点与终点时会存在困难，因此，为了准确确定每个擦音的起点和终点，我们需要对照语音波形和语图表现来标注擦音时间。第二个参数是擦音的 FFT 能量谱，在计算这一参数时，FFT 的点数为 1024，结合 22050 Hz 的采样频率，每一帧约 46 毫秒。第三个参数是擦音的谱重心(the center of gravity)，其计算频率范围为 0～10 kHz(Forrest et al.,1988; Zsiga,1993;Jongman et al.,2000;Gordon et al.,2002)。擦音的谱重心的计算方式：将频谱中每个频率值和与之相对应的强度值相乘，然后将这些乘积的总和除以频谱中所有频率值的总和。

表 4-4　清擦音时长与谱重心

发音部位	声母	时长(毫秒)	谱重心(Hz)
唇齿	f	106.09	2886.22
齿龈	s	188.16	6830.07
齿龈后	ɬ	151.26	1840.80
硬腭	ɕ	194.27	6362.49
软腭	x	164.44	1077.46
喉门	h	164.37	1998.14

表 4-4 显示的是新寨苗语不同发音部位清擦音的时长和谱重心。就时长而言,这六个擦音的时长差异不大,具体来说,硬腭擦音[ɕ]时长最长,其次为齿龈擦音[s],再次为软腭擦音[x]和喉门擦音[h],然后是齿龈后边擦音[ɬ],唇齿擦音[f]的时长最短。尽管不同发音部位的擦音在时长上存在差异,但是它们之间的差异达不到统计学上的显著性水平($p>0.05$)。就谱重心而言,不同发音部位的擦音在这一参数上差别很大,并且存在统计学上的显著性主效应($p<0.001$)。具体而言,齿龈擦音[s]的谱重心最高,这一点与跨语言的研究结果一致。硬腭擦音[ɕ]的谱重心次高,再次是唇齿擦音[f],喉门擦音[h]和齿龈后边擦音[ɬ]随后,软腭擦音[x]最低。

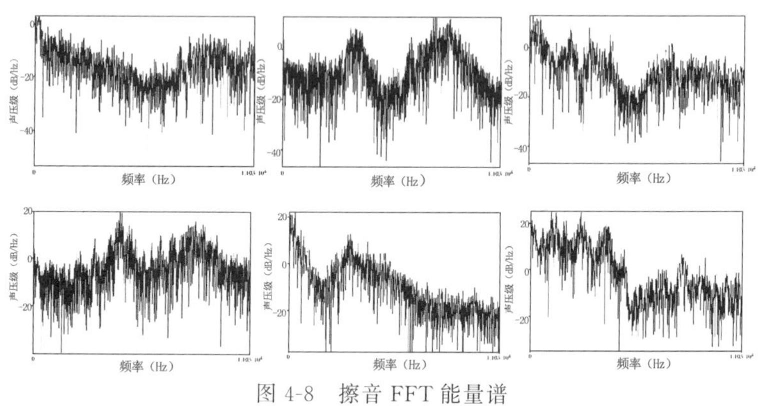

图 4-8 擦音 FFT 能量谱

图 4-8 显示的是新寨苗语 6 个清擦音的 FFT 能量谱，上行从左到右：f、s、ɬ，下行从左到右：ɕ、x、h。由图可见，唇齿擦音[f]的特点是其频谱在所有擦音中最平，并且随着频率增加，频谱能量逐渐下降。齿龈擦音[s]在频谱上有两个峰值，一个在 4 kHz 左右，另一个在 8 kHz 左右。齿龈后边擦音[ɬ]在 2.5 kHz 和 4 kHz 之间有一个相对尖锐的频谱峰值，并且在 7 kHz 左右还有一个较弱的频谱峰值。硬腭擦音[ɕ]与齿龈擦音[s]的频谱表现相似，但是在频谱峰值的频率位置上，硬腭擦音[ɕ]要低于齿龈擦音[s]。软腭擦音[x]的频谱整体下倾，在 2 kHz 左右有个谷值，随后在 3 kHz左右出现峰值，然后在高频区域能量逐渐下降。喉门擦音[h]的频谱在频率上分为两个部分，前一部分在 5.5 kHz 以下，能量较强，频谱平坦，后一部分在 5.5 kHz 以上，能量较弱，频谱也是平坦的。

综上，整体来看，时长在擦音的区分中所起的作用不大。在新寨苗语中，与其他发音部位的清擦音相比，唇齿擦音[f]的时长最短。唇齿擦音[f]在发音上具有较短的时长，这一观察也可以得到跨语言的证据支持，即非咝音通常比咝音的时长短（例如，英语：Behrens and Blumstein，1988；Jongman et al.，2000）。通常来说，在跨语言中，齿龈擦音[s]的时长最长，不过其前提是那些语言中没有硬腭擦音[ɕ]。然而在既有齿龈擦音[s]也有硬腭擦音[ɕ]的新寨苗语中，硬腭擦音[ɕ]的时长最长，不过其具体数值仅略长于齿龈擦音[s]。软腭擦音[x]和喉门擦音[h]二者无法通过时长进行区分。

根据本项研究，谱重心是区分不同发音部位擦音的有效参数。在新寨苗语的所有清擦音中，齿龈擦音[s]的谱重心最高，这一点也与跨语言的研究结果相吻合。例如，汉语普通话（Svantesson，1986）和英语（Jongman et al.，2000）中的齿龈擦音[s]在频谱上都具有较高的谱重心。尽管齿龈擦音[s]的谱重心最高，但是其与硬腭擦音[ɕ]之间的差异并未达到统计上的显著性水平。总体来看，发音部位较前的擦音倾向于具有较高的谱重心。发音时收紧点的靠前与谱重心较高之间的相关性可以归因于收紧点位置前面的较小腔体。较短的通道与前腔共鸣的强度增加有关，而前腔共鸣的强度增加则是擦音中最主要的噪音声源来源。关于收紧点位置与擦音频谱特性之间的关系，见Fant（1960/1970）和Stevens（1998）的讨论。

根据收紧点靠前和谱重心相关的关系，谱重心由高到低的顺序为：齿龈擦音[s]>硬腭擦音[ɕ]>软腭擦音[x]。然而，这一倾向性解释在具体语言实例中也存在一些明显的例外。例如，软腭擦音[x]的谱重心低于喉门擦音[h]；相对于其他擦音而言，唇齿擦音[f](非咝擦音)的谱重心也较低,这是因为收紧点靠前和谱重心的相关关系不涉及唇齿擦音[f];齿龈后边擦音[ɬ]由于发音时涉及卷舌特征,所以它的谱重心也比较低。再者,边音在发音时的变异也比较大,与之相应的是,它的参数表现也具有较大的变异性。

在频谱形状方面,通常来说,频谱中最明显的噪音峰值与擦音的前后关联,较后的擦音在低频部分具有较大的噪音,这与相对较后的擦音具有较长的前腔有关。因此,发音位置较后的擦音(例如,软腭擦音[x]和喉门擦音[h])的频谱峰值出现在低频区域。随着收紧位置在口腔内向前移动、前腔大小减小,那么频谱噪音的主要轨迹通常是增加频率。所以说齿龈擦音[s]在高频的能量比较强。唇齿擦音[f]在频谱上的特点是其频谱相对比较平坦,缺少明显的峰值,这主要是因为发音时没有任何实际的前腔共鸣。齿龈后边擦音[ɬ]的频谱表现(频谱峰值和总体频谱扩散)在不同语言之间存在很大变异(Gordon et al.,2002)。

总之,根据本项研究,我们利用谱重心和频谱形状可以很好地区分新寨苗语的清擦音,相对来说,时长在区分擦音中所能提供的信息量最少。此外,本项研究从擦音中观察到的频谱特性也证实了声道模型的一些预测。擦音发音时收紧点的位置可以很好地预测频谱中的噪音能量强频区,正如擦音频谱中前腔共鸣突显所预测的那样,收紧点位置越靠后,噪音倾向于出现低频区域的可能性或概率就越大。

4.4　鼻音

鼻音分清浊是汉藏语系语言中存在的一种比较特殊的语音现象,前人在语言描写与历史比较研究中也多有提及。例如,戴庆厦(1985)研究了藏缅语族语言阿昌语的清鼻音,认为“清鼻音的特点是:发音时声带不振动,气流从鼻腔摩擦而出,略带送气成分。它既不同于送气鼻音,也不同于纯粹的鼻音清化,而是介于两者之间,即以清化为主,并带轻微的送气”。苗瑶语同样存在清鼻音,王辅世(1985)指出“除个别地区外,苗语中都有清鼻音和送气清鼻音”。李方桂(1980)在通过谐声构拟上古汉语的清鼻音声母时也指出了贵州黑苗语言中的清鼻音现象,并指出“清鼻音[n̥]听起来很像是[n̥tʰ]”。朱晓农(2007)认为“石门坎苗语中的清鼻音发音时,口腔成阻和普通鼻音一样,气流从鼻腔出来,不同的是,发清鼻音时声带不振动”。虽然学界很早就已经意识到清鼻音的语言学意义,但是鲜有研究对这一现象进行声学分析,以解释其物理特性。本节以新寨苗语的鼻音为研究对象,通过声学分析考察其声学特性。

为了系统认识新寨苗语中清鼻音的语音特性及其在音系上的功能,即区别语言学意义的功能,本项研究在录音时挑选了几组鼻音清浊最小对立的词项(见表 4-5)。考虑到调查者在听音记音方面能感知到清鼻音发音时伴随有同部位的塞音色彩(李方桂,1980),本项研究也给出同部位的清送气塞音和清不送气塞音作为对比,以便弄清楚清鼻音的声学特性,从而为后期音系描写提供客观证据。

表 4-5 双唇和齿龈部位清鼻音、浊鼻音，以及同部位清送气塞音、清不送气塞音例词

发音部位	组别	语音转写	词义注释
双唇	第一组	m̥a^{44}	说
		ma^{23}	你家的
		p^{h}a^{44}	劈~柴
		pa^{44}	猪
	第二组	m̥i^{24}	牙齿
		mi^{24}	藏躲~
		p^{h}i^{24}	烧
		pi^{24}	满水~了
	第三组	m̥u^{33}	刺绣用布
		mu^{33}	痛
		p^{h}u^{33}	铺~开
		pu^{33}	知道
齿龈	第一组	n̥ɛ^{33}	太阳
		nɛ^{33}	奶奶
		t^{h}ɛ^{33}	贪~污
		tɛ^{33}	孩子、儿子
	第二组	n̥oŋ^{33}	忘记
		noŋ^{55}	这
		t^{h}oŋ^{33}	通~洞
		toŋ^{33}	东
	第三组	n̥oŋ^{24}	贵指价格
		noŋ^{55}	这
		t^{h}oŋ^{24}	桶
		toŋ^{24}	用来放草的大箩筐

注：在双唇部位，第一组没有找到与清鼻音相对应的 44 调的例子，此处采用 23 调例词“你家的”；在齿龈部位，第二组没有与清鼻音相对应的 33 调的鼻音，第三组没有与清鼻音相对应的 24 调的鼻音，此处选择其他声调的例词来做对比。

根据前人的描写以及笔者自己的调查体验，我们发现发音人在发清鼻音时，听感上存在明显的同部位塞音成分。为了弄清楚这一问题，我们首先举例对比清鼻音和同部位清送气塞音。图 4-9 和图 4-10 中每一个小图的前一音节表示清鼻音，后一音节表示同部位的清送气塞音。

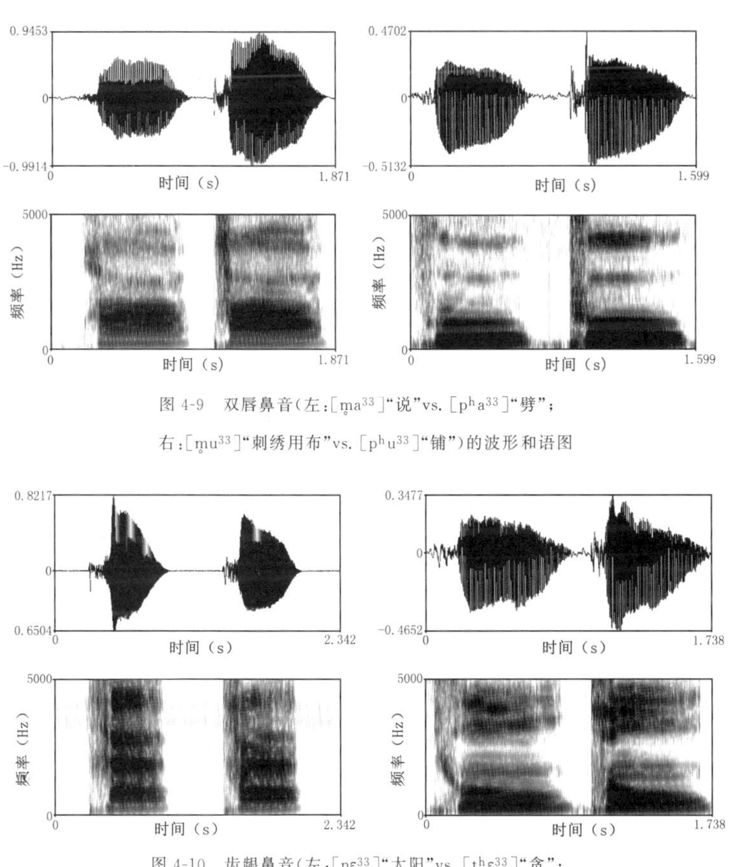

图 4-9　双唇鼻音(左：[m̥a^{33}]“说”vs. [p^{h}a^{33}]“劈”；右：[m̥u^{33}]“刺绣用布”vs. [p^{h}u^{33}]“铺”)的波形和语图

图 4-10　齿龈鼻音(左：[n̥ε^{33}]“太阳”vs. [t^{h}ε^{33}]“贪”；右：[n̥oŋ^{33}]“忘记”vs. [t^{h}oŋ^{33}]“通”)的波形和语图

从图 4-9 和图 4-10 的对比中可以清晰地观察到清鼻音在辅音部分没有冲直条，只有乱纹，并且乱纹部分能量强、时间长，这些声学表现说明清鼻音在发音时声带是不振动的，并且存在摩擦送气。相比来说，清送气塞音的辅音部分都有明显的冲直条来表征能量的爆破，对应到生理上就是辅音的除阻阶段。以上这些分析说明清鼻音音节元音前头的辅音部分不是浊音，同时也没有同部位的塞音，我们听感上所感觉的塞音可能是由于同部位塞音协同发音的音响效果。

在确定清鼻音无同部位塞音的声学特性后，接下来我们通过对比清鼻音和浊鼻音来进一步说明清鼻音的性质。图 4-11、图 4-12 中每一个小图的前一音节表示清鼻音，后一音节表示浊鼻音。

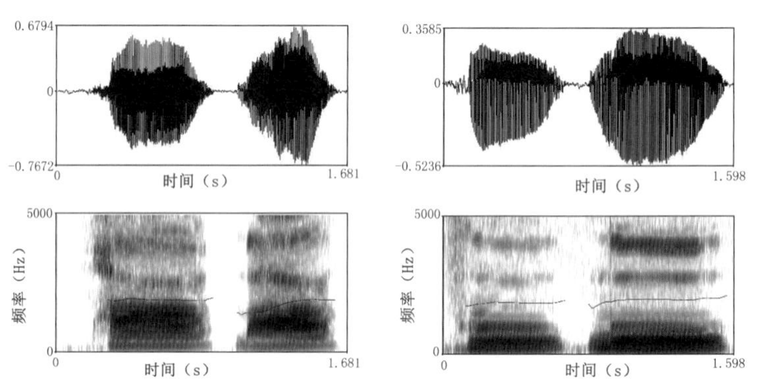

图 4-11 双唇鼻音（左：[m̥a^{33}]“说”vs. [ma^{23}]“你家的”；右：[m̥u^{33}]“刺绣用布”vs. [mu^{33}]“痛”）的波形和语图

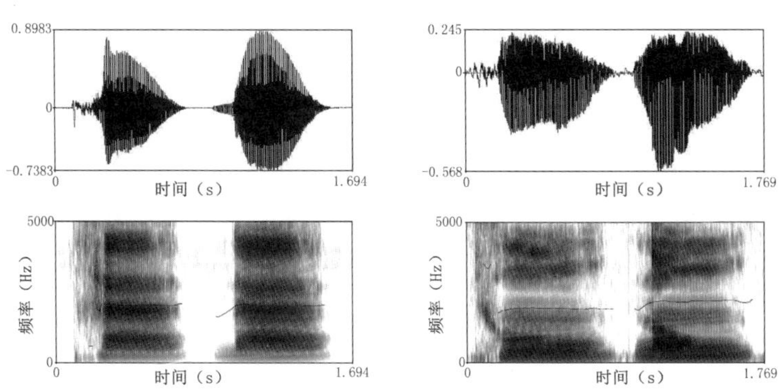

图 4-12　齿龈鼻音(左:[n̥ε^{33}]"太阳"vs. [nε^{33}]"奶奶";
右:[n̥oŋ^{33}]"忘记"vs. [noŋ^{33}]"这")的波形和语图

图 4-11 和图 4-12 中辅音部分的清鼻音无一例外地表现为乱纹,且由于送气的原因,乱纹部分时间较长,几乎等同于同部位清送气塞音音节辅音部分的时长。反观浊鼻音,其声学表现首先在于其具有能量较强的第一共振峰和浊音杠,并且浊鼻音只有第一共振峰较为明显,其他高次共振峰很弱。此外,由于发浊鼻音需要声带振动,语图表现在辅音部分的基频曲线,这说明发浊鼻音时声带产生了周期性振动,而与之相对的清鼻音则表现为噪声。

综上,本节通过对比清鼻音和同部位清送气塞音以及清鼻音和浊鼻音,明晰了新寨苗语中清鼻音的声学表现,对这一现象的认识可以更好地指导我们的田野调查,利于处理和归纳新寨苗语的音位系统。

4.5　边音

边音分清浊和送气是苗语中存在的一种比较特殊的语音现

象,王辅世(1985)指出“除个别地区外,苗语中都有清边音或送气清边音”。李方桂(1980)根据贵州黑苗语言中的清边音现象给上古汉语构拟了清边音声母。虽然学界很早就已经意识到清边音在苗语中的语言学意义,但是鲜有研究对这一现象进行声学分析,以解释其物理特性。本节以新寨苗语的边音为研究对象,通过声学分析考察其声学特性。

在新寨苗语中,一个很有特点的语音现象是,除边音有清浊之分外,清边音根据送气与否进行二分,具体来说,该语言存在清不送气边擦音和清送气边擦音的对立。为了系统认识新寨苗语边擦音的语音特性以及其在音系上的功能,我们在录音时特意挑选了一批具有边擦音送气与否的最小对立词项(见表 4-6)。下面通过对比清送气边擦音和清不送气边擦音的声学特性来考察二者的差别。

表 4-6　　边擦音例词

组别	语音转写	词义注释
第一组	ɬʰaŋ³³	孙子、孙女
	ɬaŋ³³	肩膀
第二组	ɬʰo²⁴	竹子
	ɬo²⁴	苗名
第三组	ɬʰa²²	割
	ɬa²²	富贵

就边擦音的音色而言,吴宗济、林茂灿等(1989)认为“边音由于在舌尖后面的声腔受分流影响而成零点”。据此,我们对上表中的例词做了频谱分析。图 4-13 显示,在每一个小图中都可以观察到第二共振峰和第三共振峰之间有零点出现,零点的出现可以证实这些语音样本的辅音性质为边音。

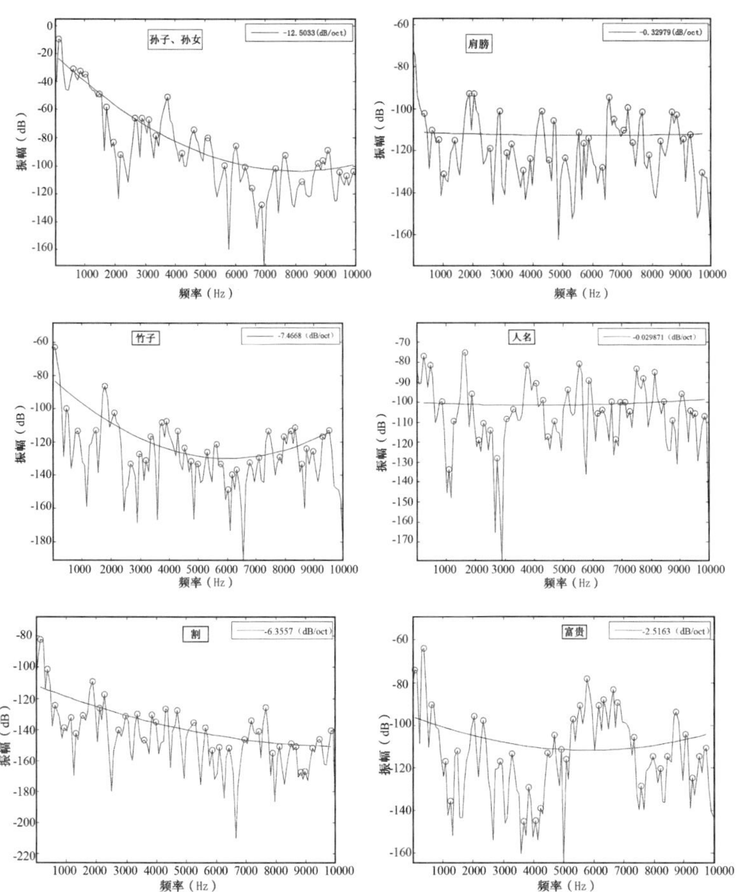

图 4-13　边擦音频谱特性

从言语产生的声学原理来看，擦音是由声门上的噪声源产生，在语图上识别为高频噪声区（吴宗济、林茂灿等，1989）。在语图上，擦音表现为乱纹，并可以通过计算谱重心来区分不同音色的擦音。从表 4-7 中可以看出，送气边擦音与不送气边擦音二者在谱重心这一声学参数上的差别很大，送气边擦音由于送气的影响导致其频谱中的高频能量比较弱；相反，不送气边擦音则没有送气成分的影响，其高频能量比较强。从表中数据的初步观察可以看出，边擦音送气与否在声学数据上存在明显差异，并且边擦音的送气与否与谱重心这一参数是有关联的。通过对三组谱重心数据的相关性分析，我们可以清楚地观察到清送气边擦音和清不送气边擦音在谱重心的均值上存在显著性差异($p<0.05$)。用Pearson算法得到二者的相关系数为0.765，这说明二者的谱重心是有显著关联性。基于这一认识，我们认为谱重心这一参数是用来区分边擦音送气与否的一个重要指标。

表 4-7　　边擦音谱重心

组别	语音转写	词义注释	谱重心(Hz)
第一组	ɬʰaŋ³³	孙子、孙女	345
	ɬaŋ³³	肩膀	1934
第二组	ɬʰo²⁴	竹子	353
	ɬo²⁴	苗名	978
第三组	ɬʰa²²	割	721
	ɬa²²	富贵	2478

此外，本项研究之所以将送气与否的边擦音都定义为清边擦音，是基于我们采集的EGG信号(声门阻抗信号)，EGG信号的有无反映的是声带是否开始振动。如果声母部分是浊辅音，声带的振动状态必然会有EGG信号的反馈；反之，如果声母部分是清辅音，声带没有振动，也就没有EGG信号的反馈。在我们采集的EGG信号中，无论是送气边擦音还是不送气边擦音，它们的喉头仪信号都是从元音部分起始的，辅音部分没有EGG信号。也就

是说，如果二者辅音部分是浊音，那么就应该有 EGG 信号，结果正与此相反，据此我们将二者定义为清辅音。

边擦音送气与否的差异是否由基频的不同导致？为了回答这一问题，我们绘制了具有边擦音最小对立与否词项的基频曲线，每个音节提取等长的 11 个基频值，然后计算出均值和标准差，以资比较。

从表 4-8 和图 4-14 的数据及基频曲线中可以看出，凡是具有最小对立的送气边擦音和不送气边擦音在基频上的表现基本一致，这就说明二者的对立区分因素也不在于基频。

表 4-8　边擦音基频值(Hz)

组别/点数	第一组		第二组		第三组	
	孙子、孙女	肩膀	竹子	苗名	割	富贵
1	192	194	174	170	149	137
2	190	191	179	169	144	138
3	189	191	186	175	146	141
4	189	191	197	188	148	142
5	189	189	201	198	148	143
6	188	189	204	201	147	141
7	187	191	206	201	147	140
8	189	192	207	199	150	142
9	190	191	208	198	151	143
10	190	191	206	201	152	144
11	189	191	206	203	149	145
均值	189	191	198	191	148	142
方差	1.19	1.33	12.19	13.25	2.25	2.52

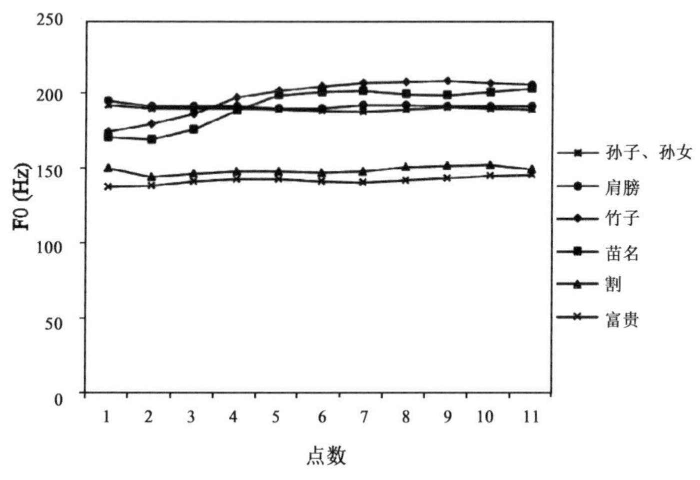

图 4-14　边擦音基频曲线

在排除基频因素后，我们再来考察时长。根据前人的研究，辅音的送气与否和时长存在着一定的关联，这一点在塞音的送气与否中表现比较明显，学界通常采用 VOT 这一参数来衡量。由于本项研究考察的是边擦音，所以 VOT 的区分在此没有意义。因此，我们从语音波形的时域来观察二者的区别。

表 4-9　　边擦音时长

组别	语音转写	词义注释	时长(ms)
第一组	ɬʰaŋ³³	孙子、孙女	735
	ɬaŋ³³	肩膀	591
第二组	ɬʰo²⁴	竹子	603
	ɬo²⁴	苗名	506
第三组	ɬʰa²²	割	667
	ɬa²²	富贵	631

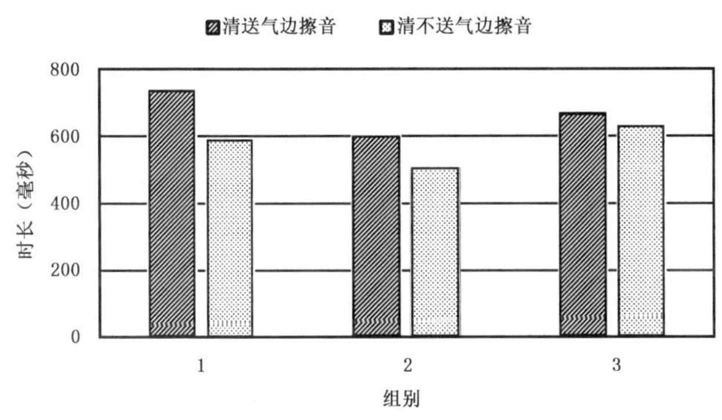

图 4-15　边擦音时长分布

从表 4-9 和图 4-15 中三组数据的时长来看，除了第三组的差别在 36 毫秒外，其他两组时长相差都在 100ms 左右。尽管如此，统计分析的结果则说明时长在送气清边擦音与不送气清边擦音的区分中没有起到作用。

4.6　小结

本章从声学角度研究了新寨苗语的辅音，首先给出了各个辅音在新寨苗语 1029 个音节中出现在音节首位置的频率，结果发现无论是塞音、擦音，还是塞擦音，相同发音部位的不送气形式的出现频率都大于送气形式。阻塞音（塞音和塞擦音）的声学分析再一次证实了 VOT 是区分阻塞音送气与否的“黄金标准”。谱重心和频谱形状是区分不同发音部位擦音的可靠指标。新寨苗语的清鼻音虽然在听感上伴随同部位的塞音，但在声学表现上并无冲直条。此外，边擦音的对立仅存在于送气与否方面。这些研究结果为我们在田野调查时采用合适的标注符号转写辅音提供了客观依据。

第5章　元音声学研究

5.1　研究背景

元音指的是发音时声带振动并且气流在声腔中不受阻碍的声音。元音是语音最重要的组成部分，它决定着语音的音质。从发音生理角度看，学界一般从舌位高低、舌位前后和唇的圆展三个方面来描写元音。在声学上，元音主要体现为共振峰(formant frequency)，因此学界通常通过提取共振峰来研究元音。

要想对元音进行声学分析，我们首先需要弄清楚元音产生的基本原理。Fant(1960/1970：15-20)提出了言语产生的源—滤波器模型(source-filter model)，即声音的产生是由三部分组成：一是声源，对应于语音学的发声(phonation)；二是滤波器，对应于语音学的调音(articulation)；三是辐射(radiation)。

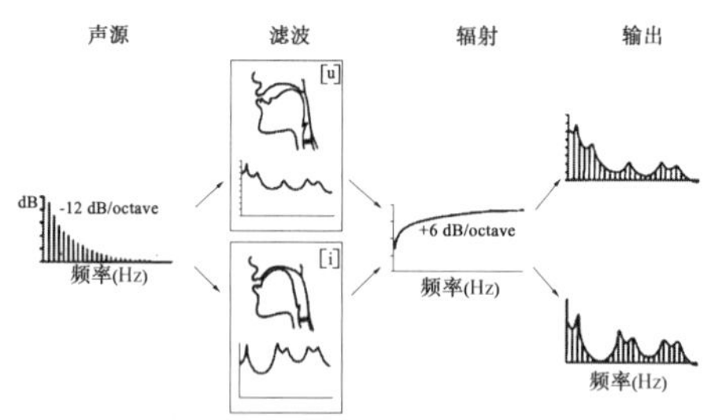

图5-1　元音[u]和[i]的言语产生过程

图 5-1 给出的是元音[u]和[i]的言语产生过程(Gobl and Ní Chasaide,2010:379)。图中的声源(振幅)谱是相同的,它包含所有谐波成分(harmonic components),并且每个倍频程(per octave)下降 12 个分贝。这就意味着谐波的振幅随着频率的增加而递减,频率每增加一倍,振幅就下降 12 个分贝。注意,声源谱每个倍频程下降 12 个分贝只是一种理想情况,真实的声源谱并非恒定下降,它可能会受声门脉冲(glottal pulse)形状的影响进而导致局部出现下陷(local dips)。声道的滤波效应,也被称为传递函数(transfer function),对[u]和[i]这两个元音来说是很不相同的,这是由于口腔内发音器官舌和唇的不同位置导致的。落在传递函数顶点或附近的声源谐波将会被滤波器放大,反之则不会被放大,并且可能会被削减。因此,经过滤波器调制后输出的口腔气流是一个包含峰值和谷值的谱,而非相对均匀下降的声源谱,这些特性也就决定着我们所听到的音质,即不同的元音。最后,相对于口腔气流的频谱下倾来说,唇辐射的声压以每个倍频程提高大约 6 个分贝的形式倾斜。

根据言语产生的声学原理,元音的不同是由声源信号经过不同形状的声道调制而形成的。因此,研究元音需要将重点放在声学滤波器上(调音部分),它对应于发音时的部位和方法的差异。

本章首先通过语图分析新寨苗语的元音系统,进而提取共振峰绘制声学元音图。

5.2　元音语图和谱包络

根据我们的调查和音系整理,新寨苗语有 8 个元音,即/i//e//ə//ɛ//a//ɔ//o//u/(见表 5-1)。

表 5-1　　新寨苗语元音系统及例词

元音(单元音)	语音转写	释义
i	pi^{33}	给
e	te^{44}	踢
ə	$pə^{44}$	响
ɛ	$tɛ^{33}$	儿子
a	pa^{33}	大腿
ɔ	$tɔ^{44}$	树
o	to^{44}	斧头
u	pu^{33}	知道

考虑到人类言语中所用到的元音的频率范围(小于 5000 Hz),本项研究在录音时选用的采样频率为 11025 Hz,采样解析率为 16 bit。为了更好地呈现不同元音的共振峰模式,此处我们给出的是宽带语图,其带宽为 300 Hz,理由在于:人类语言中语音的基频上限一般不超过 300 Hz,基频下限则大于 50 Hz,即两个谐波之间的频率间隔为 50～300 Hz。采用 300 Hz 的带宽,就会使得两个相邻谐波混为一团,从而无法区分。更为概括地说,在语音分析时,如果采用的带宽数值越大,那么相应的时间窗内的时间点的数量就越少,进而导致频率分辨率也就越低,不过其好处是它的时间分辨率就越高。由于我们的研究目的是观察共振峰随时间的变化模式,而非其频率模式,因此需要设定较大的带宽。另外,用于快速傅里叶变换的精度为 256 个点,根据采样频率,每秒可得到 11025 个点,信号采用 50 个点,重叠部分为 49 个点,步长即为 1。

在共振峰参数的提取上,随着数字信号处理技术的广泛应用,共振峰参数的提取变得尤为便捷。目前,常用的提取共振峰的方法有以下三种(孔江平,2015:91):一是直接从语图上手工确定共振峰参数,二是采用线性预测(linear predictive coding,LPC)的算法来提取共振峰参数,三是采用倒谱法来提取共振峰参数。本项研究采用学界最为常用的 LPC 算法测量共振峰,其具体操作程序如下:首先需要选取一段语音信号,将信号进行线性预测计算从而得到一组线性预测系数,即 LPC 系数,然后将 LPC 系数解方程,即可得到共振峰参数。需要注意的是,LPC 算法是一个全极点模型,所以它只能提取出频谱中的极点,无法提取出零点。因此,在使用 LPC 算法时还需要注意一些技术细节,以便获得更为准确的数据。最为重要的一个设置是 LPC 的阶数,因为它直接影响共振峰测量的准确性。阶数的设定通常与所要提取的共振峰个数相关,用公式表达为:阶数=2×共振峰个数+2。例如,如果语音信号的采样频率为 11025 Hz,假设提取 5 个共振峰,那么就需要使用 12 阶的 LPC 阶数,这样提取的共振峰比较准确。

下面我们结合宽带语图和 LPC 谱逐一阐述新寨苗语元音的声学特性。

图 5-2 显示的是[pi³³]"给"的语图和元音[i]的 LPC 谱。从语图上看,元音[i]起始位置处的第二共振峰向下指向 700 Hz 附近,它标示着前面塞音[p]的发音部位,随后是元音[i]的稳定段。结合语图和 LPC 谱,元音[i]的 4 个共振峰十分清晰:第一共振峰的频率较低,约为 400 Hz;第二共振峰较高,约为 2300 Hz;第三共振峰约为 3100 Hz;第四共振峰约为 4000 Hz。在共振峰分布上,第一共振峰与第二共振峰分离较远是元音[i]的典型特征。此外,第一共振峰和基频的能量重叠,导致语图中的低频中的能量

较强，即黑色色彩较重。

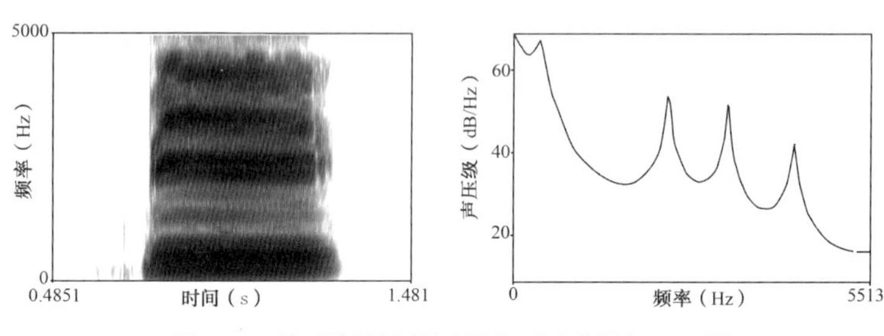

图 5-2　[pi³³]"给"的语图和元音[i]的 LPC 谱

图 5-3 显示的是[te⁴⁴]"踢"的语图和元音[e]的 LPC 谱。从语图上看，元音[e]起始位置处的第二共振峰向下指向 1600 Hz 附近，它标示着前面塞音[t]的发音部位，随后是元音[e]的稳定段。结合语图和 LPC 谱，元音[e]的前三个共振峰比较清晰，第四共振峰能量弱些：第一共振峰的频率较低，约为 550 Hz；第二共振峰较高，约为 2130 Hz；第三共振峰约为 2800 Hz；第四共振峰约为 4100 Hz。在共振峰上，第一共振峰与第二共振峰距离较远，第三共振峰与第四共振峰之间的距离较近。此外，第一共振峰和基频的能量重叠，导致语图中的低频中的能量较强，即黑色色彩较重。

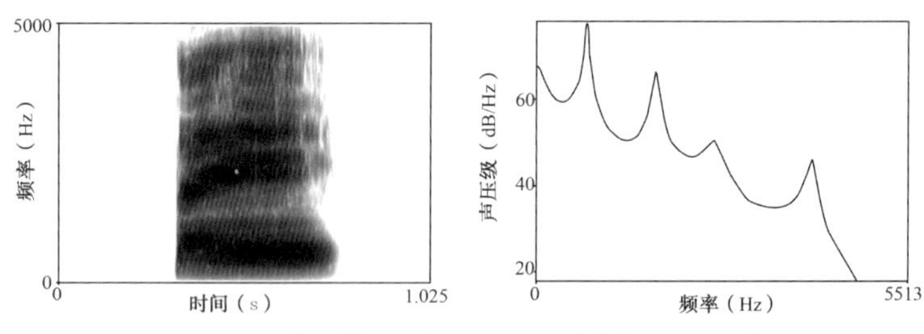

图 5-3　[te⁴⁴]"踢"的语图和元音[e]的 LPC 谱

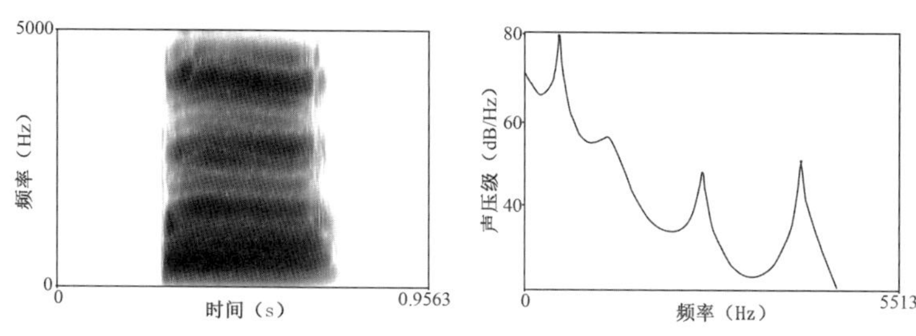

图 5-4　[pə⁴⁴]“响”的语图和元音[ə]的 LPC 谱

图 5-4 显示的是[pə⁴⁴]“响”的语图和元音[ə]的 LPC 谱。从语图上看，元音[ə]起始位置处的第二共振峰向下指向 800 Hz 附近，它标示着前面塞音[p]的发音部位，随后是元音[ə]的稳定段。结合语图和 LPC 谱，元音[ə]的 4 个共振峰十分清晰：第一共振峰的频率约为 600 Hz；第二共振峰约为 1400 Hz；第三共振峰约为 2700 Hz；第四共振峰约为 4000 Hz。在共振峰分布上，共振峰分布较为均匀是元音[ə]的典型特征。理想情况下，根据言语产生的声源—滤波器模型和声道共鸣的单管模型，理想状态下，元音[ə]的 F1、F2、F3、F4 依次为500 Hz、1500 Hz、2500 Hz、3500 Hz。此外，语图中最底端的部分为基频能量。

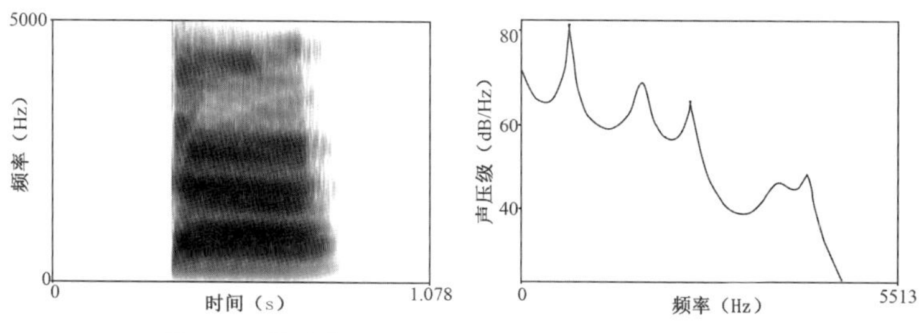

图 5-5　[tɛ³³]“儿子”的语图和元音[ɛ]的 LPC 谱

图 5-5 显示的是[tɛ³³]“儿子”的语图和元音[ɛ]的 LPC 谱。从语图上看，元音[ɛ]起始位置处的第二共振峰略微向上指向 1900 Hz 附近，它标示着前面塞音[t]的发音部位，随后是元音[ɛ]的稳定段。结合语图和 LPC 谱，元音[ɛ]的四个共振峰十分清晰，但高次共振峰(F4)的能量较弱：第一共振峰的频率约为 800 Hz；第二共振峰约为 1700 Hz；第三共振峰约为 2500 Hz；第四共振峰约为 4100 Hz。在共振峰分布上，第二共振峰与第三共振峰之间的距离最小，其次是第一共振峰与第二共振峰，第三共振峰和第四共振峰之间的距离最大。语图中最底端的部分为基频能量。

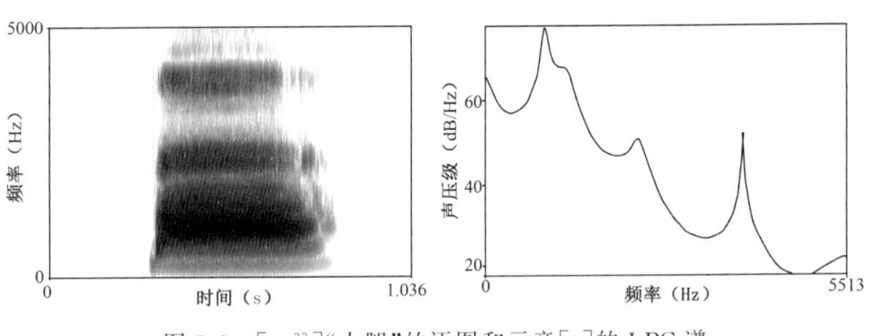

图 5-6 [pa³³]“大腿”的语图和元音[a]的 LPC 谱

图 5-6 显示的是[pa³³]“大腿”的语图和元音[a]的 LPC 谱。从语图上看，元音[a]起始位置处的第二共振峰向下指向 1000 Hz 附近，它标示着前面塞音[p]的发音部位，随后是元音[a]的稳定段。结合语图和 LPC 谱，元音[a]的四个共振峰十分清晰，但高次共振峰(F4)的能量较弱：第一共振峰的频率约为 900 Hz；第二共振峰约为 1300 Hz；第三共振峰约为 2300 Hz；第四共振峰约为 3900 Hz。在共振峰分布上，第一共振峰与第二共振峰距离较近

是元音[a]的典型特征，第二共振峰与第三共振峰之间的距离大于第一共振峰与第二共振峰的距离，第三共振峰和第四共振峰之间的距离最大。此外，语图中最底端的部分为基频能量。由于元音[a]的第一共振峰较高(约为 900 Hz)，因此，在语图上，第一共振峰与基频之间的频率间隔较大。

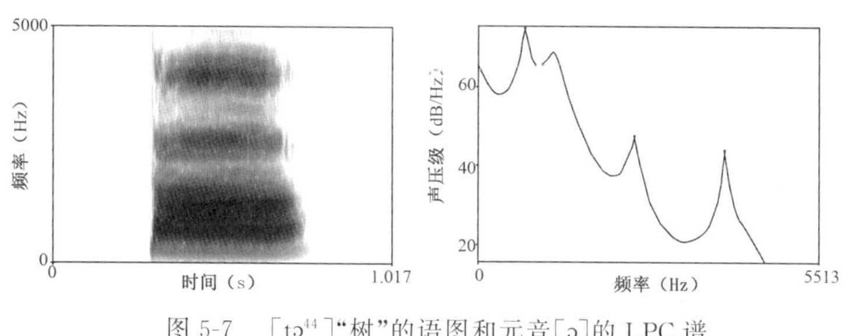

图 5-7　[tɔ⁴⁴]“树”的语图和元音[ɔ]的 LPC 谱

图 5-7 显示的是[tɔ⁴⁴]“树”的语图和元音[ɔ]的 LPC 谱。从语图上看，元音[ɔ]起始位置处的第二共振峰略微向下指向 1100 Hz附近，它标示着前面塞音[t]的发音部位，随后是元音[ɔ]的稳定段。结合语图和 LPC 谱，元音[ɔ]的 4 个共振峰十分清晰，相对于低次共振峰(F1、F2)而言，高次共振峰(F3、F4)的能量较弱：第一共振峰的频率约为 800 Hz；第二共振峰约为 1200 Hz；第三共振峰约为 2500 Hz；第四共振峰约为 4000 Hz。在共振峰分布上，第一共振峰与第二共振峰距离较近，第二共振峰与第三共振峰之间的距离大于第一共振峰与第二共振峰的距离，第三共振峰和第四共振峰之间的距离最大。此外，语图中最底端的部分为基频能量。由于元音[ɔ]的第一共振峰较高(约为 800 Hz)，因此，在语图上，第一共振峰与基频之间的频率间隔较大。

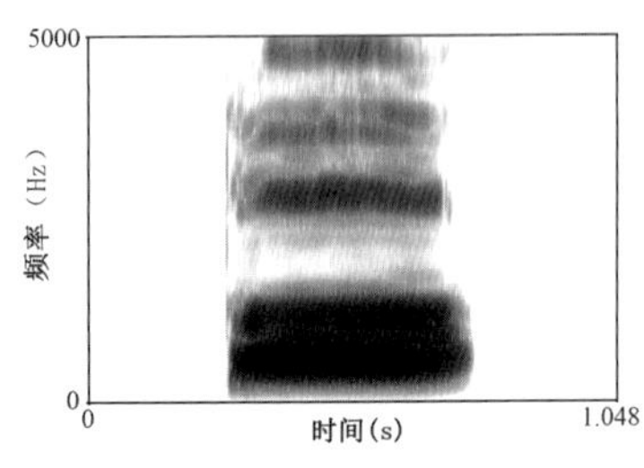

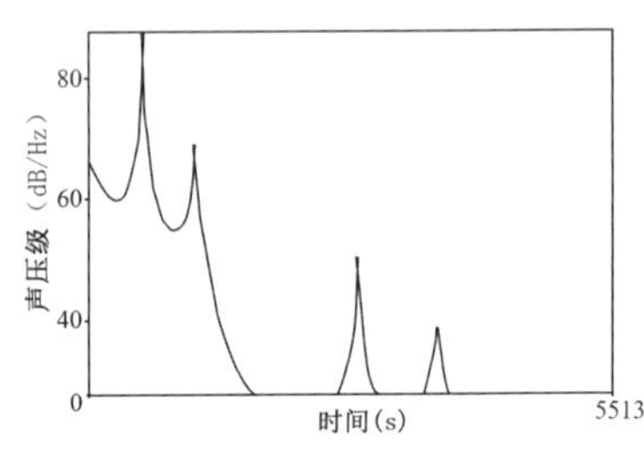

图 5-8　[to^{44}]"斧头"的语图和元音[o]的 LPC 谱

图 5-8 显示的是[to^{44}]"斧头"的语图和元音[o]的 LPC 谱。从语图上看，元音[o]起始位置处的第二共振峰指向 1100 Hz 附近，它标示着前面塞音[t]的发音部位，随后是元音[o]的稳定段。结合语图和 LPC 谱，元音[o]的 4 个共振峰十分清晰，相对于低次共振峰(F1、F2)而言，高次共振峰(F3、F4)的能量较弱：第一共振峰的频率约为 600 Hz；第二共振峰约为 1100 Hz；第三共振峰约为 2800 Hz；第四共振峰约为 4300 Hz。在共振峰分布上，第一共振峰与第二共振峰距离较近，第三共振峰和第四共振峰之间的距离也较近，第二共振峰与第三共振峰之间的距离大。此外，语图中最底端的部分为基频能量，其与第一共振峰能量叠加，导致最下面的能量很强。

图 5-9 显示的是[pu^{33}]"知道"的语图和元音[u]的 LPC 谱。从语图上看，元音[u]起始位置处的第二共振峰略微向下指向 800 Hz附近，它标示着前面塞音[p]的发音部位，随后是元音[u]的稳定段。结合语图和 LPC 谱，元音[u]的 4 个共振峰十分清晰，相对于低次共振峰(F1、F2)而言，高次共振峰(F3、F4)的能量较弱：第一共振峰的频率约为 500 Hz；第二共振峰约为 900 Hz；第三共振峰约为 2800 Hz；第四共振峰约为 4000 Hz。在共振峰分

布上，第一共振峰与第二共振峰距离较近，第三共振峰和第四共振峰之间的距离次之，第二共振峰与第三共振峰之间的距离最大。此外，语图中最底端的部分为基频能量，其与第一共振峰能量叠加，导致最下面的能量很强。

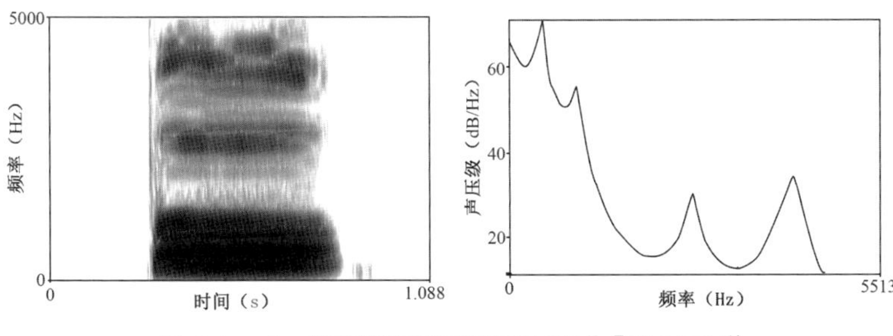

图 5-9　[pu³³]“知道”的语图和元音[u]的 LPC 谱

5.3　声学元音图

获取共振峰参数后，接下来就可以利用共振峰来对元音进行描写。为了更好地呈现元音之间的分布模式，本部分给出新寨苗语的声学元音图。图 5-10 显示的是基于表 5-2 中 F1/F2 相对值的声学元音图。第一共振峰(F1)和第二共振峰(F2)的数据来自三个位置的测量：元音时长 1/4 处(25%)、中间值(50%)、3/4 处(75%)。一个元音共振峰的均值是通过平均上述三个位置点的数据所得。在测量元音共振峰的词汇选择上，我们不考虑词中辅音发音部位和发音方法的变异。

表 5-2　新寨苗语元音共振峰 F1 和 F2(均值,保留小数点后两位)

	i	e	ɛ	a	ə	ɔ	o	u
F1	417.33	545.95	812.15	892.55	646.78	744.50	536.07	414.84
F2	2572.89	2301.04	1724.38	1429.33	1371.62	1123.54	951.14	982.64

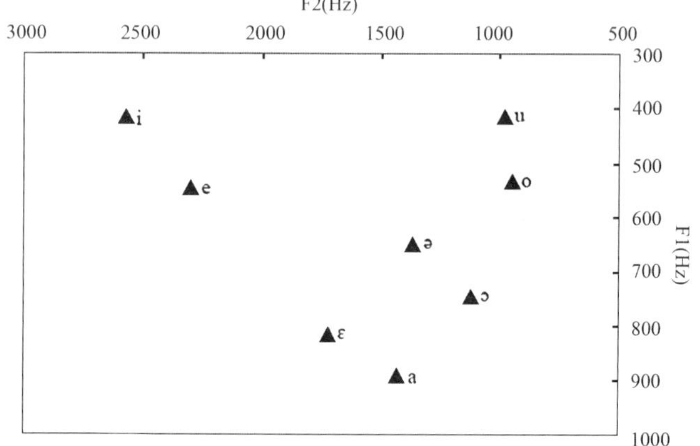

图 5-10　新寨苗语声学元音图

通过新寨苗语的声学元音图可以发现,第一共振峰与发音的开口度相关,也就是说,元音发音时的开口度越大,第一共振峰的数值就越大;元音发音时的开口度越小,第一共振峰的数据也就越小。例如,元音[a]的开口度最大,与之对应的第一共振峰的数值也最大,反映在声学元音图的最下方;元音[i]和元音[u]的开口度小,那么它们的第一共振峰的数值也较小,反映在声学元音图的最上方。另外,第二共振峰与元音发音时舌位的前后有关,也就是说,元音发音时舌位越靠前,第二共振峰的数值也就越大;相反,元音发音时舌位越靠后,第二共振峰的数值也就越小。例如,元音[i]发音时舌位最靠前，因此其第二共振峰数值也最大，反映在声学元音图的最左侧；元音[u]发音时的舌位较靠后，其第二共振峰数值也较小，反映在声学元音图的右侧。

由此可见，在获取共振峰参数后，通过声学元音图可以将发音生理运动与声学表现关联起来，进而展现元音基本的发音生理性质和声学特性。通过声学分析推导发音时舌位变化的研究方法，也是声学分析在语音学研究中的一个重要目标。

第6章　声调声学研究

6.1　研究背景

从历史比较的角度看，古苗语有8个声调(4个阴调和4个阳调)，阴阳调的分立是根据声母来源的清浊(张琨，1947；Chang，1953，1972；王辅世，1994；王辅世、毛宗武，1995)。20世纪50年代的语言大普查对我国境内的苗瑶语进行了全面的调查，整理出了多个苗语方言点的音系，其中最具代表性的苗语黔东方言是养蒿苗语。此外，已发表的苗语黔东方言北部土语的材料还有清江苗语(Kwan，1971；Kuang，2013a，2013b)和鱼粮苗语(朱晓农、石德富、韦名应，2012)。

黔东苗语在声调类型上的一个显著特点是声调系统中平调的个数比较多，例如，养蒿苗语有4个平调(王辅世，1985)，清江苗语和本书的研究对象新寨苗语都有五个平调。

本章的重点不在于分析平调个数的多少，而是考察含有多个平调的语言在单音节中的表现、以及双音节组合中是否发生连读变调及其背后的机制。基于笔者的田野调查，本节提取基频和时长两项声学参数来分析新寨苗语单字调和双字调的基频模式。

6.2 研究方法

本章所用语料来自笔者2013年1月的田野调查，以及2014年5月和2016年6月的补充调查。声调的声学研究选取了四位发音人，两男、两女，母语均为新寨苗语，具体见表6-1。

表6-1 发音人信息

编号	姓名缩写	年龄	民族	是否母语者	出生地	职业
男1	YZH	25	苗	是	新寨	学生
男2	YJ	28	苗	是	新寨	务农
女1	YZF	24	苗	是	新寨	务农
女2	YYQ	20	苗	是	新寨	学生

录音软件为Cooledit 2.1，采样频率为22050 Hz，采用双通道录制，左声道由电容式麦克风(SONY ECM-44B)录制语音信号(sound pressure)，右声道由喉头仪(Electroglottograph Model 7050A)录制声门阻抗信号(EGG)，两路信号通过调音台(XENYX 302 USB)和声卡(SBX)进入电脑。信号分析软件是基于Matlab平台编写的VoiceLab。

在词表的选取上，考虑到声母对声调的影响，我们要求所选单音节语素例词声母为清不送气塞音声母[p][t][k][q]，韵母为单元音韵母[a][i][u][ə][ɛ][o]。在此标准下，共选取了[pa][ta][qa][pi][ki][to][ko][tɛ][pə][kə][pu][tu][ku]13组声韵母相同的组合搭配8个不同的声调。由于部分组合在新寨苗语中没有相应词汇形式，所以13组共得到73个例词(见表6-2)，每个词读两遍。

理论上讲，新寨苗语双音节声调有8×8=64种组合形式，每种组合选取两个例词，一共选取了128个词项(见表6-3)，每个词读两遍。

表 6-2　　单字调例词

调类	T1	T2	T3	T4	T5	T6	T7	T8
pa	大腿	把谷子推到一个地方	雄性；父亲	坏$_{\text{机器～}}$	猪	首$_{\text{一～歌}}$	——	八
ta	地下	来	长；尾巴	丢	霜；早上	死	——	袋；扔
qa	鸡；主人	——	屎；肠	——	啼；价钱	卡住	——	——
pi	给	掉	满	——	——	木板	——	笔
ki	角；螺	哭；叫	方位词	干$_{\text{水～}}$	结$_{\text{～冰}}$	露出	剪	挖
to	布	冲$_{\text{～水}}$	捣；砍	远	斧头；不	哪儿	梭子	凳子
ko	歌	投	——	喊	男性生殖器	被	——	——
tɛ	儿子	前面	——	有生量词	断	——	——	踏
pə	——	埋	——	刺儿	响	抱	——	——
kə	女婿	——	量词	——	——	——	硬	——
pu	知道	起泡	补	朋友	沸腾	——	打开	见
tu	放置	斗$_{\text{度量单位}}$	书	火	——	爆炸	——	读
ku	——	猜	——	——	钩子	——	鱼篮	撞击

表 6-3　　双字调例词

	T1	T2	T3	T4	T5	T6	T7	T8
T1	tɕʰiɛ^{1} ta^{1} 扫地 qa^{1} ta^{1} 地下	tsa^{1} na^{2} 晒谷子 tiɛ^{1} tiu^{2} 敲门	qɔ^{1} kiɛ^{3} 家务 ka^{1} kia^{3} 炒饭	qo^{1} ʑi^{4} 靠椅 qaŋ^{1} ɣiɛ^{4} 最小的孩子	tie^{1} pa^{5} 杀猪 tsʰo^{1} tɕi^{5} 吹口哨	qa^{1} ta^{6} 死鸡 kaŋ^{1} ɣia^{6} 蜘蛛	ta^{1} ɕo^{7} 红土地 tsa^{1} to^{7} 五次来回	pie^{1} paŋ^{8} 我们的 tsa^{1} tɕiu^{8} 五十
T2	tiu^{2} ɬʰiə^{1} 大门 taŋ^{2} ʔɔ^{1} 淹没	ta^{2} ta^{2} 来不来 tɕo^{2} ta^{2} 桌子	nɔ^{2} kia^{3} 吃饭 lo^{2} qa^{3} 厕所	ta^{2} mə^{4} 过去 ta^{2} ʑa^{4} 来吧	tiaŋ^{2} pa^{5} 猪油 ta^{2} to^{5} 来不	ta^{2} na^{6} 量一量 ŋa^{2} ta^{6} 死动物的肉	paŋ^{2} ɕo^{7} 红花 ka^{2} to^{7} 拉织布机的布	ta^{2} tɔ^{8} 来咬 tɕiə^{2} tɕiu^{8} 九十
T3	pa^{3} ɬʰiə^{1} 大伯 qa^{3} ta^{1} 泥土	kiɛ^{3} ta^{2} 扛来 kʰaŋ^{3} faŋ^{2} 亮处	kʰaŋ^{3} ɬoŋ^{3} 窗子 kʰa^{3} kia^{3} 恰饭	ta^{3} lo^{4} 拿回来 ta^{3} piɛ^{4} 食指	pa^{3} ʑu^{5} 叔叔 ka^{3} mʰaŋ^{5} 晚餐	po^{3} na^{6} 鼻子 kʰaŋ^{3} to^{6} 何处	tu^{3} ɕo^{7} 红纸 kia^{3} kə^{7} 硬饭	ta^{3} ta^{8} 拿袋子 tiaŋ^{3} to^{8} 用凳子击打

续表

	T1	T2	T3	T4	T5	T6	T7	T8
T4	tɕiɛ^{4} ki^{1} 角 to^{4} qa^{1} 鸡(复数)	tɛ^{4} ta^{2} 还来 to^{4} ta^{2} 变远	naŋ^{4} ʔu^{3} 穿衣服 lo^{4} tsa^{3} 回家	lo^{4} ʑa^{4} 来吧 tu^{4} ta^{4} 散失	naŋ^{4} k^{h}ɔ^{5} 穿裤子 tɛ^{4} ʑu^{5} 弟弟	na^{4} ta^{6} 死鱼 moŋ^{4} mɛ^{6} 脸庞	na^{4} ɕo^{7} 红鱼 lo^{4} ɕo^{7} 流血	tɛ^{4} tɔ^{8} 还咬 naŋ^{4} ʑa^{8} 老鼠舔
T5	tiə^{5} ha^{1} 穿鞋 to^{5} n^{h}a^{1} 不动	to^{5} ta^{2} 不来 no^{5} ta^{2} 变多	tɔ^{5} ta^{3} 长树枝 kia^{5} qa^{3} 刨粪	p^{h}ə^{5} ȵi^{4} 盖瓦 to^{5} lo^{4} 不回来	ʔɛ^{5} nia^{5} 做傻子 tiə^{5} ta^{5} 结霜	pa^{5} ta^{6} 死猪 to^{5} ɣiə^{6} 得到力气	to^{5} kiə^{7} 不强 to^{5} tso^{7} 别顽皮	ɕi^{5} niə^{8} 摔跤 tiu^{5} tɕiu^{8} 六十
T6	hɔ^{6} ʔɔ^{1} 喝水 tia^{6} qa^{1} 赶鸡	tɔ^{6} ta^{2} 跟来 k^{h}o^{6} tei^{2} 划着	ha^{6} kia^{3} 盛饭 nɛ^{6} tsa^{3} 询问家的位置	tɔ^{6} lo^{4} 跟来 ta^{6} na^{4} 死鱼	ŋa^{6} tɔ^{5} 扶树枝 ta^{6} pa^{5} 死猪	tu^{6} tɔ^{6} 跟随 ka^{6} ta^{6} 死鸭子	ka^{6} ɕo^{7} 红鸭子 k^{h}ɔ^{6} ɕo^{7} 划红线	hu^{6} tɔ^{8} 挑选豆子 nia^{6} to^{8} 扶椅子
T7	qei^{7} vo^{1} 挟菜 ki^{7} to^{1} 剪布	ɕo^{7} ta^{2} 变红 kə^{7} ta^{2} 变硬	ɕo^{7} m^{h}i^{3} 牙齿红 ku^{7} tsa^{3} 房子封顶	ɕo^{7} mə^{4} 变红 ku^{7} na^{4} 捕鱼	kə^{7} va^{5} 很硬 ɕo^{7} to^{5} 红不红	ɕo^{7} to^{6} 红吗 qei^{7} ko^{6} 挟到	ɕo^{7} ɕo^{7} 红不红 kə^{7} kə^{7} 硬不硬	liu^{7} ta^{8} 摘下来放好 kiɛ^{7} ta^{8} 咬袋子
T8	kaŋ^{8} ɬu^{1} 白盆 na^{8} hi^{1} 担心	ʑu^{8} na^{2} 收集谷子 ki^{8} tɕaŋ^{2} 挖成	tu^{8} tu^{3} 读书 ʑa^{8} tsa^{3} 八家	ta^{8} mə^{4} 扔下来 ʑa^{8} mə^{4} 强迫去做	na^{8} to^{5} 辣吗 ta^{8} ɣu^{5} 好袋子	niu^{8} tiu^{6} 筷子 ta^{8} nei^{6} 破袋子	ta^{8} ɕo^{7} 红袋子 to^{8} kə^{7} 硬板凳	ta^{8} ta^{8} 每个袋子 tio^{8} vo^{8} 滚动

注:为便于排版,本表采用调类标示法,第一列代表双字组的前字,第一行代表双字组的后字。

6.3 研究结果

6.3.1 单字调实验

田野调查中,一个十分有价值的信息是我们找到了三组涵盖 8 个声调的最小对立对,即声韵母结构相同、声调不同的最小对立对（见表 6-4）。

表 6-4　　单字调最小对立对

调类	T1	T2	T3	T4	T5	T6	T7	T8
[ki]	螺	哭	方位词	干～涸	结～冰	露出	剪	挖
[to]	布	冲	捣	远	不	哪儿	梭子	凳子
[tɕiu]	针	桥	酒	完	竹篾	尽头	刨	十

为了给大家一个直观的认识，我们选取了[ki]组的语图，如图 6-1 所示。

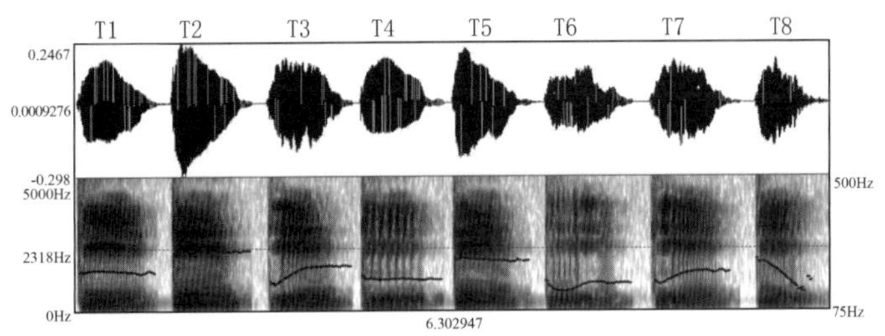

图 6-1　[ki]组波形、语图和基频曲线示例

图 6-1 显示了新寨苗语 8 个声调的基频走势。如果忽略弯头降尾，T1、T2、T4、T5、T6 的基频走势为平，并且它们的基频值分别处于 5 个不同的音高水平上。T2 的基频值最高，其次是 T5，再次是 T1 和 T4，基频值最低的是 T6。听感上，T6 调的音节存在明显的气嗓音（breathy voice）。T3 和 T7 为升调，但是这种升调不同于汉语普通话的升调模式，汉语普通话的升调是直线上升，而新寨苗语的 T3 和 T7 调呈现“先升后平”的模式；此外，这两个升调的基频起点大致相同，所不同的是终点，T3 终点的基频值相对要高一些。T8 为降调，由于该方言只有一个降调，所以其在田野调查中很容易被识别出来。

基于以上观察，下面我们通过声学分析分别给出新寨苗语男性和女性单字调的基频模式图，目的是确定声调调值。绘图的具体操作程序如下：

第一步，确定语音波形和声门阻抗信号(EGG 波形)的起点和终点。为了使数据的处理具有内部一致性，在选择样本的起点和终点时，我们利用自编的 MATLAB 程序计算出基频曲线、能量曲线以及共振峰结构等参数。起点选在 EGG 波形图上开始稳定的周期点，终点选在第二共振峰结构稳定、基频曲线平稳、能量恒定的点。

第二步，数据归一化处理。每个例词提取 20 个 F0(基频)值和时长数据，将每个例词的数据进行平均，然后将同一调类下所辖的所有样本进行平均，并对同一声调中不同字的时长进行归一化处理，目的是为了使 F0 和时间相对应，具体参数见表 6-5。

表 6-5　单字调基频(Hz)和时长(s)

	T1		T2		T3		T4		T5		T6		T7		T8	
	男	女	男	女	男	女	男	女	男	女	男	女	男	女	男	女
1	195	253	248	303	169	220	176	231	222	278	140	193	163	212	226	266
2	198	252	254	305	173	220	176	229	226	279	138	190	168	213	231	266
3	199	251	257	306	179	223	176	227	228	278	138	188	171	215	234	265
4	200	250	259	306	189	229	176	226	230	278	139	188	175	219	234	261
5	200	249	260	306	198	236	176	226	231	277	141	189	180	225	233	257
6	200	248	261	305	206	242	176	225	231	276	141	190	184	231	231	254
7	200	247	261	305	213	247	176	224	232	276	143	191	189	236	229	249
8	200	246	262	305	219	252	175	223	232	277	145	192	193	240	226	245
9	200	246	262	305	223	255	175	223	232	277	147	192	196	242	222	241
10	199	246	262	305	225	259	175	223	233	277	148	193	199	244	218	237
11	199	245	262	305	227	261	175	222	233	277	149	193	200	246	213	232
12	199	245	262	304	228	263	175	222	232	277	149	192	202	247	207	228
13	199	245	262	304	228	264	175	221	232	276	150	192	203	248	200	222
14	198	244	262	303	229	266	174	221	231	276	150	192	203	250	191	216
15	197	243	262	303	229	267	174	221	231	275	149	191	203	252	181	209
16	197	242	262	302	229	267	173	220	230	275	149	191	203	252	172	202
17	197	241	261	301	229	267	173	219	229	274	148	191	203	251	161	195
18	197	239	260	301	229	267	172	217	229	273	147	190	203	249	150	189
19	198	238	260	300	229	264	172	215	229	271	145	189	203	246	140	182
20	197	236	259	300	229	260	172	214	228	268	143	188	202	243	131	176
时长	0.43	0.58	0.38	0.51	0.37	0.53	0.39	0.61	0.39	0.54	0.39	0.58	0.38	0.55	0.21	0.43

第三步，做图。利用上一步得到的数据，将 X 轴定为时间，Y 轴定为 F0，绘制散点图。需要说明的是，在基频曲线的绘制过程中，我们

将 F0 转换为半音。相对于纯物理声学参数基频而言，半音值比较符合人的听感，因为半音之间的关系反映的是听感上的关系（刘复，1924；孔江平，2015）。事实上，目前国际上的声调和音调的研究都采用半音法（孔江平，2015：64～65）。单字调声学分析结果见图 6-2。

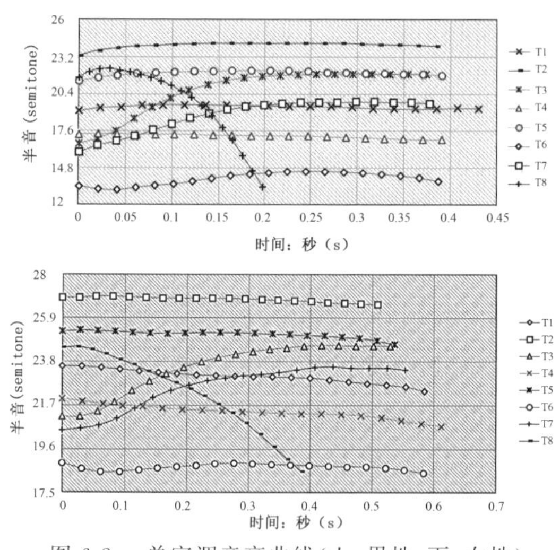

图 6-2　单字调音高曲线（上：男性；下：女性）

从图 6-2 中可以看出，无论男性还是女性，新寨苗语都有 8 个单字调，含 5 个平调（T1、T2、T4、T5、T6）、1 个降调（T8）、2 个升平调（T3、T7）。男性和女性所表现出来的音高曲线的走势完全一致，所不同的是二者的音高相对值和音域范围。女性发音人的基频值在每一个调类上都大于男性（见表 6-5），但转换为半音后，我们可以发现女性发音人的音域在 18～27 个半音之间，中间相隔9 个半音，而男性发音人的调域范围在 13～25 个半音之间，中间相隔 12 个半音。尽管男性发音人每一个调类的绝对基频值都小于女性发音人，但是其音高（半音）范围大于女性发音人。

根据半音法所得数据，我们采用“五度标调法”（Chao，1930），分别说明新寨苗语的 8 个声调。需要强调的是,“五度标调”只是一个相对概念,我们采用它只是为了区分既有调类。在调值的具体确定过程中,我们采用刘复(1924)的方案,即先计算出半音最大值和最小值之间的差值,然后说明一度之间相差几个半音。为了便于理解,我们将半音最大值和最小值放在一度的中间。由此可知,对男性而言,每两度之间相差 2.8 个半音,而女性两度间则相差 2.1 个半音。

T1:无论男性还是女性,T1 都处于音域的中间位置,统一标记为 33。另外,相对于男性而言,女性的 T1 调曲线有些下倾,但是这并不影响母语者将之感知为平调。类似的情况同样出现在女性的 T2、T4 和 T5。这就说明,平调的曲线并非完全平直(即斜率为零),只要当斜率控制在一定阈值内,母语者都可感知为平。

T2:亦是一个平调,音高值在整个音域内最大,可以标记为 55,男性在 25 个半音左右,女性在 27 个半音左右。对男性而言,发音的起始位置略升,这是发音人声带由初始状态向高目标值过渡的伴随现象。

T3 和 T7:二者的起点都在第 2 度内,所不同的是上升的幅度有大有小,T3 调的终点落在第 4 度内,T7 调的终点落在第 3 度内。另外,就音高而言,T3 和 T7 调在发音的前半程音高呈上升趋势,随后是音高稳定段,这与我们通常所见到的升调模式不同,典型升调音高值的上升贯穿整个音节,例如,汉语普通话的第二声(35 调),而新寨苗语的 T3 和 T7 调则呈现了“升”的另外一种模式,即前升后平,这一点与同属苗语黔东方言的鱼粮苗语的升调模式相同(刘文、张锐锋,2016)。鉴于此,本章将之定义为“升平调”,调值分别标记为 244(T3)和 233(T7)。至于母语者是否关注后面“平”的部分,则需要进行感知测试(详见第 9 章)。

T4:无论男性还是女性,T4 是一个中低平调,标记为 22。

T5:无论男性还是女性,T5 是一个中高平调,标记为 44。

T6:男、女性 T6 调的音高曲线都有所波动,但其变化范围在同一度内。此外，T6 调在听感上存在明显的气嗓发声色彩(breathy phonation)。前人研究显示，声调感知不仅涉及基频，还涉及特殊发声类型和时长等因素(Yang，2015)。T6 调音高曲线的波动应该是由特殊发声类型影响所致。关于 T6 中特殊发声类型对声调感知的影响，见后文第 8 章的感知研究。

T8：是一个高降调，并且一降到底，可以标记为 41。

就时长而言，具体到每一个调类，女性单字调的时长都大于男性，并且降调的时长在所有调类中相对来说最短。

此外，一个十分值得讨论的话题是新寨苗语的 5 个平调在母语者音域中的分布情况。Maddieson(1978)通过跨语言研究指出世界上没有超过 5 个平调对立的语言，也就是说，5 个平调是一个语言所能容纳的最大平调数量。由图 6-2 可知，不论男性发音人还是女性发音人，新寨苗语的事实表明 5 个平调在声学空间中都能得到很好地区分。关于新寨苗语五平调的声学和感知之间的联系，我们将在第 8 章专门讨论这一问题。

通过上述分析，我们可以采用区别特征来表示新寨苗语的单字调系统，如表 6-6 所示。由此可知，虽然男女性别差异体现在音高和音域范围上，但是这并不影响每一个调类在音域中的相对分布。

表 6-6　　单字调区别特征

调类	调值		音高
	男	女	
T1	33	33	中平
T2	55	55	高平
T3	244	244	高升平
T4	22	22	中低平
T5	44	44	中高平
T6	11	11	低平
T7	233	233	低升平
T8	41	41	高降

6.3.2　双字调实验

根据单字调的声学分析结果可得，新寨苗语的双字调在理论上存在 64 种音高组合形式的可能。事实真的如此吗？下面我们以两位男性的数据为例，通过分析双字调的音高半音值对这一问题进行求证。

为了更加清晰地呈现新寨苗语双字调的音高组合模式，本小节从以下两个角度来考察：一是前字是同一个调类，后字分属8 个不同的调类；二是后字是同一个调类，前字分属 8 个不同的调类。双字调半音值每个音节选取 20 个点，暂不考虑时长因素。也就是说，在双字调音高图中，横轴代表点数，纵轴代表半音值。

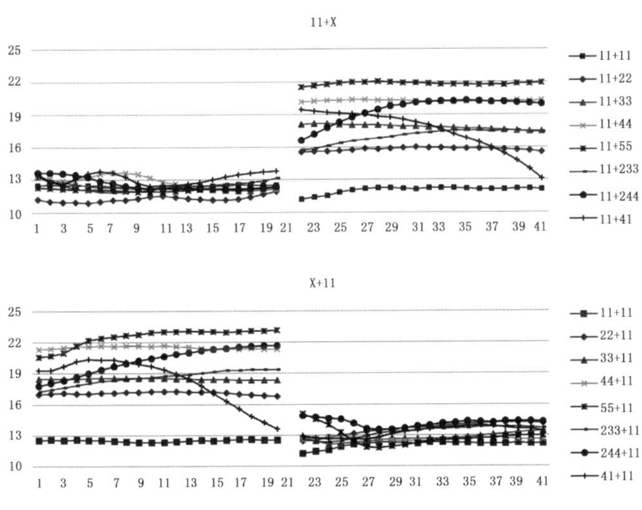

图 6-3　双字调音高曲线（上：11＋X；下：X＋11）

图 6-3 中，上图为前字 T6（11）调，后字为 8 个不同声调的情况。11 调做前字时，音高在 13 个半音上下浮动，与单字调相比无

显著差异。前字与后字组合形成 8 种不同的模式，没有产生变调现象。下图为后字 11 调的情况，其值和单字调以及 11 调做前字时相同。在双字组合中，它没有发生变调现象。需要说明的是，当前字为高平调 55(T2)时，在音节开始处有一个很短的上升段，这是由声带从起始状态到高音高目标值过渡所带来的伴随现象。

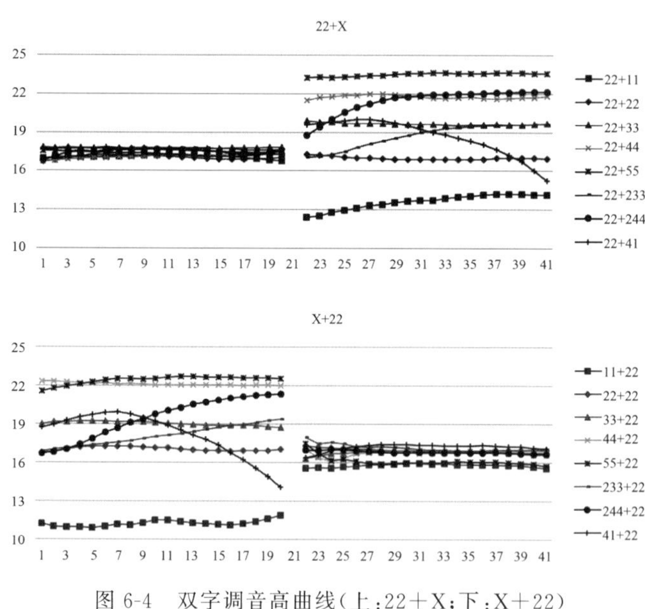

图 6-4　双字调音高曲线(上:22+X;下:X+22)

图 6-4 中，22 调(T4)在做前字和后字时都没有产生变调，基本和单字调一致，音高大约为 17 个半音。22 调做前字和后字主要有以下几点表现：第一，22 调做前字时，其后接的 11 调略微有些上升，不过总体仍属于平调范畴；22 调作后字时，11 调的音高值稍低于单字调。值得注意的是，22 调做前字和后字时，其与 11 调之间的半音差值不同，22 调做前字时，11 调和 22 调之间的间距缩小；而 22 调做后字时，11 调和 22 调之间的间距基本与单

字调一致，其半音值大于 22 调做前字时的间隔。尽管个别调类间的绝对距离有所不同，但整个调域的相对间隔（即 11 调和 55 调之间的半音差值）保持不变，例如，22 调做前字时，后接调类的音域在 13～23 个半音间；22 做后字时，前接调类的音域在 12～22 个半音间，也就是说，22 调无论做前字还是后字，与其相连的 8 个调类的整体音域都是 10 个半音。第二，22 调做前字时，44 调（T5）和 55 调之间的半音差与单字调一致；22 调做后字时，二者有交叉，这与 11 调做后字的情况相同，都是由于声带从休息状态到高音高目标值所带来的伴随现象。第三，22 调无论做前字还是后字，与其组合的高降调 41（T8）的起始点都从中性音高值（3）开始，然后向自己的目标调型进发。第四，22 调做前字时的音高变动范围小于做后字时的值。

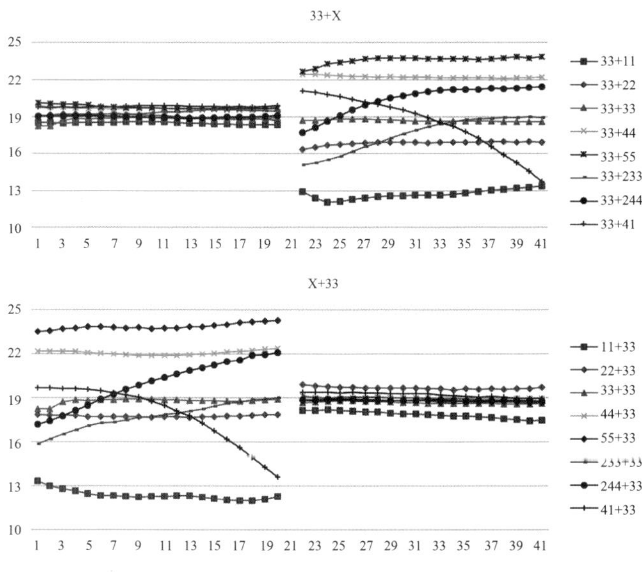

图 6-5　双字调音高曲线（上：33＋X；下：X＋33）

图 6-5 中，33 调做前字和后字的情况，无论其做前字还是后字都没有变调，基本和单字调一致，大约为 19 个半音。33 调(T1)做前字和后字主要有以下几点表现：第一，33 调做前字时，其后接的 11 调略微有些上升；33 调做后字时，其后接的 11 调略降。无论 11 调略升还是略降，其总体还是平的。第二，33 调做前字时，其后接的 55 调与44 调在起始处有交叉；33 调做后字时，二者没有交叉。这一现象与 11 调和 22 调的情况不同，它们是在做后字时出现44 调和 55 调的音高曲线交叉，而 33 调则在做前字时出现两个高平调的音高交叉现象。第三，33 调做前字时，244 调(T3)和 233 调(T7)的调型与单字调一致；33 调做后字时，244 调和 233 调的调型中“升”和“平”的比例关系发生改变，但是这并不足以说明产生了一个新的调类，因为这两种调型在母语者的感知中没有区别意义的功能。第四，33 调做前字时的音高变动范围小于做后字时的值。

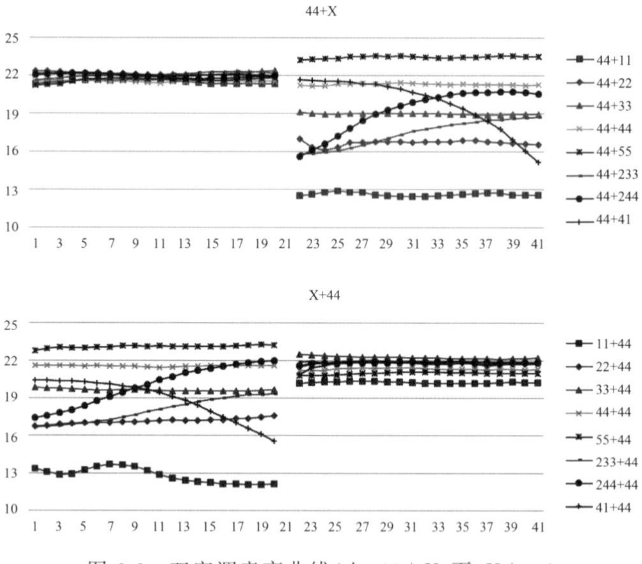

图 6-6 双字调音高曲线(上：44＋X；下：X＋44)

图 6-6 中，44 调做前字和后字时没有变调，基本与单字调一致，音高大约为 22 个半音。44 调做前字和后字主要有以下几点表现：第一，44 调做前字时的音高变动范围小于做后字时的值。第二，44 调做前字时，其后接的 41 调的起始音高值与 44 调一致；44 调做后字时，其前接的 41 调的起始音高值与 33 调相同。第三，44 调无论做前字还是后字，44 和 55 两个高平调的音高曲线都没有出现交叉的情形。

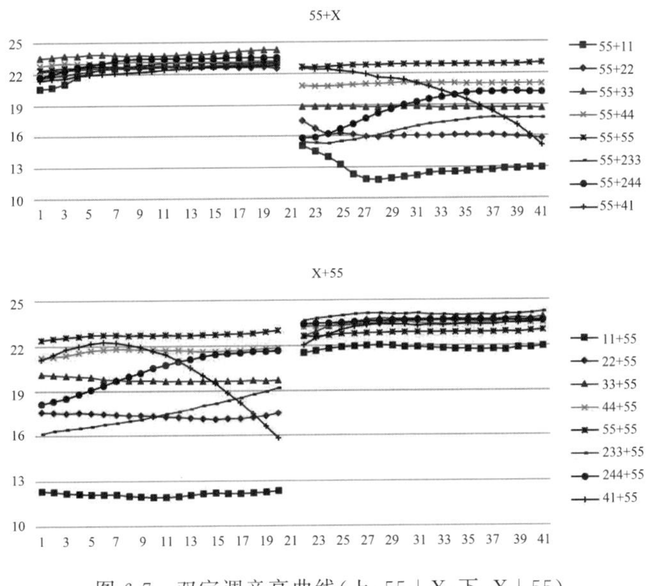

图 6-7　双字调音高曲线（上：55＋X；下：X＋55）

图 6-7 中，55 调在做前字和后字时都没有变调，基本和单字调一致，音高在 24 个半音上下浮动。55 调做前字和后字主要有以下几点表现：第一，55 调做前字时，其后接的 11 调先降后平，11 调起始处的下降是由于前接字的音高太高，受协同发音影响所

致;55 调做后字时,其前接的 11 调的音高曲线走势为平,不存在“先降后平”的现象。第二,55 调做前字时,其后接的高降调 41 的起始音高较高,起点与高平调 55 相同;55 调做后字时,前接的 41 调的起始值与 44 调相同。第三,55 调做前字时的音高变动范围小于做后字时的值。

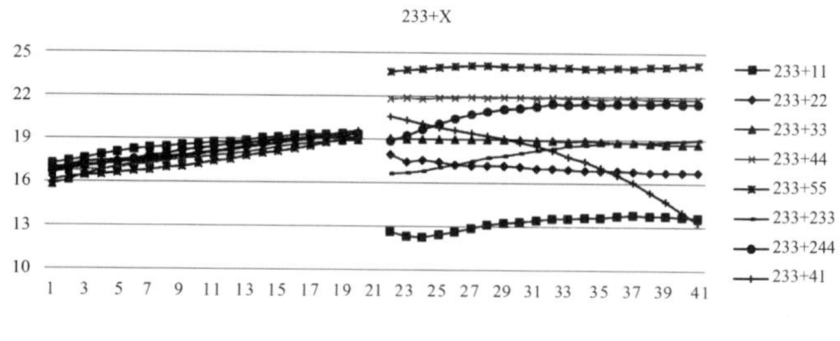

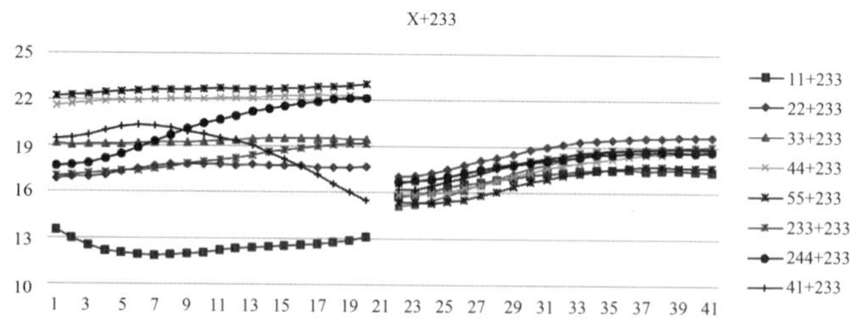

图 6-8 双字调音高曲线(上:233+X;下:X+233)

图 6-8 中,233 调在做前字和后字时都没有变调,基本和单字调一致,音高值大约在 16~20 个半音间。233 调做前字和后字主要有以下几点表现:第一,233 调做前字时,其音高曲线不同于单字调的升平型,由于受到后接字的影响,音高曲线变为升型;233 调做后字时,其走势与单字调相同,仍为升平型。第二,233 调做前字时,其后接的 11 调略微有些上升,不过其总体仍属于平调范

畴;233 调做后字时,11 调的音高和单字调基本一致。需要说明的是,11 调和 22 调之间音高差距在 233 调作前字和后字时有所不同,当 233 调做前字时,11 调和 22 调之间的间距缩小;当 233 调做后字时,11 调和 22 调之间的间距与单字调一致,但其值大于 233 调做前字时的间距。此外,233 调做前字时,其后接的 44 调和 55 调之间的间距大于 233 调做后字时的情况。综合11 调和 22 调、44 调和 55 调的情况,可以发现,尽管个别调类间的绝对差值有所改变,但整个调域的相对间距(即 11 调和 55 调之间的距离)保持不变。第三,233 调做前字时,其后接的高降调 41 的起始值较高,与单字调相同;233 调做后字时,前接的 41 调的起始值与 33 调相同。第四,233 调做前字时的音高变动范围小于做后字时的值。

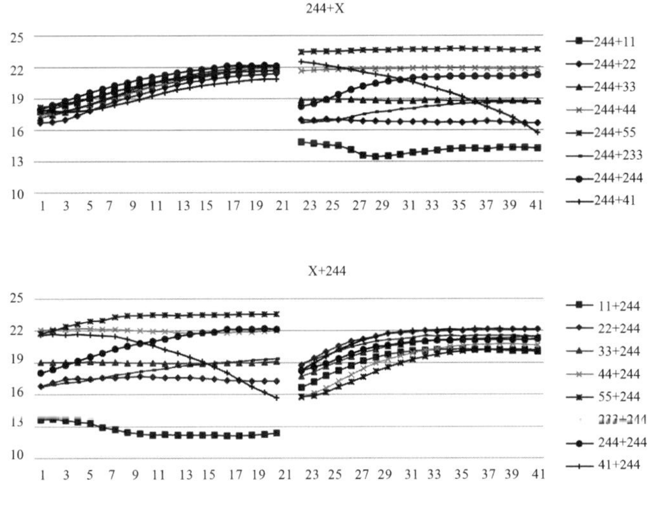

图 6-9　双字调音高曲线(上:244+X,下:X+244)

图 6-9 中,244 调在做前字和后字时都没有变调,基本和单字调一致,音高大约在 17 至 22 个半音间。244 调做前字和后字主要有以下几点表现:第一,244 调做前字时的音高曲线不如其作后字时与单字调的升平型契合度高。第二,244 调做前字时,其后接的 11 调的音高整体上升;244 调做后字时,11 调的音高走向略微下降。第三,244 调做前字时,其后接的高降调 41 的起始值较高,起点接近 55 调;244 调做后字时,前接的 41 调的起始值与 44 调相同。第四,244 调做前字时,44 调和 55 调之间的距离与单字调一致;244 调做后字时,44 调和 55 调两个高平调在起始处存在交叉现象,这与 11 调和 22 调做后字的情形相同。第五,244 调做前字时的音高变动范围小于做后字时的值。

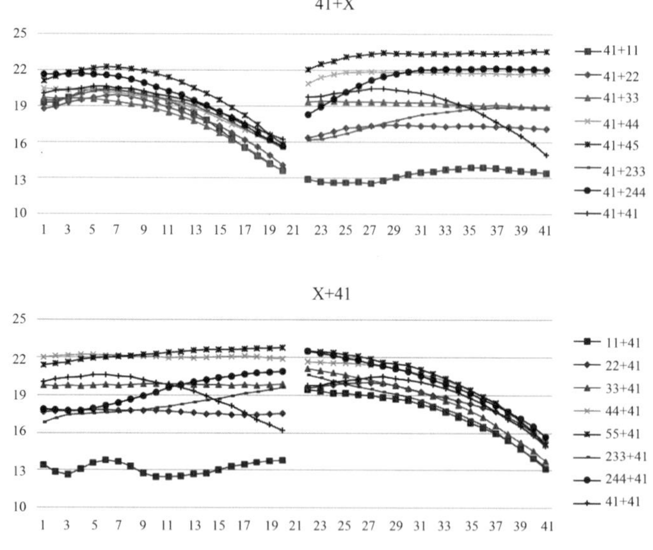

图 6-10 双字调音高曲线(上:41+X;下:X+41)

图 6-10 中,41 调在做前字和后字时都没有变调,基本和单字调一致,音高值大约从[illegible]个半音降到[illegible]个半音。41 调做前字和后字主要有以下几点表现:第一,41 调做前字时,44 调和 55 调之间的距离与单字调一致;41 调做后字时,44 调和 55 调两个高平调的音高在起始处存在交叉。此外,两个高平调之间的半音差值较小,但是母语者还是能将这两个调类区分开。第二,41 调音节无论做前字还是后字,与其组合的[illegible]调的起始点都从中性音高值(3)开始,然后向自己的目标调型逼近。第三,41 调做前字时的音高变动范围小于做后字时的值。

从前面的分析中不难发现,无论任何一个声调出现在前字或后字位置,都没有出现调类合流或增生的现象,即新寨苗语双字组共有 64 种音高组合模式。换句话说,新寨苗语的双字调组合不存在变调现象。表 6-7 给出了基于区别特征的双字组音高组合模式,从表中可以看出每一种组合的模式都不同于其他组合。

结合上文分析,从双字组合的基频音高模式中可以总结出以下几条规律:

(1)新寨苗语双字组合没有发生连读变调现象,即双字组合中既没有产生新的调型,亦没有使得原有调型产生合并。

(2)同一个调类,在其做前字后接不同调类时的音高波动范围小于其做后字时的音高波动范围。也就是说,同一个调类在其做前字后接不同调类时,其自身变化的方差小于其做后字前接不同调类时的情况。

表 6-7 基于区别特征的双字调音高模式

前字＼后字	T1(33)	T2(55)	T3(244)	T4(22)	T5(44)	T6(11)	T7(233)	T8(41)
T1(33)	中平＋中平	中平＋高平	中平＋高升平	中平＋中低平	中平＋中高平	中平＋低平	中平＋低升平	中平＋高降
T2(55)	高平＋中平	高平＋高平	高平＋高升平	高平＋中低平	高平＋中高平	高平＋低平	高平＋低升平	高平＋高降
T3(244)	高升平＋中平	高升平＋高平	高升平＋高升平	高升平＋中低平	高升平＋中高平	高升平＋低平	高升平＋低升平	高升平＋高降
T4(22)	中低平＋中平	中低平＋高平	中低平＋高升平	中低平＋中低平	中低平＋中高平	中低平＋低平	中低平＋低升平	中低平＋高降
T5(44)	中高平＋中平	中高平＋高平	中高平＋高升平	中高平＋中低平	中高平＋中高平	中高平＋低平	中高平＋低升平	中高平＋高降
T6(11)	低平＋中平	低平＋高平	低平＋高升平	低平＋中低平	低平＋中高平	低平＋低平	低平＋低升平	低平＋高降
T7(233)	低升平＋中平	低升平＋高平	低升平＋高升平	低升平＋中低平	低升平＋中高平	低升平＋低平	低升平＋低升平	低升平＋高降
T8(41)	高降＋中平	高降＋高平	高降＋高升平	高降＋中低平	高降＋中高平	高降＋低平	高降＋低升平	高降＋高降

(3)高降调41无论做前字还是后字，其在双字组中的起始音高值都达不到单字调时的高度，音高起始值大致与33调一致。

(4)11调、22调、244调和41调在做后字时，其前接的高平调44和55在音高起始处存在交叉情形，但这四个调类做前字时，其后接的高平调44和55则不存在交叉情形。

(5)升平调233和244在做前字时，其音高曲线的升平只有在调尾还保持平的特征。也就是说，升平调在做前字时，升和平两段的比例关系相对于单字调发生了变化。

(6)11调做前字时的音高曲线整体低于其做后字时的情况，虽然11调和22调两个调类间的差值在做前字和后字时有所不同，但整个调类系统的调域基本保持不变。也就是说，双字调组合中前字的整体调域与后字的整体调域大体保持一致。

综上，在新寨苗语双字调组合中，相对于前字而言，后字保持单字调的能力更强。

6.4　讨论与小结

本章基于田野实地录音语料，提取基频和时长两项声学参数，并以此分析新寨苗语单字调及双字调的基频模式。结果表明，该方言有8个单字调，包含5个平调、2个升平调和1个高降调，其中五平调是该语言的一大特色。男女性别差异在单字调上体现为男性发音人在每一个调类上的绝对音高都小于女性发音人，但是男性音高范围整体大于女性发音人。对双字调的研究表明，新寨苗语在双字调中没有发生连读变调，即双字组共有64种声调组合模式。此外，相对于前字而言，后字保持单字调调型的稳固性更高。综合上述声学分析结果，本章建立了一套用于描写新寨苗语单音节和双音节声调的区别特征系统。

从发音和听音的角度看，单单5个平调对非母语者而言就是一大挑战，何况双字组中平调组合竟没有发生合并。鉴于此，我们有必要讨论一下苗语的变调问题。《苗语简志》认为，湘西方言有极简单的连读变调，黔东方言没有连读变调，川黔滇方言连读变调非常复杂（王辅世，1985：107）。从地缘上看，这三大方言的相对位置分处于北部、东部和西部。为什么只有黔东苗语方言没有发生变调现象呢？事实上，《苗语简志》的说法并不全面，例如，川黔滇方言下属的重安江次方言也没有连读变调现象（王辅世、毛宗武，1995：10）。如果撇开前人对苗语方言的分类，只考虑地理位置，重安江次方言的分布区域主要在贵州省的凯里和黄平，这与黔东方言的分布区域重合。既然如此，从区域上看，不变调的苗语好像主要集中在东部和南部。然而孔江平（1992）对川黔滇方言贵阳次方言的紫云苗语研究表明，其5个平调在双音节中都可以相互自由组合，共有25个双音节调位，也没有发生连读变调现象。再者，学界以往对双字调的研究多集中在连读变调的研究上，尽管自主音段音系学给出了具有连读变调的语言或方言中变调出现的条件和规则类型，但是它们并没有对变调与否的深层机制作出解释。本章从言语产出视角分析了一种双字组未发生变调的语言（新寨苗语），囿于目前的认识，我们还不能解释其不变调背后的机制。关于变调与否的问题，一方面需要考察更多的语言材料和事实，另一方面，还需要从发音生理、心理、声学和听感等多个角度进行深入的研究。

第7章　声调嗓音发声研究

7.1　引言

在田野调查的听音记音过程中，我们发现新寨苗语的低平调(11)在发音时伴随着气嗓音色彩。从言语产生的角度看，声调包含“调时”(指肌肉对声带振动快慢的调制)和“调声”(指肌肉对声带振动方式的调制)两部分。对应到声学参数上，“调时”可以用基频来表现，“调声”可以用开商和速度商来表现(孔江平，2001)。从生理解剖的角度，“调时”和“调声”二者是由不同的肌肉控制的，前者主要由环甲肌控制，后者则由杓间肌和侧环杓肌控制(Laver，1980)。由于二者的控制肌肉不同，所以在发音时，这些肌肉既可以独立运行，亦可以协同工作。当这些肌肉独立工作时，就会产生独立于音高的发声类型，如彝语的松紧嗓音；当这些肌肉协同工作时，就会产生依赖于音高的发声类型，如汉语普通话的挤喉音。近年来，越来越多的语言证据显示在声调的区分中，发音人除了利用基频这一维度外，也使用发声类型的维度。鉴于此，本章采用音高(声学关联物是基频)和发声(关联物是开商和速度商)这两个维度来描写新寨苗语的声调。

本章基于喉头仪信号(electroglottography,EGG),提取基频(fundamental frequency,F0)、开商(open quotient,OQ)和速度商(speed quotient,SQ)三个参数来研究新寨苗语母语者在发音时的喉头声带振动行为,以及新寨苗语单字调与双字调的嗓音发声特性,试图能够从嗓音发声模式的视角解释共时的声调系统及其发展。

7.2 研究方法

7.2.1 录音

本项研究的所有语料与录音数据取自笔者 2016 年夏季在新寨的调查与采集。发音人为 3 名男性和 3 名女性(见表 7-1),6 位发音人从小生活在新寨,均能熟练运用新寨苗语。

表 7-1 发音人信息

编号	姓名缩写	年龄	民族	是否母语者	出生地	职业
男 1(M1)	YZH	25	苗	是	新寨	学生
男 2(M2)	YJ	28	苗	是	新寨	农民
男 3(M3)	YZG	49	苗	是	新寨	农民
女 1(F1)	YZF	24	苗	是	新寨	农民
女 2(F2)	YYQ	20	苗	是	新寨	学生
女 3(F3)	YZM	43	苗	是	新寨	农民

录音是在新寨的一所安静房间内进行。录音软件为 Cooledit 2.1,采样频率为 22050 Hz,采用双通道同时录制语音信号(sound pressure)和喉头仪信号(EGG),左声道由电容式麦克风(SONY ECM-44B)录制语音信号,右声道由喉头仪(Electroglottograph Model 7050A)录制喉头仪信号,两路信号通过调音台(XENYX 302 USB)和声卡(SBX)进入电脑。信号分析软件是基于 MATLAB 平台编写的 VoiceLab。

在词表的选择上,我们首先获取了一个包含 3000 词的语音转写,然后从中挑选出单音节语素,进而在此基础上制作含有声调最小对立的例词,即声母和韵母相同、声调不同。需要说明的是,在声调例词的选取上,考虑到声母对声调嗓音发声的影响,我们要求所选单音节语素例词声母为清不送气塞音声母[p][t][k][q],韵母为单元音韵母[a][i][u][ə][ɛ][o]。在此标准下,共选取了[pa][ta][qa][pi][ki][to][ko][tɛ][pə][kə][pu][tu][ku] 13 组声韵母相同的组合搭配 8 个不同的声调。由于部分组合在该方言中没有相应词汇形式,所以 13 组共有 73 个例词(见表 6-2),每个词读两遍。每个发音人 146 个样本,6 位发音人共有 876 个样本。双字调例词见表 6-3。

7.2.2 EGG 参数

在嗓音发声研究中,学界已经开发了许多方法,其中喉头仪信号(EGG)分析方法是最简便的方法之一。喉头仪信号也被称为声门阻抗信号,它通过喉头仪测量发声过程中表征声带接触面积大小变化的生理电信号。Fabre(1940,1957)首次开发出这种方法,其产生影响则归功于 Fourcin and Abberton(1971)、Frokjaer-Jensen and Thorvaldsen(1968)。喉头仪的工作原理是小电压和安培的高频电流在放置于喉头甲状软骨上的两个电极之间通过，声带的打开和关闭会导致喉头位置处的电阻抗变化。EGG 信号与声带的接触面积相关联：声带接触面积越大，喉头仪信号就越强；反之，声带接触面积小，喉头仪信号也就弱。由于喉头仪信号未经校准，因此它反映的是相对接触而不是绝对接触。另外，需要指出的是，喉头仪信号反映的是声门关闭段的信号，而声门气流信号则反映的是声门打开段的信号。由于 EGG 是非侵入性的设备，与侵入性方法相比其在采集信号时不会干扰发音人的自然发音，因此，我们可以用喉头仪来研究复杂的语音事件，并且可以将其携带到实验室外或田野中使用（Rothenberg and Mahshie，1988；Childers et al.，1990；Orlikoff，1991；Dickson et al.，1994；Holmberg et al.，1995；Marasek，1997）。

近年来，从 EGG 信号中提取的参数可以用来研究发音时的声门状态（打开与关闭；声带振动与声源）和语言发声类型之间的关系（Fourcin，1981；孔江平，2001），并在记录各种未被描写的语言中的特殊发声类型方面起着重要作用（Kuang，2013a、2013b）。语音学研究中，由于从喉头仪信号中提取出来的参数可以很好地用来描写不同语言的发声类型，因而被语音学家广泛使用。在采用喉头仪信号研究语言发声类型时，最常用的三个参数是基频、开商和速度商。基频被定义为声门周期的倒数，开商被定义为开相与周期的比值，速度商被定义为正在打开相与正在关闭相的比值。图 7-1 是喉头仪信号的原始形式，通常情况下其波形的峰值是左倾的，这与声门气流波形右倾的情况正好相反。图中“ad”表示一个完整的声带开合周期，“ac”为闭相，“cd”为开相，“bc”为声门正在打开相，“ab”为声门正在关闭相。基频、开商和速度商可以用以下公式来定义：

基频＝1/周期(ad)

开商＝开相(cd)/周期(ad)×100％

速度商＝声门正在打开相(bc)/声门正在关闭相(ab)×100％

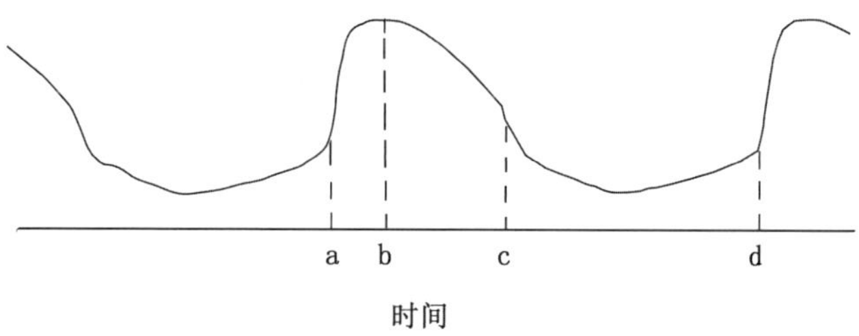

图7-1 喉头仪信号中基频、开商和速度商的定义

通常来说，基频用来呈现声带振动的频率，它反映的是音高变化；开商反映声带振动时声门的送气程度；速度商反映的是声带振动时的紧张程度，它可以体现声门脉冲的偏斜度(Esling, 1984; Holmberg et al., 1988; Dromey et al., 1992; Marasek, 1996)。开商和速度商二者用来表征声带振动的方式(孔江平，2001、2015；蔡莲红、孔江平，2014)。在实际研究中，除了可以直接从EGG信号中提取基频、开商和速度商，这三个参数还可以从进行逆滤波的语音声源信号中提取。

在从喉头仪信号中提取开商和速度商时，研究者常常面临的一大挑战是如何准确寻找声门闭合瞬间(glottal closing instant)和声门打开瞬间(glottal opening instant)，这种问题在喉头仪信号中噪音较大的情形下更为严重。关于声门闭合瞬间和声门打开瞬间的定义，学界已有较多讨论，其中一个核心问题是对接触商(contact quotient，CQ)的计算。接触商通常被定义声带接触与整个周期的比值(Rothenberg and Mahshie，1988)，它与开商的定义正好相反，用数学公式表达为：CQ＝1-OQ。目前，常用的估算接触商的算法有四种(见图 7-2)：

(1)EGG 阈值法(Rothenberg and Mahshie，1988)：接触事件被定义为信号强度超过峰值振幅某个阈值的时间点(图中的 CQ 方法)，该方法也被称为"尺度算法"。

(2)微分法(Henrich et al.，2004)：在 EGG 信号的微分形式(dEGG)上，接触和打开事件被定义在 dEGG 峰值上(图中的 CQ_PM 方法)。

(3)混合法(Howard，1995)：使用 dEGG 接触峰值检测声门接触事件，使用 EGG 信号 3/7 的阈值作为声门打开事件(图中的 CQ_H 方法)。

(4)由 Tehrani 提出的混合法(Tehrani，2012)：接触事件由 dEGG 上的接触峰值来定义，打开事件由 dEGG 接触峰值上的 y 值来定义(图中的 CQ_HT 方法)。

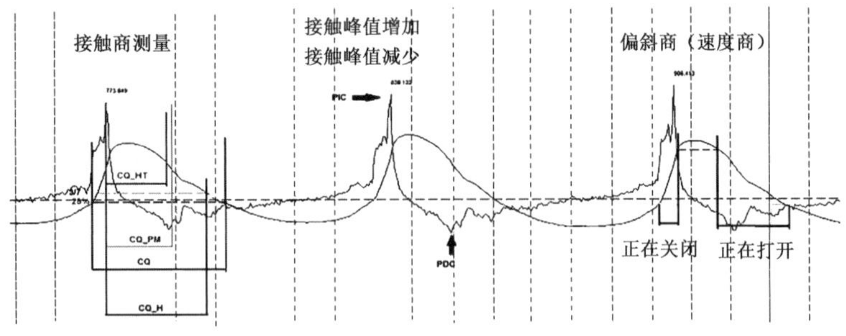

图 7-2 EGG 参数示意

在本章研究中，喉头仪信号是在田野环境中采集的，这就使得信号中的噪音成分比较大。在噪音的影响下，EGG信号的微分形式dEGG信号上有时会出现双声门关闭瞬时点或声门打开瞬时点，从而导致参数提取出现较大误差。因此，我们在EGG信号分析时选用抗噪性比较好的尺度算法来决定声门瞬时闭合点和声门瞬时打开点。为了保持数据处理的一致性，结合本项研究所采集的EGG信号，我们将尺度算法的阈值设定为35%，因为这一比例可以反映EGG信号中真实的声门关闭和打开瞬间。需要说明的是，尽管尺度算法的抗噪性比较好，在参数提取之前，降噪依然是十分必要的。在数据预处理阶段，本章使用小波变换分析来降噪，理由在于它的算法比较简单，并且可以充分反映原始信号的时域信息和频域信息。

基于以上研究方法，下文分别给出新寨苗语单字调及双字调的基频、开商和速度商模式，进而确定它们的嗓音发声特性。绘图的具体操作程序如下：第一步，确定语音波形和喉头仪信号（EGG波形）的起点和终点。为了使数据的处理具有内部一致性，在选择样本的起点和终点时，我们利用自编的程序计算出基频曲线、能量曲线以及共振峰结构等参数。起点选在EGG波形图上开始稳定的周期点，终点选在第二共振峰结构稳定、基频曲线平稳、能量稳定的点。第二步，数据归一化处理。每个例词提取20个F0（基频）、OQ（开商）和SQ（速度商），将每个例词两遍的数据进行平均，然后将同一调类下所辖的所有样本进行平均。第三步，作图。需要说明的是，在绘图过程中，由于基频和速度商的值较大、而开商值较小，所以我们将基频和速度商放在一起，开商单独作图。

7.3 研究结果

7.3.1 单字调

根据 F0、SQ 和 OQ 的数据表现，每个图中有两个小图，其中左图显示的是 F0 和 SQ 的曲线，右图显示的是 OQ 的曲线。

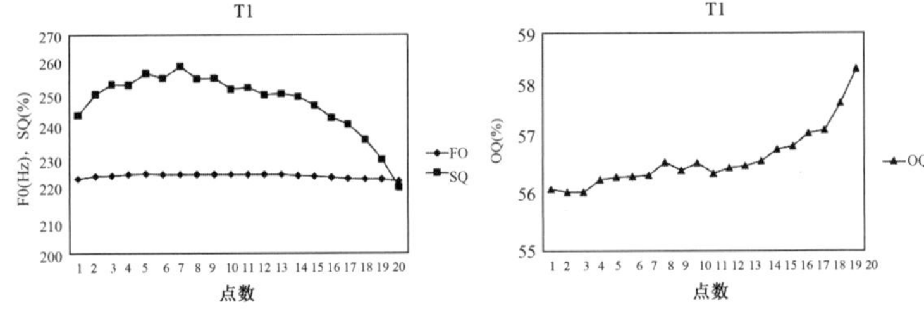

图 7-3 T1 的 F0、SQ 和 OQ 曲线

在图 7-3 的左图中，T1 的 F0 呈平状，其数值处于 5 个平调的中间位置，因此可以将其描写为“中平”。SQ 可以被分为两个部分，其中第一部分为升，第二部分为降，因此可将其描写为“升降”。在右图中，除末尾位置略升外，T1 的 OQ 总体呈平状，因此可以将其描写为“平升”。

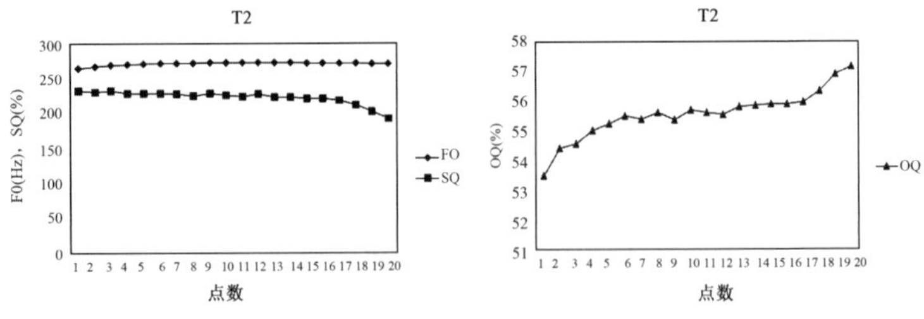

图 7-4 T2 的 F0、SQ 和 OQ 曲线

在图7-4的左图中，T2的F0呈平状，其数值在5个平调中是最大的，因此可以将其描写为“高平”。除末尾略降外，T2的SQ也是平的，可将其描写为“平降”。在右图中，T2的OQ总体呈上升趋势，因此可以将其描写为“升”。

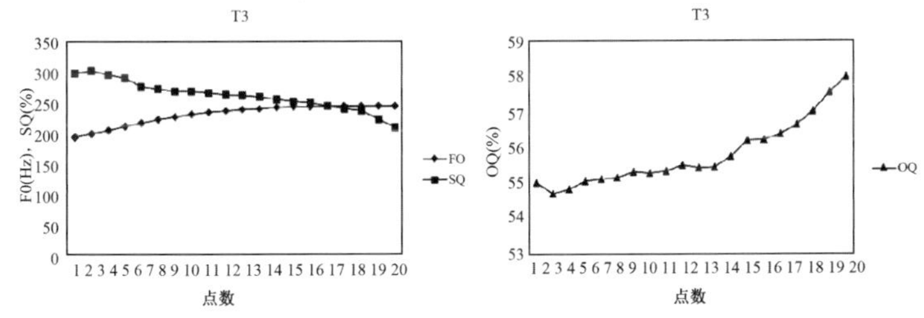

图7-5　T3的F0、SQ和OQ曲线

在图7-5的左图中，T3的F0十分有意思，前半部分上升，后半部分呈平状。这不同于典型的升调(如汉语普通话的升调35)，其基频为直升型，即从低到高一直上升。因此可以将其描写为“升平”。此外，需要指出的是，T3的起点与T4相同，并且其终点与T5相同。T3的SQ是下降的。在右图中，T3的OQ前半部分是平的，后半部分是升的，因此可以将其描写为“平升”。

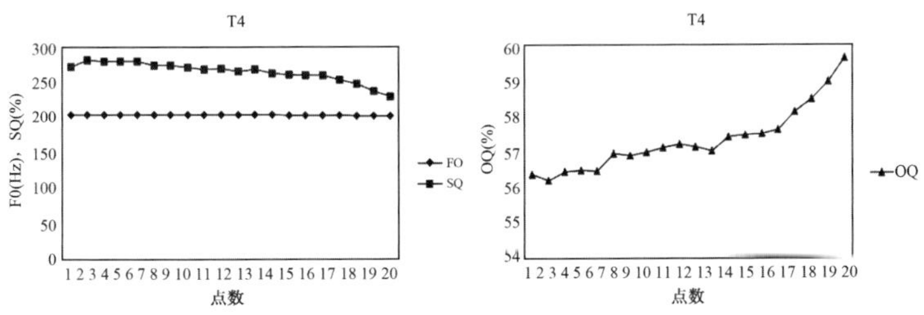

图7-6　T4的F0、SQ和OQ曲线

在图 7-6 的左图中，T4 的 F0 是低平的，其数值处于 T1 和 T6 之间，与其他 4 个平调相比，可以将其描写为“中低平”。T4 的 SQ 先平后降。在右图中，T4 的 OQ 先平后升，其与 SQ 的表现正好构成镜像分布。

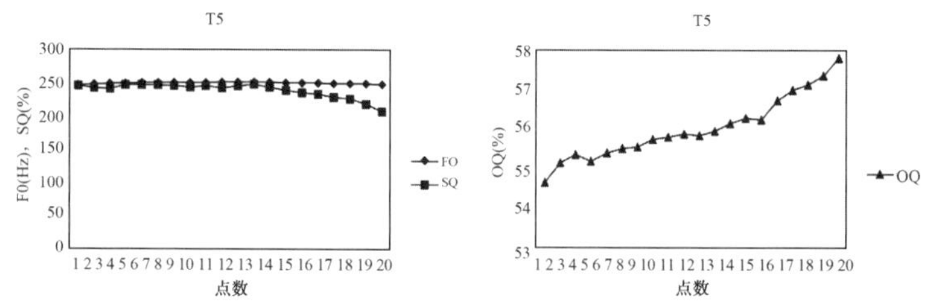

图 7-7 T5 的 F0、SQ 和 OQ 曲线

在图 7-7 的左图中，T5 的 F0 也是高平的，但并非最高的，其数值处于 T1 和 T2 之间，因此可以将其描写为“中高平”。除末尾下降外，T5 的 SQ 也是平的，可以被描写为“平降”。在右图中，T5 的 OQ 是上升的。

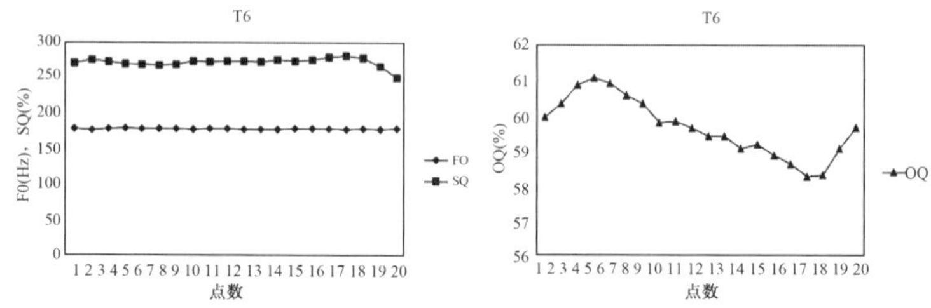

图 7-8 T6 的 F0、SQ 和 OQ 曲线

在图 7-8 的左图中，T6 的 F0 是平的，并且数值在 5 个平调中是最低的，因此可以将其描写为“低平”。除末尾下降外，T6 的

SQ 也是平的。在右图中，T6 的 OQ 表现比较复杂，它可以被分为三部分：在起始位置是上升的，中间是下降的，末尾又上升，因此可以将其描写为“升降升”。此外，相对于其他声调而言，T6 的 OQ 数值较大。

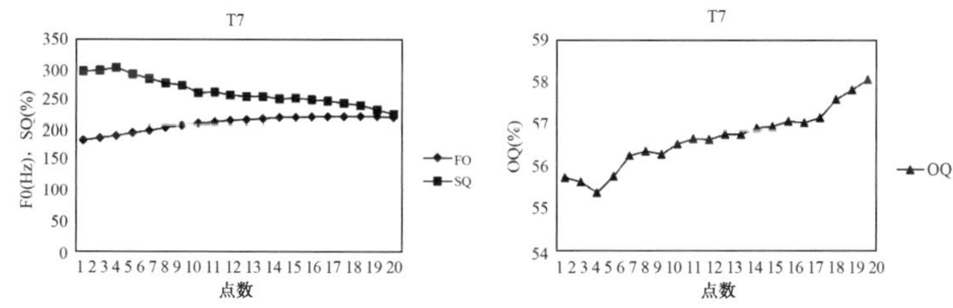

图 7-9　T7 的 F0、SQ 和 OQ 曲线

在图 7-9 的左图中，T7 的 F0 与 T3 类似，即前半段上升、后半段呈平状，因此可以将其描写为“升平”。T7 与 T3 的不同之处在于终点位置的相对基频值。换句话说，这两个声调具有相同的起点，其基频值与 T4 相同，但是 T7 结尾处的基频值与 T1 相同。T7 的 SQ 是下降的。在右图中，T7 的 OQ 是上升的，它与 SQ 构成镜像分布。

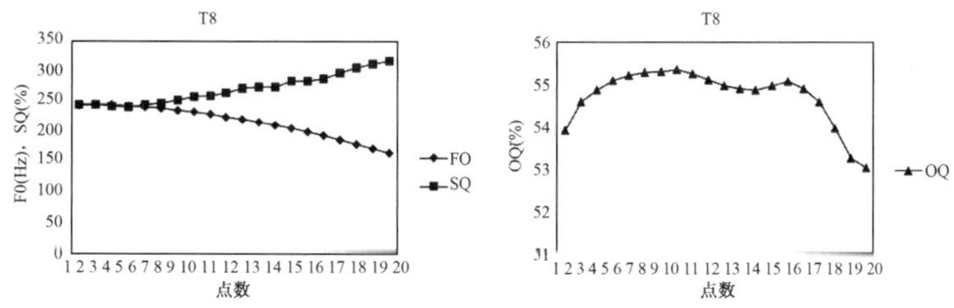

图 7-10　T8 的 F0、SQ 和 OQ 曲线

在图 7-10 的左图中，T8 的 F0 呈高降状，因此可以将其描写为“高降”。T8 的 SQ 与 F0 的表现相反，呈上升趋势。在右图中，T8 的 OQ 表现比较复杂，呈现一个中凸形，即先升后平再降。

根据上文的分析，我们可以整合新寨苗语 8 个单字调的 F0、OQ 和 SQ。

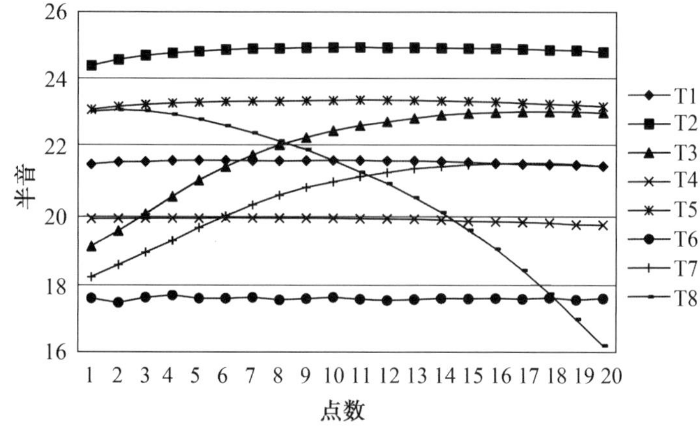

图 7-11 单字调音高曲线(时间归一化)

图 7-11 显示的是新寨苗语单字调的音高曲线。在绘图时，为了使得到的数据更加接近人们的听感，我们将 F0 转换为半音，并将其统筹到“五度制”中。从图中可以看到，新寨苗语有 8 个单音节声调，其中包括 5 个平调(T1、T2、T4、T5、T6)、1 个降调(T8)和 2 个升平调(T3、T7)。采用“五度标调法”(Chao，1930)，则可以将这 8 个声调的调值分别标记为 33(T1)、55(T2)、244(T3)、22(T4)、44(T5)、11(T6)、233(T7)、41(T8)。

如前所述，新寨苗语 T3 和 T7 的 F0 运动轨迹不同于典型的上升调(基频上升贯穿整个音节，如汉语普通话的 35 调)，它们表现出另一种模式："先升后平"，即在发音的前半程基频呈上升趋势，随后是基频稳定段。这与同属于黔东方言的鱼粮苗语的升调相同。另外，新寨苗语还有一个高降调，其起点很高，并且一降到底。也就是说，这个调的终点处于整个调域的最低处，并且低于低平调(T6)。最后，低平调(T6)虽然在基频上存在波动，但其变化范围在一度之内。

从语言类型的角度看，五平调是新寨苗语的一个显著特征。到目前为止，还没有一种已知的超过 5 个平调对立的语言(Chao，1948；Maddieson，1978)。根据跨语言的调查(Maddieson，1978)，与含有较少平调对立的语言相比，含有 5 个平调和 4 个平调的语言极为罕见。在声调语言中，两个平调对立是最为常见的类型。Kuang (2013a，2013b)研究了含有 5 个平调的黑苗，她发现该语言的某些平调使用特殊嗓音发声类型来与其他平调进行区分。同样，新寨苗语在低平调(T6)上也使用了特殊发声类型(见第 8 章的讨论)。

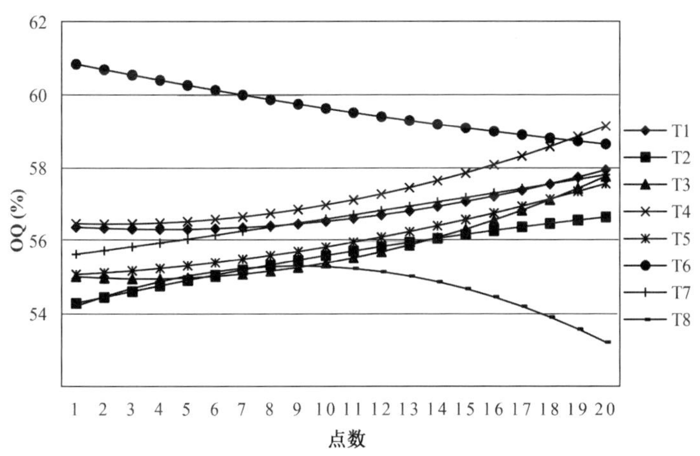

图 7-12　单字调开商曲线(时间归一化，数据采用多项式拟合)

图 7-12 显示的是新寨苗语单字调的开商曲线。不难发现，图中整体呈现出三种模式：降（T6）、升（T1、T2、T3、T4、T5、T7）和凸（T8）。在所有声调中，T6 具有较低的音高和最大的开商，其开商数值范围从 61%到 59%，而正常嗓音的开商值约为 55%（孔江平，2001，2007）。除此之外，在 T6 调的发音时，我们还可以听到明显的送气噪音。相对于其他声调而言，本研究暂时将 T6 调定义为气嗓音。这表明当母语者发含有 T6 调的音节时，声带的大部分都是打开的，由于声带不能完全闭合导致声带漏气。生理和声学研究表明，气嗓音从生理机制上讲是由于杓状软骨的作用，在发音时，杓状软骨外展，声带只有前 2/3 参与振动，而后 1/3 则始终处于外展状态。因此，随着声带的振动，大量气流从声带的间隙处流出，从而产生摩擦分量，进而在听感上产生送气噪音色彩（Davis，1991；Titze，1992；Hillenbrand et al.，1994）。除 T6 具有较大的开商外，其他 7 个声调的开商数据比较集中、略有不同，数值浮动在 55%左右。根据前人研究（孔江平，2001：172），开商是一个相对稳定的值，其总的均值为 54.8%。也就是说，在一个声带开合周期内，声门开相时长通常稍微大于闭相。可以说，在这个数值两端一定的范围内都是正常嗓音。因此，我们可知，除 T6 属于气嗓音外，其他声调都属于正常嗓音，至少从开商的视角来看是如此。

此外，我们还从图中观察到另一个比较明显的特征，即开商曲线在单音节末尾处均有上扬趋势（T6 和 T8 除外），只是程度不同而已，这一点也与同属黔东方言的鱼粮苗语的情况类似。新寨苗语和鱼粮苗语的共同点是二者都有气嗓音。我们推测，这一独特特征可能反映了语言对生理的影响。言语社团中的母语者在日常交流中需要利用气嗓音来区分不同的声调，进而区分词义。

然而，如上所述，由于声带在发气嗓音时闭合不严，导致其具有较大的开商。随着时间的流逝，现如今，气嗓音早已成为其语言和文化的一部分。当长时间使用这一发音时，势必会导致声带闭合不严，进而造成开商数值较大的结果。由此可见，苗语的这一发音特点反映了语言对母语者生理结构的重塑。

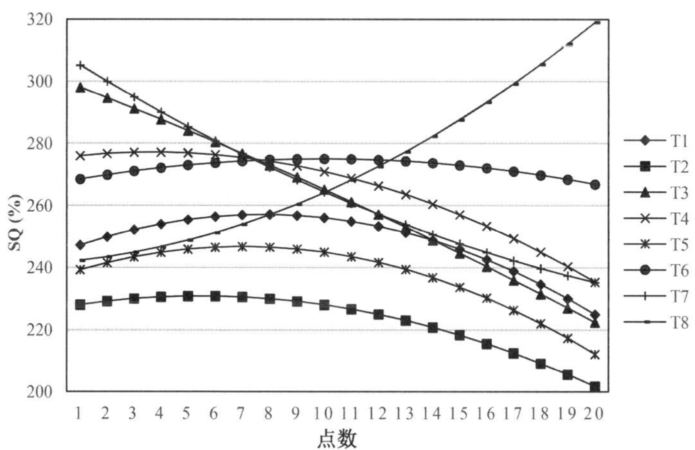

图 7-13　单字调速度商曲线（时间归一化，数据采用多项式拟合）

图 7-13 显示的是新寨苗语单字调的速度商曲线。与开商相比（见图 7-12），除 T6 和 T8 外，速度商在单音节声调的末尾呈下降趋势。结合上文对开商的讨论，当声带在发音时闭合不严，就会导致声带的正在关闭速率变慢，从而导致高频能量较弱。这就是速度商降低的原因所在。总体而言，新寨苗语单字调的开商和速度商呈现了镜像图示。

根据上面的分析，采用 F0、OQ 和 SQ 来描写嗓音发声模式是可行的。为了阐明新寨苗语单字调的嗓音发声模式，我们需要构建一个区别性特征表。在此之前，我们首先需要通过由 Fromkin（1972）提出的三分方案来定义新寨苗语的5个平调(见表7-2)。

表7-2 平调区别性特征

区别性特征	/55/	/44/	/33/	/22/	/11/
[高]	+	+	−	−	−
[中]	−	+	+	+	−
[低]	−	−	−	+	+

表7-3显示的是新寨苗语单字调的嗓音发声区别特征。由此可见,采用区别性特征可以清晰地区分新寨苗语8个声调的嗓音发声模式,并且利用区别性特征来定义单音节声调的嗓音发声模式可以很清晰地呈现F0、OQ和SQ这三个参数之间的关系,它们反映了单音节声调在声调系统中的本质。

表7-3 单字调嗓音发声特征

调类	调值	F0	OQ	SQ
T1	33	ML	LR	RF
T2	55	HL	R	LF
T3	244	HRL	LR	F
T4	22	MLowL	LR	LF
T5	44	MHL	R	LF
T6	11	LowL	F	LF
T7	233	LowRL	R	F
T8	41	F	RF	R

注:"H"代表高,"M"代表中,"Low"代表低,"F"代表降,"R"代表升,"L"代表平。

7.3.2　双字调

根据单字调的分析结果，本节将新寨苗语的双字调的64种组合分为8个小组。

第一组：T1+T1～T1+T8(见图7-14)

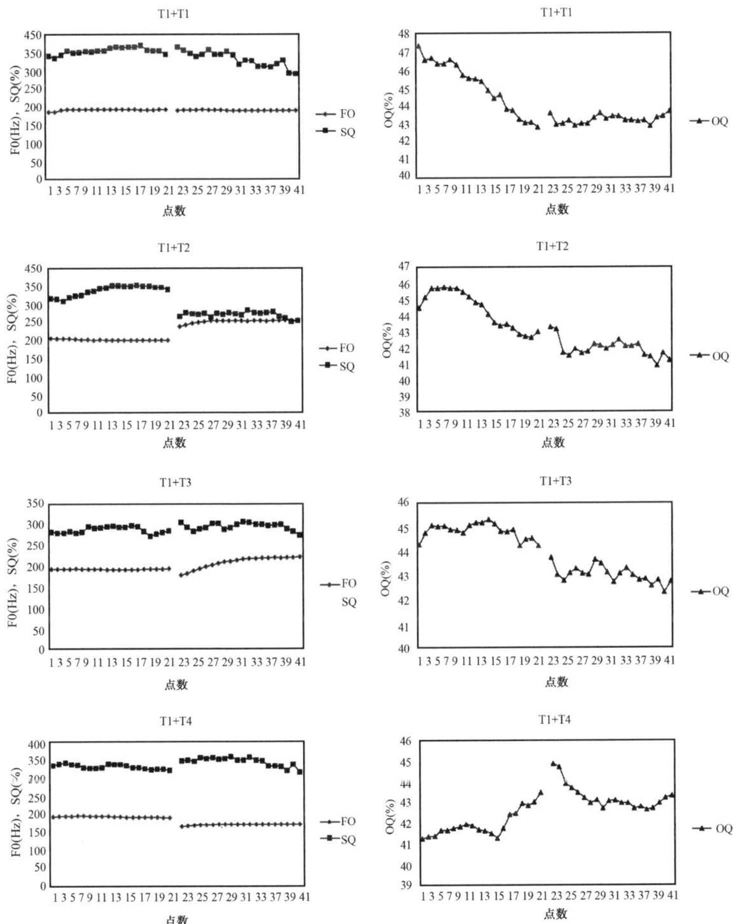

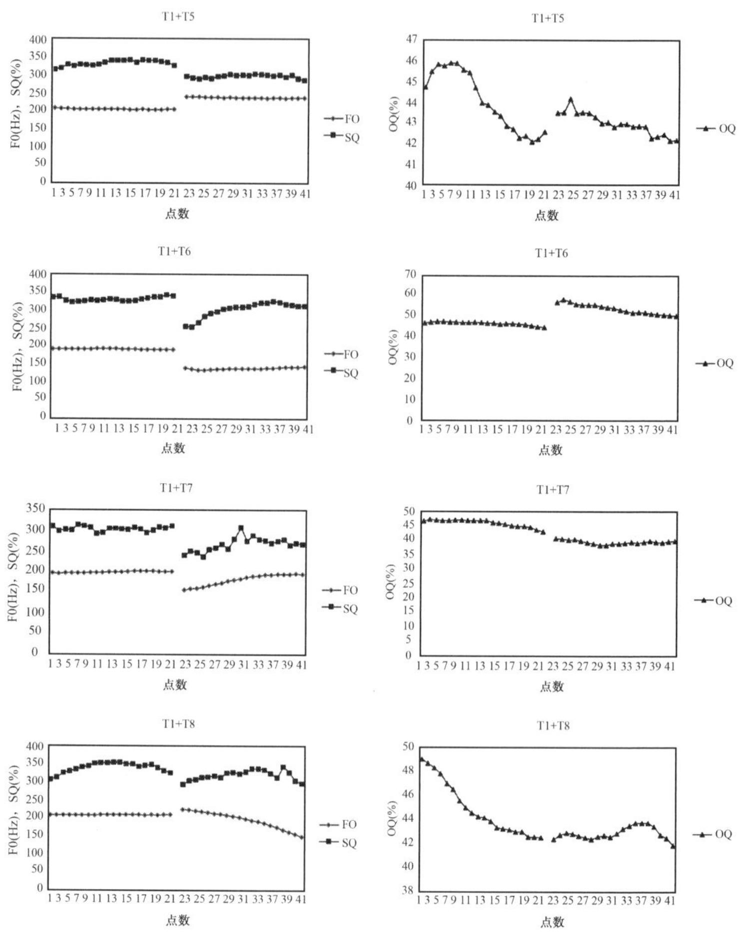

图 7-14 T1＋T1～T1＋T8(左：基频和速度商；右：开商)

T1＋T1：基频模式是“中平＋中平”，速度商模式为“升降＋降”，开商的模式为“降＋平”。

T1＋T2：基频模式是"中平＋高平"，速度商模式为"升降＋平降"，开商的模式为"升降＋平"。

T1＋T3：基频模式是"中平＋高升平"，速度商模式为"升降＋平降"，开商的模式为"平＋平"。

T1＋T4：基频模式是"中平＋中低平"，速度商模式为"升降＋平降"，开商的模式为"升＋降"。

T1＋T5：基频模式是"中平＋中高平"；速度商模式为"升降＋平降"；开商的模式为"升降＋降"，前字的降幅大于后字。

T1＋T6：基频模式是"中平＋低平"，速度商模式为"平升＋升降"，开商的模式为"降＋降"。

T1＋T7：基频模式是"中平＋低升平"，速度商模式为"平＋升降"，开商的模式为"降＋降升"。

T1＋T8：基频模式是"中平＋高平"，速度商模式为"升降＋升降"，开商的模式为"降＋平升降"。

第二组：T2＋T1～T2＋T8（见图 7-15）

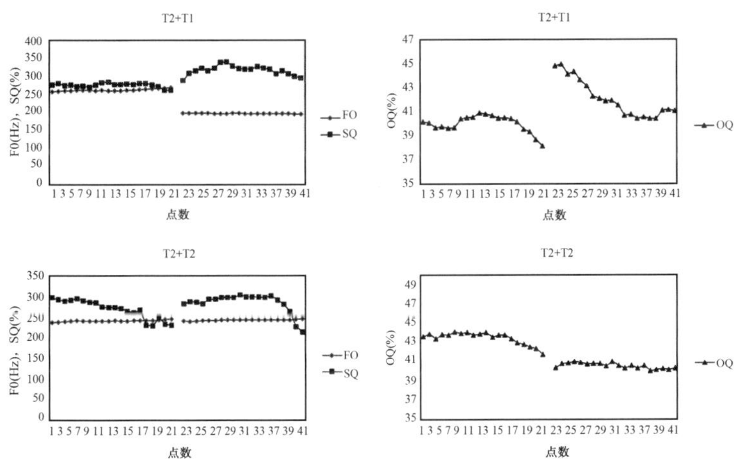

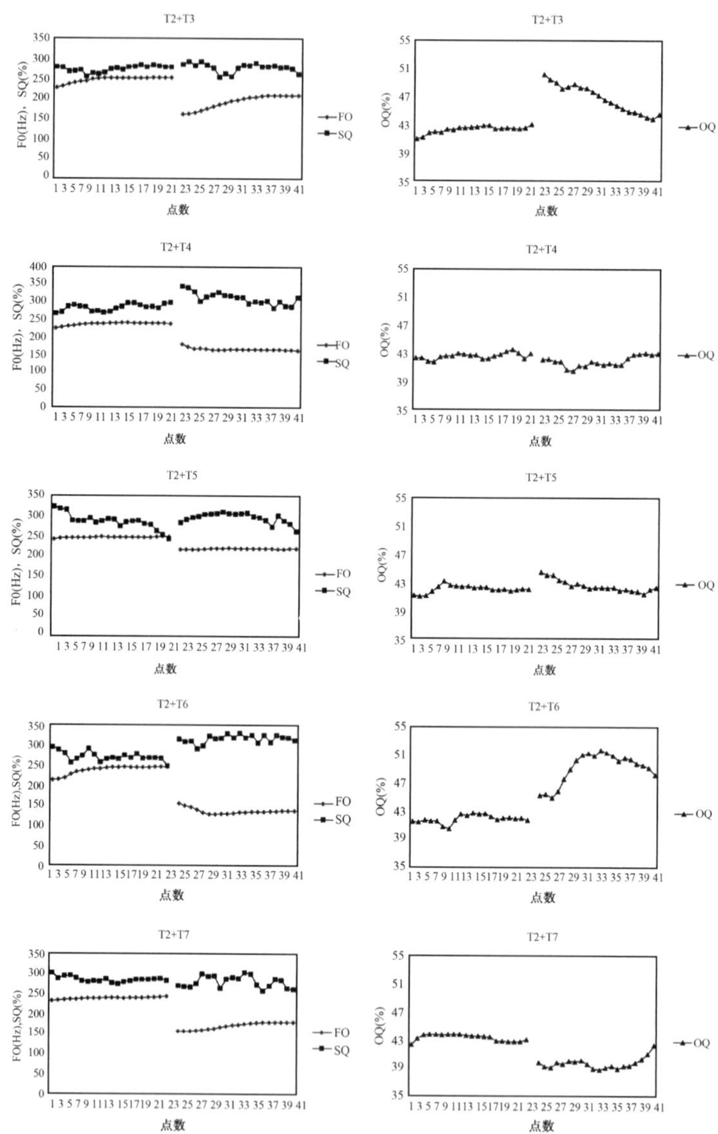
T2+T3
F0(Hz)，SQ(%)
点数
FO
SQ
OQ(%)
OQ
T2+T4
T2+T5
T2+T6
T2+T7

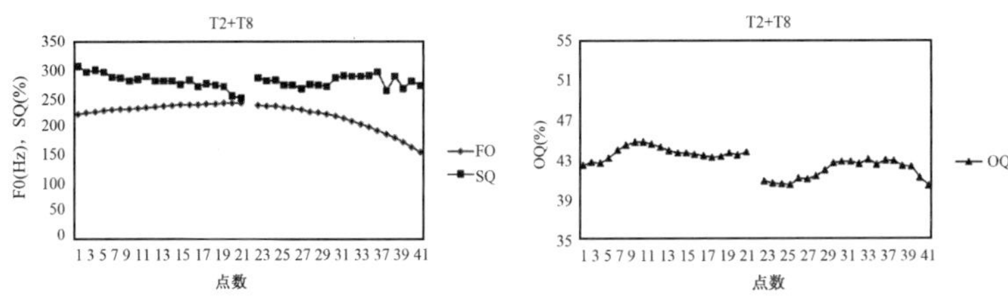

图 7-15 T2＋T1～T2＋T8(左:基频和速度商;右:开商)

T2＋T1:基频模式是"高平＋中平",速度商模式为"平＋升降",开商的模式为"降＋降"。

T2＋T2:基频模式是"高平＋高平",速度商模式为"降＋升降",开商的模式为"降＋平"。

T2＋T3:基频模式是"高平＋高升平",速度商模式为"平＋降",开商的模式为"升＋降"。

T2＋T4:基频模式是"高平＋中低平",速度商模式为"平＋降",开商的模式为"平＋平"。

T2＋T5:基频模式是"高平＋中高平",速度商模式为"降＋升降",开商的模式为"平＋降"。

T2＋T6:基频模式是"高平＋低平",前字在起始位置有个弯头,后字在起始位置有个降尾;速度商模式为"平＋平";开商的模式为"平＋升降"。

T2＋T7:基频模式是"高平＋低升平",速度商模式为"平＋平",开商的模式为"平＋平升"。

T2＋T8：基频模式是“高平＋高降”，速度商模式为“降＋平”，开商的模式为“平＋升降”。

第三组：T3＋T1～T3＋T8（见图 7-16）

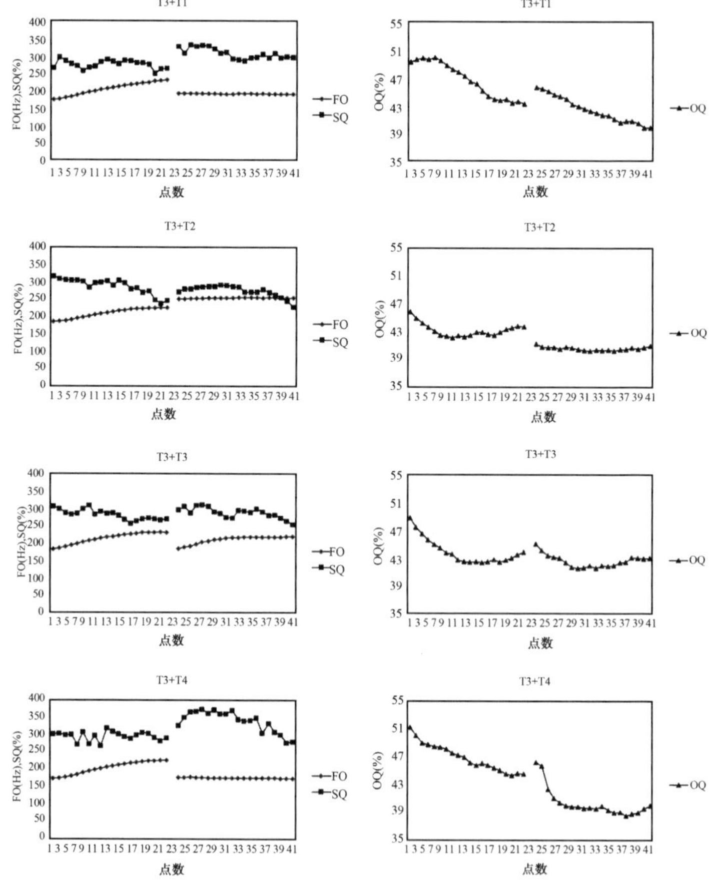

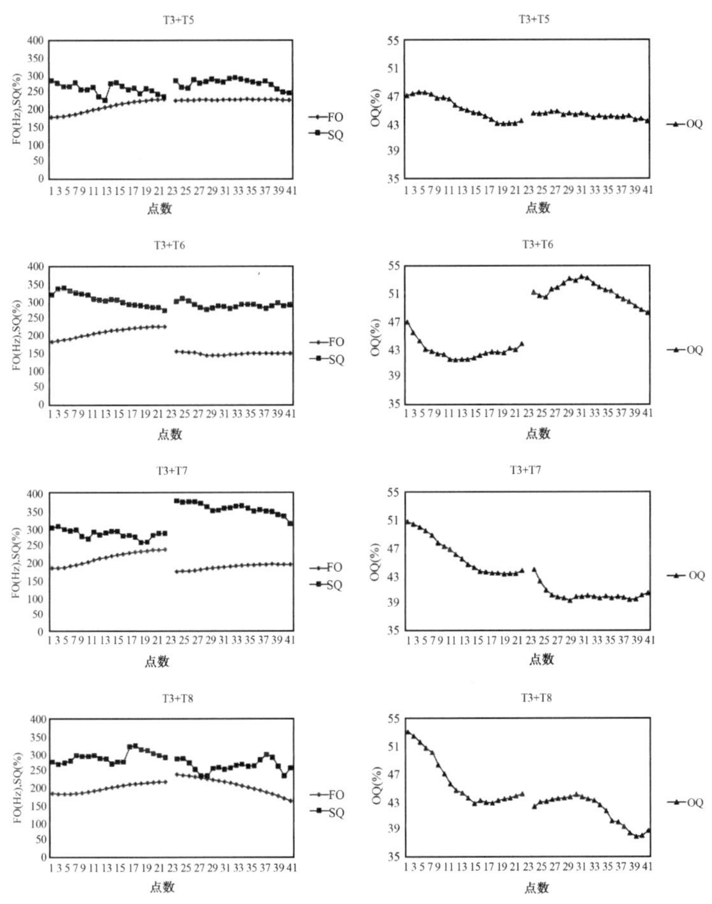

图 7-16　T3＋T1～T3＋T8(左:基频和速度商;右:开商)

T3＋T1:基频模式是“高升平＋中平”,速度商模式为“降＋降”,开商的模式为“降＋降”。

T3＋T2:基频模式是“高升平＋高平”,速度商模式为“降＋

升降”,开商的模式为“降升＋平”。

T3＋T3:基频模式是“高升平＋高升平”,速度商模式为“降＋降”,开商的模式为“降升＋降升”。

T3＋T4:基频模式是“高升平＋中低平”,速度商模式为“平＋升降”,开商的模式为“降＋降”。

T3＋T5:基频模式是“高升平＋中高平”,速度商模式为“降＋升降”,开商的模式为“降＋降”。

T3＋T6:基频模式是“高升平＋低平”,速度商模式为“降＋平”,开商的模式为“降升＋升降”。

T3＋T7:基频模式是“高升平＋低中平”,速度商模式为“降＋降”,开商的模式为“降平＋降平”。

T3＋T8:基频模式是“高升平＋高降”,速度商模式为“升降＋降”,开商的模式为“降升降＋升降”。

第四组:T4＋T1～T4＋T8(见图 7-17)

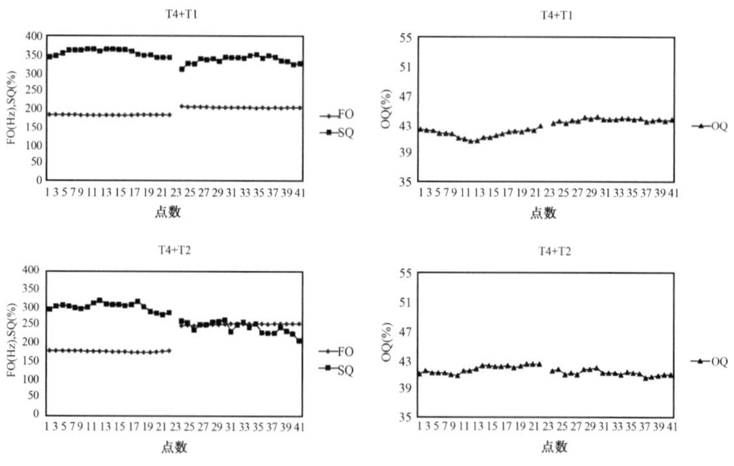

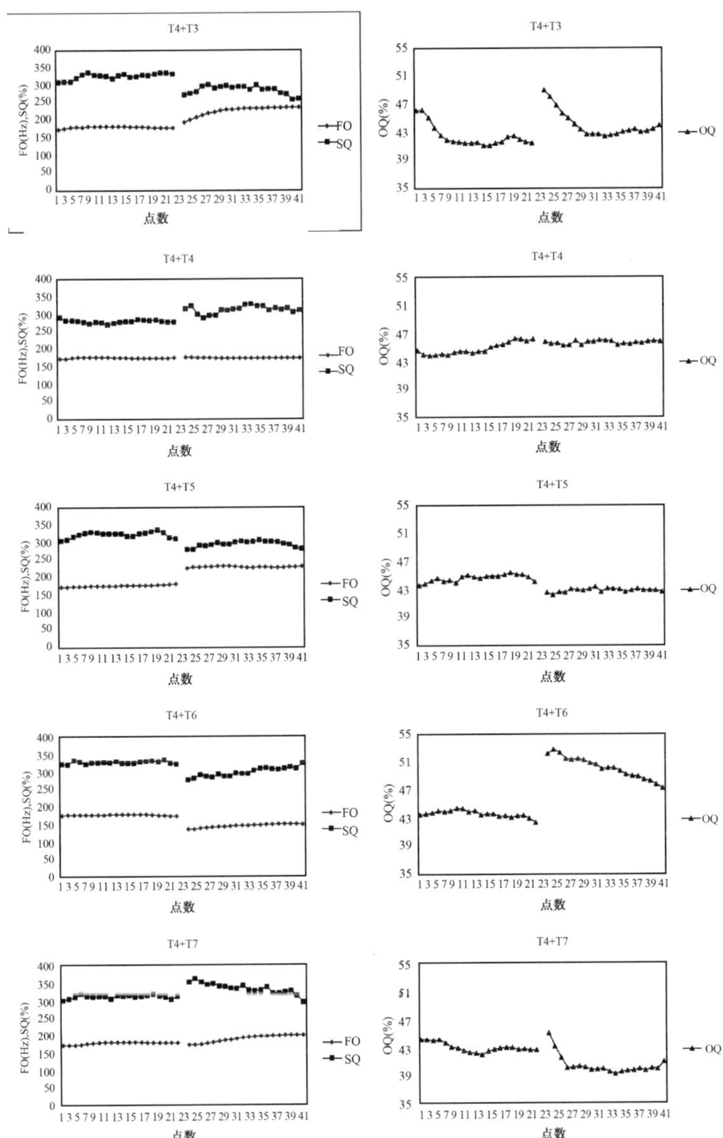
T4+T3
FO(Hz),SQ(%)
点数
FO
SQ
OQ(%)
OQ
T4+T4
T4+T5
T4+T6
T4+T7

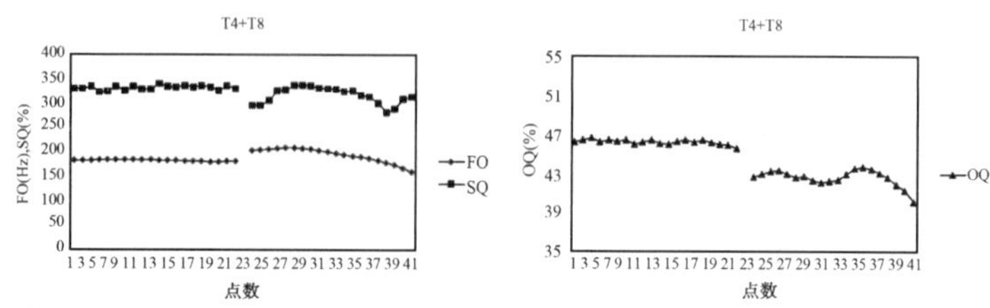

图 7-17 T4+T1～T4+T8(左:基频和速度商;右:开商)

T4+T1:基频模式是"中低平+中平",速度商模式为"平+平",开商的模式为"降升+平"。

T4+T2:基频模式是"中低平+高平";速度商模式为"平+平",前字的速度商大于后字;开商的模式为"平+平"。

T4+T3:基频模式是"中低平+高升平";速度商模式为"升平+升降",前字的速度商大于后字;开商的模式为"降平+降升"。

T4+T4:基频模式是"中低平+中低平";速度商模式为"平+平",前字的速度商值小于后字;开商的模式为"升+平"。

T4+T5:基频模式是"中低平+中高平";速度商模式为"平+平",前字的速度商值大于后字;开商的模式为"平+平",前字的开商值大于后字。

T4+T6:基频模式是"中低平+低平",速度商模式为"平+升",开商的模式为"平+降"。

T4+T7:基频模式是"中低平+低升平",速度商模式为"平+降",开商的模式为"平+降平"。

T4+T8:基频模式是"中低平+高降",速度商模式为"平+升降",开商的模式为"平+平升降"。

第五组:T5+T1～T5+T8(见图 7-18)

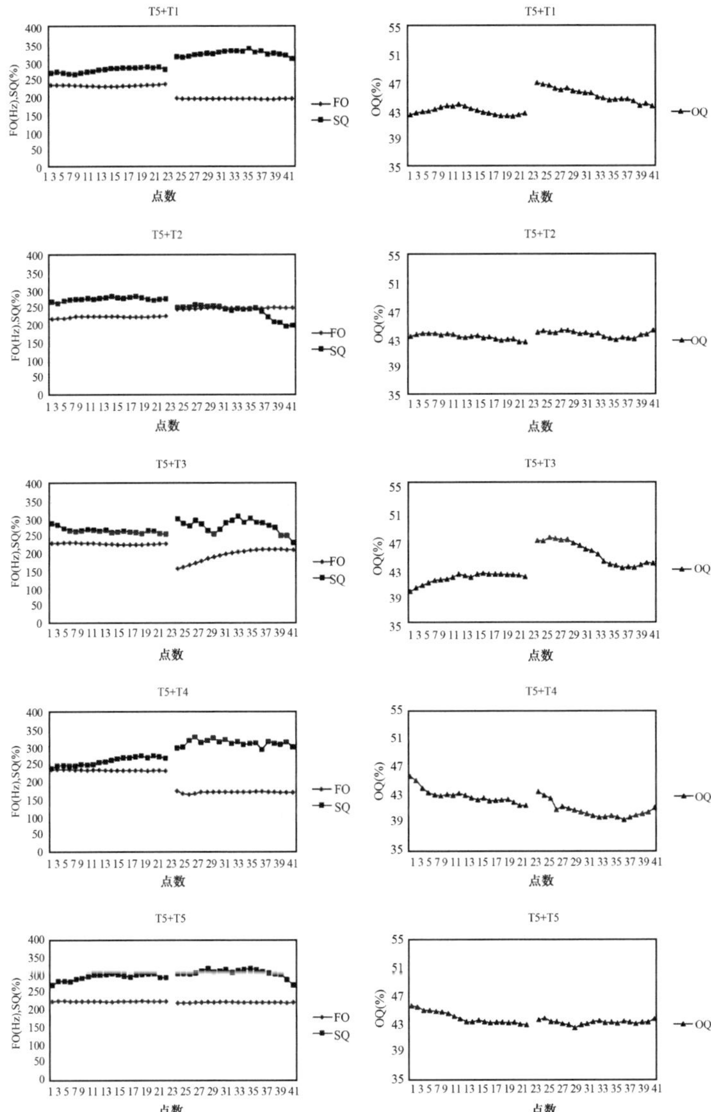
T5+T1
FO(Hz),SQ(%)
点数
FO
SQ
OQ(%)
OQ
T5+T2
T5+T3
T5+T4
T5+T5

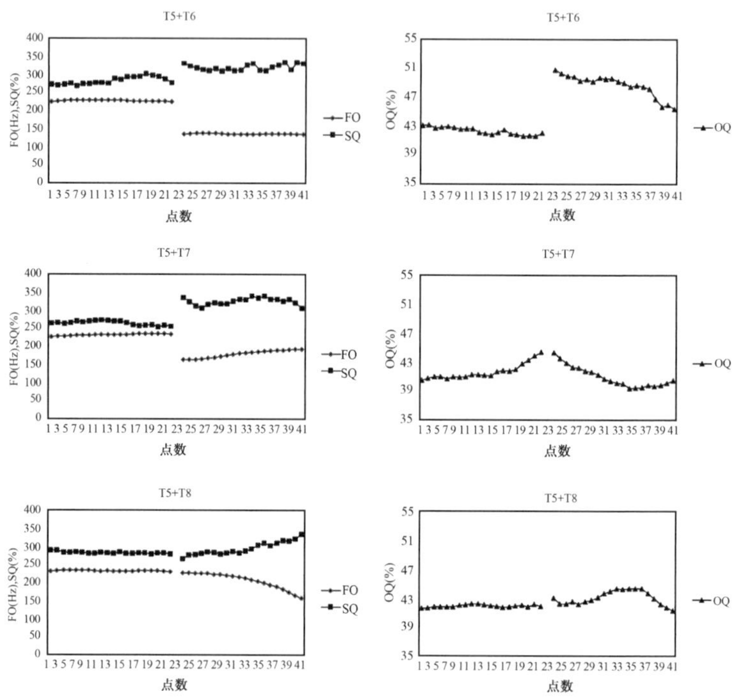

图 7-18 T5＋T1～T5＋T8(左:基频和速度商;右:开商)

T5＋T1:基频模式是“中高平＋中平”,速度商模式为“平＋升降”,开商的模式为“平＋降”。

T5＋T2:基频模式是“中高平＋高平”,速度商模式为“平＋平降”,开商的模式为“平＋平”。

T5＋T3:基频模式是“中高平＋高升平”,速度商模式为“平＋降”,开商的模式为“平＋降”。

T5＋T4:基频模式是“中高平＋中低平”,速度商模式为“升＋平”,开商的模式为“降＋降升”。

T5＋T5：基频模式是“中高平＋中高平”，速度商模式为“平＋平降”，开商的模式为“降＋平”。

T5＋T6：基频模式是“中高平＋低平”，速度商模式为“平升降＋平”，开商的模式为“降＋降”，前字的降幅明显小于后字。

T5＋T7：基频模式是“中高平＋低升平”，速度商模式为“升降＋升降”，开商的模式为“升＋降”。

T5＋T8：基频模式是“中高平＋高降”，速度商模式为“平＋升”，开商的模式为“平＋升降”。

第六组：T6＋T1～T6＋T8（见图 7-19）

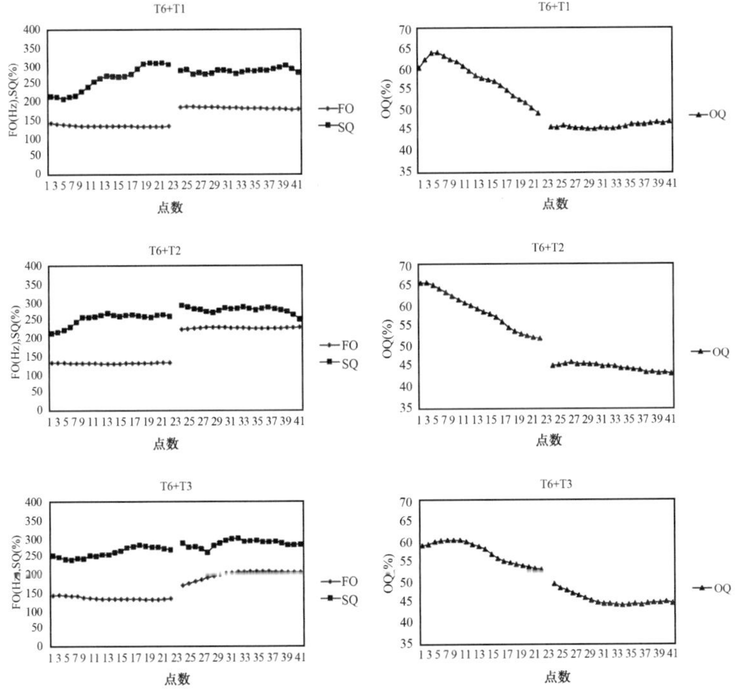

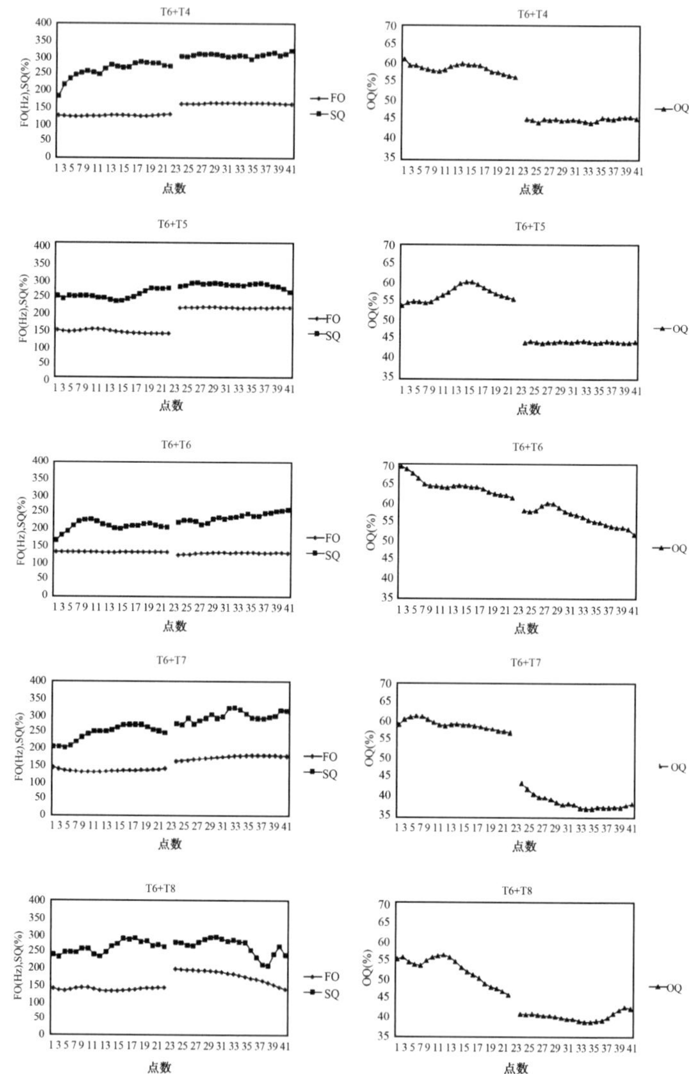

图 7-19 T6＋T1～T6＋T8(左:基频和速度商;右:开商)

T6＋T1：基频模式是"低平＋中平"；速度商模式为"升＋平"；开商的曲线与速度商正好相反，模式为"降＋平"。整体来看，其基频、开商、速度商模式与 11＋22 的情形类似，差异在于幅度不同而已。

T6＋T2：基频模式是"低平＋高平"，速度商模式为"升＋平"，开商的模式为"降＋平"。

T6＋T3：基频模式是"低平＋中高升平"，速度商模式为"升＋平"，开商的模式为"降＋降"。

T6＋T4：基频模式是"低平＋中低平"；速度商模式为"升＋平"；开商的曲线与速度商正好相反，模式为"降＋平"。

T6＋T5：基频模式是"低平＋中高平"，速度商模式为"升＋平"，开商的模式为"升降＋平"。

T6＋T6：基频模式是"低平＋低平"；速度商模式为"升＋升"，不过 11 调做后字时速度商上升的幅度比做前字时大；开商的曲线与速度商正好相反，模式为"降＋降"，11 调做前字时的下降幅度大于作后字的情形。

T6＋T7：基频模式是"低平＋低升平"，速度商模式为"升＋升"，开商的模式为"降＋降"。

T6＋T8：基频模式是"低平＋高降"，速度商模式为"升＋降"，开商的模式为"降＋升"。

第七组：T7＋T1～T7＋T8(见图 7-20)

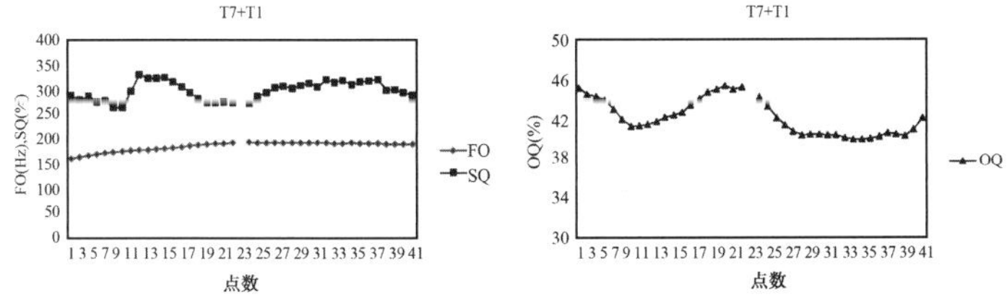

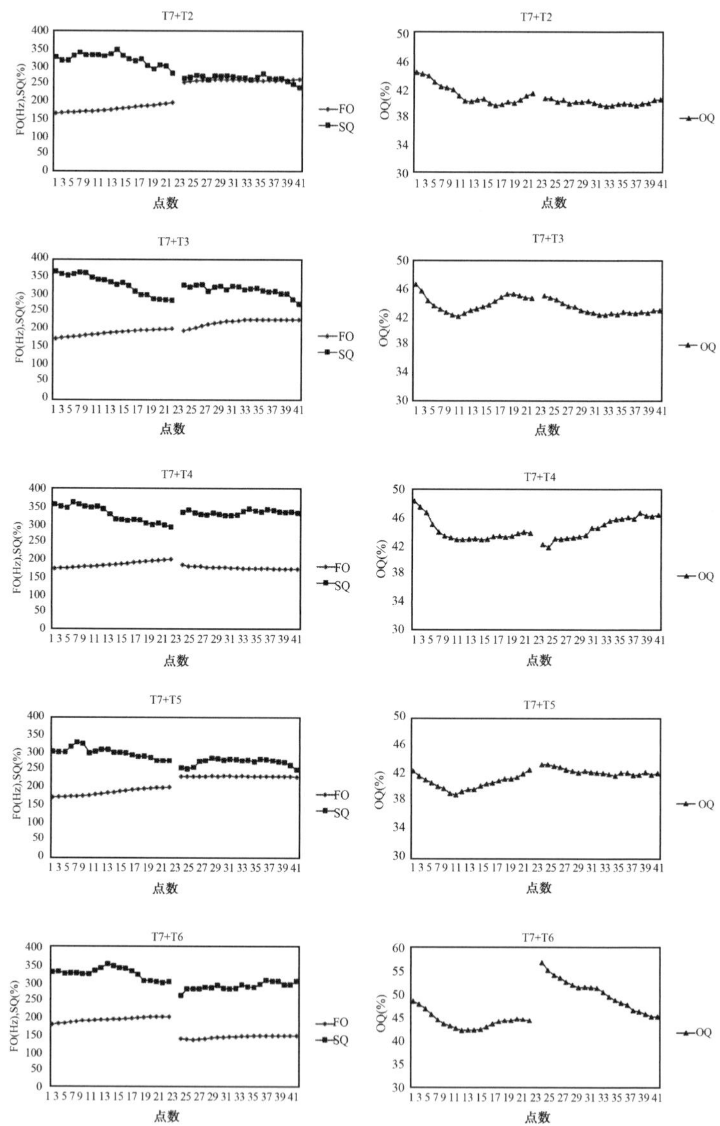
T7+T2
FO(Hz),SQ(%)
点数
FO
SQ
T7+T2
OQ(%)
点数
OQ
T7+T3
FO(Hz),SQ(%)
点数
FO
SQ
T7+T3
OQ(%)
点数
OQ
T7+T4
FO(Hz),SQ(%)
点数
FO
SQ
T7+T4
OQ(%)
点数
OQ
T7+T5
FO(Hz),SQ(%)
点数
FO
SQ
T7+T5
OQ(%)
点数
OQ
T7+T6
FO(Hz),SQ(%)
点数
FO
SQ
T7+T6
OQ(%)
点数
OQ

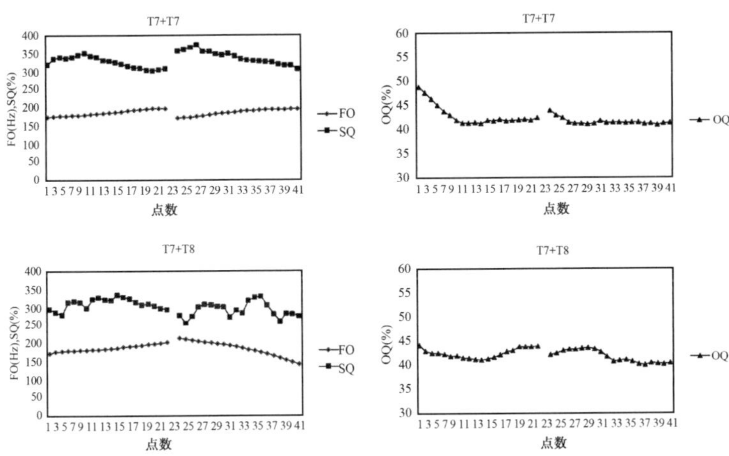

图 7-20　T7＋T1～T7＋T8(左:基频和速度商;右:开商)

T7＋T1:基频模式是“低升平＋中平”,速度商模式为“降＋升降”,开商的模式为“降升＋降升”。

T7＋T2:基频模式是“低升平＋高平”,速度商模式为“降＋平”,开商的模式为“降＋平”。

T7＋T3:基频模式是“低升平＋高升平”,速度商模式为“降＋降”,开商的模式为“降升＋降”。

T7＋T4:基频模式是“低升平＋中低平”,速度商模式为“降＋平”,开商的模式为“降＋升”。

T7＋T5:基频模式是“低升平＋中高平”,速度商模式为“降＋降”,开商的模式为“降升＋降”。

T7＋T6:基频模式是“低升平＋低平”,速度商模式为“降＋升”,开商的模式为“降升＋降”。

T7＋T7:基频模式是“低升平＋低升平”,速度商模式为“降＋降”,开商的模式为“降平＋降平”。

T7＋T8：基频模式是“低升平＋高降”，速度商模式为“升降＋升降”，开商的模式为“降升＋升降”。

第八组：T8＋T1～T8＋T8（见图 7-21）

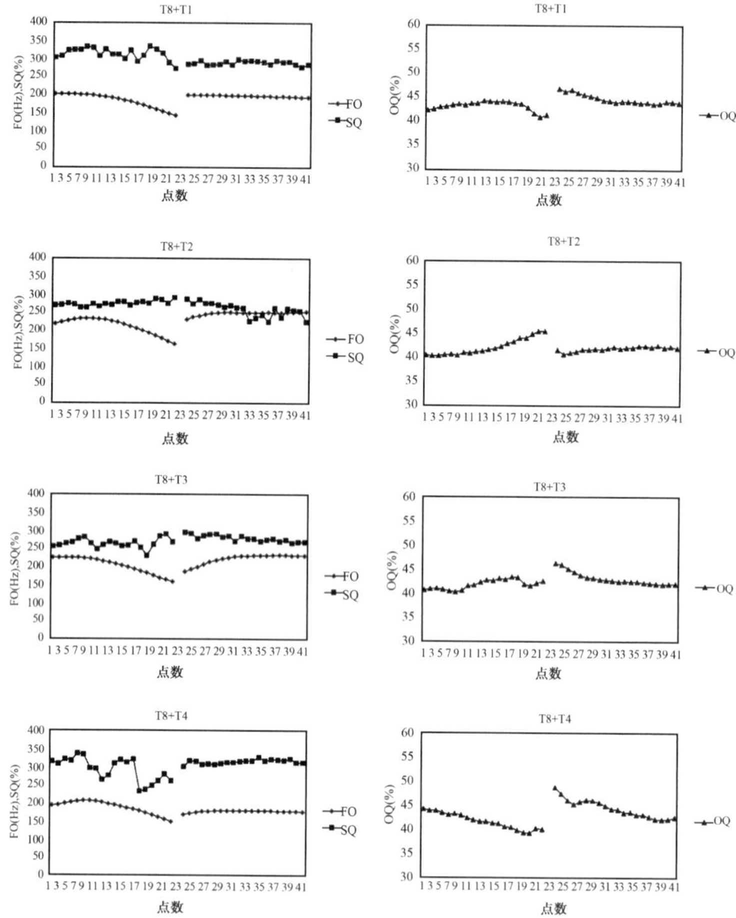

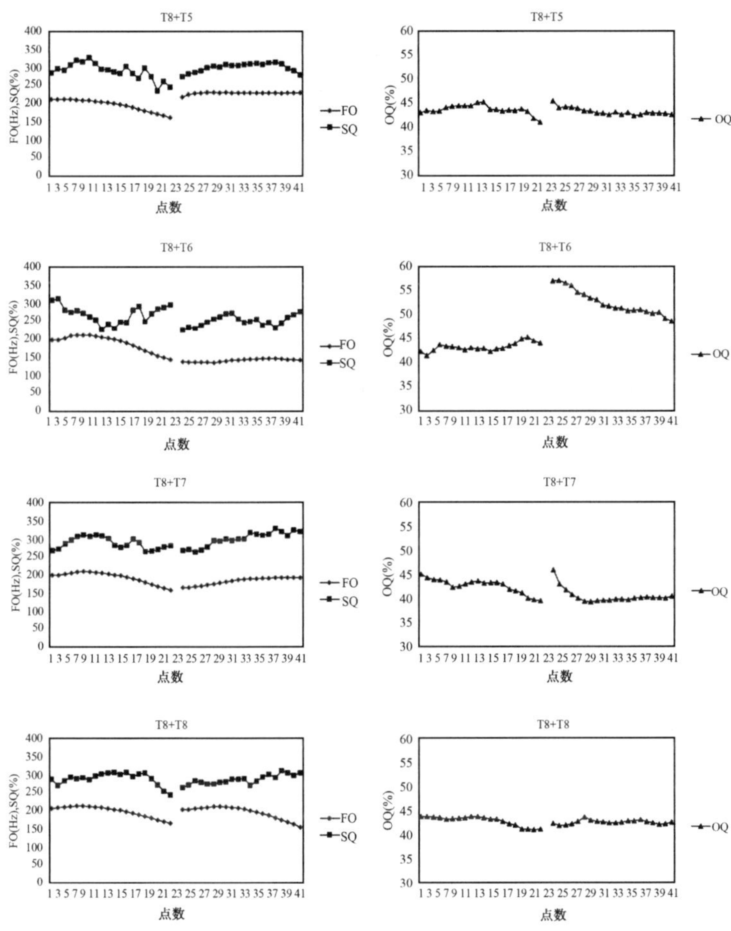

图 7-21　T8＋T1～T8＋T8(左:基频和速度商;右:开商)

T8＋T1:基频模式是“高降＋中平”,速度商模式为“升降＋平”,开商的模式为“升降＋降平”。

T8+T2:基频模式是“高降+高平”,速度商模式为“平+降”,开商的模式为“升+平”。

T8+T3:基频模式是“高降+高升平”,速度商模式为“升降+降”,开商的模式为“升+降”。

T8+T4:基频模式是“高降+中低平”,速度商模式为“升降+平”,开商的模式为“降+降”。

T8+T5:基频模式是“高降+中高平”,速度商模式为“升降+升降”,开商的模式为“升降+降平”。

T8+T6:基频模式是“高降+低平”,速度商模式为“降升+升降升”,开商的模式为“平+降”。

T8+T7:基频模式是“高降+低升平”,速度商模式为“升降+升”,开商的模式为“降+降平”。

T8+T8:基频模式是“高降+高降”,速度商模式为“升降+升”,开商的模式为“降+平”。

根据上述分析,我们采用区别特征来描述新寨苗语双字调的基频(表7-4)、速度商(表7-5)和开商(表7-6)。

注:“F”代表降,“R”代表升,“L”代表平。

表7-4 双字调嗓音发声特征(基频模式)

后字 / 前字	T1(33)	T2(55)	T3(244)	T4(22)	T5(44)	T6(11)	T7(233)	T8(41)
T1(33)	M+M	M+H	M+HR	M+ML	M+MH	M+L	M+LR	M+F
T2(55)	H+M	H+H	H+HR	H+ML	H+MH	H+L	H+LR	H+F
T3(244)	HR+M	HR+H	HR+HR	HR+ML	HR+MH	HR+L	HR+LR	HR+F
T4(22)	ML+M	ML+H	ML+HR	ML+ML	ML+MH	ML+L	ML+LR	ML+F
T5(44)	MH+M	MH+H	MH+HR	MH+ML	MH+MH	MH+L	MH+LR	MH+F

续表

后字 前字	T1(33)	T2(55)	T3(244)	T4(22)	T5(44)	T6(11)	T7(233)	T8(41)
T6(11)	L+M	L+H	L+HR	L+ML	L+MH	L+L	L+LR	L+F
T7(233)	LR+M	LR+H	LR+HR	LR+ML	LR+MH	LR+L	LR+LR	LR+F
T8(41)	F+M	F+H	F+HR	F+ML	F+MH	F+L	F+LR	F+F

表 7-5　双字调嗓音发声特征(速度商模式)

后字 前字	T1(33)	T2(55)	T3(244)	T4(22)	T5(44)	T6(11)	T7(233)	T8(41)
T1(33)	RL+F	RF+LF	RL+LF	RF+LF	RF+LF	LR+RF	L+RF	RF+RF
T2(55)	L+RF	F+RF	L+F	L+F	F+RF	L+L	L+L	F+L
T3(244)	F+F	F+RF	F+F	L+RF	F+RF	F+L	F+F	RF+F
T4(22)	L+L	L+L	RL+RF	L+L	L+L	L+R	L+F	L+RF
T5(44)	L+RF	L+LF	L+F	R+L	L+LF	LRF+L	RF+RF	L+R
T6(11)	R+L	R+L	R+L	R+L	R+L	R+R	R+R	R+F
T7(233)	F+RF	F+L	F+F	F+L	F+F	F+R	F+F	RF + RF
T8(41)	RF+L	L+F	RF+F	RF+L	RF+RF	FR+RFR	RF+R	RF+R

表 7-6　双字调嗓音发声特征(开商模式)

后字 前字	T1(33)	T2(55)	T3(244)	T4(22)	T5(44)	T6(11)	T7(233)	T8(51)
T1(33)	F+L	RF+L	L+L	R+F	RF+F	F+F	F+FR	F+LRF
T2(55)	F+F	F+L	R+F	L+L	L+F	L+RF	L+LR	L+RF
T3(244)	F+F	FR+L	FR+FR	F+F	F+F	FR+LRF	FL+FL	FRF+RF

续表

后字 / 前字	T1(33)	T2(55)	T3(244)	T4(22)	T5(44)	T6(11)	T7(233)	T8(51)
T4(22)	FR+L	L+L	FL+FR	R+L	L+L	L+F	L+FL	L+LRF
T5(44)	L+F	L+L	L+F	F+FR	F+L	F+F	R+F	L+RF
T6(11)	F+L	F+L	F+F	F+L	RF+L	F+F	F+F	F+R
T7(233)	RF+RF	F+L	FR+F	F+R	FR+F	FR+F	FL+FL	FR+RF
T8(51)	RF+FL	R+L	R+F	F+F	RF+FL	L+F	F+FL	F+L

从以上表格可以看出,利用区别性特征来定义双音节声调的嗓音发声系统,可以比较容易找出嗓音发声各参数(基频、速度商和开商)之间的关系和规则,组合双音节声调的这三项参数可以发现一个单音节声调在双音节声调前字和后字中的不同性质。例如,从开商曲线图中可以看出,相对于单字调的开商参数值而言,双字调中的开商值整体下降。除 11 调外,开商的数值大多集中在 40%～50%。无论做前字还是后字,11 调的开商最大,并且前字是 11 调的开商整体大于后字是 11 调的情况。从速度商曲线图中可以看出,双字调中 11 调的速度商曲线与开商曲线正好成反比,即 11 调的开商模式是降,其速度商模式为升,并且后字是 11 调的速度商整体大于前字是 11 调的情况。这些现象反映了单字调在声调系统中的潜在性质。

7.4 讨论

根据前人研究,气嗓音是跨语言中较为常见的一种嗓音发声类型,其在苗语中尤为常见,例如,黑苗(李方桂,1980;Kwan,

1971;Kuang,2013a,2013b)、绿苗(Huffman,1987;Andruski and Ratliff,2000)、白苗(Esposito,2012;Garellek et al.,2013)、石门坎苗语(王辅世,1985;孔江平,1993)、鱼粮苗语(刘文、张锐锋,2016)。一般来说,气嗓音通常与浊送气声母关联。从音系学的角度,不同的语言学家根据不同的研究目的将浊送气分别描写为浊送气声母、送气元音和声调的附属特征等。通常,气嗓音被描写为清辅音,因为它们通常与阴调类(1、3、5、7)互补分布。孔江平(1993)对石门坎苗语浊送气的实验研究表明浊送气本质上是气嗓音,并且其分布贯穿整个音节,也就是说,气嗓音除了出现在声母上,也出现在韵母上。此外,具有气嗓音音节的声调的音高要低于非气嗓音的音节,这说明气嗓音可以抑制声调的基频,尤其是在声调起始部分。

本项研究基于EGG分析的结果进一步证实了上述结论。在听感上的浊送气实际上是一种特殊嗓音发声类型,具体来说,就是气嗓音这种嗓音音质。因此,在观察到这类现象时,我们应重点关注音高和发声的差异。从言语产生的角度看,嗓音发声类型可以被看作“调质”,它反映的是声调发声在频域方面的特性,而基频曲线则反映的是时域上的声调发声特性,也被称为“调时”。具体到新寨苗语,根据T6的开商表现,不难发现,气嗓音是贯穿整个音节,当然,音节的前半部分尤为明显。最后,相对于不含气嗓音的音节来说,包含气嗓音的音节的基频通常较低。这一结论也可以得到统计数据的证实。在70种苗瑶语中,其中81%都是B2调的音高低于B1调,89%都是C2调低于C1调。这些数据都表明起始浊辅音对后续音高的抑制效应。在苗瑶语中,尤其是苗语中,许多B2和C2调都是气嗓音(C2稍微多于B2),这也许有助于解释为什么这些声调的音高相对来说较低(Ratliff,2010:194-195)。

当发现语言中的嗓音发声类型时，接下来的工作就需要弄清楚嗓音特征是否能够成为声调的区别性特征。根据前人研究，声调中的音高和发声有两种类型：一种是独立于音高的特殊发声类型；另一种是依赖音高的特殊发声类型（Kuang，2013a，2013b）。

在声调的语音学研究中，学界通常采用 F0 来确认声调。但是在某些语言中，嗓音发声类型也是十分重要的，如哈尼语和彝语中的松紧嗓音对立（Maddiesonand Ladefoged，1985；孔江平，2001）。也就是说，两个音节的声母、韵母和音高相同，唯一的区别在于嗓音发声类型。这种类型即是独立于音高的特殊发声类型。在这种情况中，由杓间肌和侧环杓肌控制的声门打开是相对独立于由环甲肌控制的音高的（Laver，1980；Gobl and Ní Chasaide，2010）。因为音高和嗓音发声类型是由不同的喉头肌肉控制，所以它们二者可以独立工作。

然而，在声调对立中还存在另外一种类型，即依赖音高的特殊发声类型，如新寨苗语的 T6。在这种情况中，音高和发声类型彼此交互，共同起到区别词汇意义的作用。依赖音高的特殊嗓音发声类型是增强同型声调区分的一种有效方式。在新寨苗语中，气嗓音的出现不仅是辨认低平调的一个突显线索，它也使得 T6（11）与 T4（22）的区分更为明显。

至于音高和嗓音发声类型是如何影响声调对立的，接下来第 8 章节的感知测试将回答这一问题。

7.5 小结

根据对新寨苗语单字调与双字调嗓音发声特性的初步分析，我们可以得出下列结论：一是基于嗓音发声模式，新寨苗语有8 个声调，其中 5 个平调的对立是该语言的一大特色；二是双字调有 64 种嗓音发声组合模式，并且发现一个单音节声调在双音节声调前字和后字中的不同表现；三是除 T6 和 T8 外，其他各调的开商曲线和速度商曲线在同一音节内部大致呈镜像分布；四是嗓音发声特性在同一音节内部并非一成不变，事实上，它在一个音节内部也是变化的，在双音节调中亦是如此；五是新寨苗语的特殊嗓音发声类型（气嗓音）可以用来阐释语言对生理的塑造；六是嗓音发声特性同时也是声调演变的条件之一。

从历史语言学的视角看，新寨苗语声调的起源与演化和嗓音发声存在密切关联，例如，来自古苗瑶语清声母的高域调（1、3、5、7）比低域调（2、4、6、8）的音高高，表明了原始浊声母对音高的抑制效应（王辅世，1994；王辅世、毛宗武，1995；Ratliff，2010）。这一事实告诉我们，在语言研究中，我们需要借助嗓音发声分析来考察声调的演化与发展。

第8章 五平调的感知研究

8.1 研究背景

在人类现实世界中，跨语言的调查显示多数声调语言只有平调系统，并且在这类系统中两平调是最为常见的类型，尽管3个平调的声调语言也不少见(Maddieson，1978，2005)。此外，在只有两个或3个声调的语言中多数只有平调这一种类型，从3个声调到4个声调的发展代表了声调语言组织的一个转折点。具体来说，从这个转折点开始，曲折调就变得十分重要。尽管曲折调在三声调的语言系统中是罕见的，但是它在四声调的语言系统中则十分普遍。因此，从语言蕴含共性的角度看，世界上没有任何一种语言只有曲折调，而没有平调，并且在具有多个声调的语言中平调的数目通常不会超过3个，其他的则使用曲折调。

尽管声调语言中平调的数目通常不会超过3个，但是就目前所报道的材料来看，一种语言的声调系统中所能容纳的平调的最大数目是5个(张琨，1947；Chang，1953；Chao，1948；Longacre，1952；Kwan，1966，1971；Maddieson，1978；Wedekind，1985；Shi et al.，1987；孔江平，1992；Edmondson and Gregerson，1992；Kuang，2013a，2013b；刘文、张锐锋，2016；刘文、杨正辉、孔江平，2017；

Liu et al.,2020)。虽然五平调的语言现象在世界语言类型中是罕见的,但是从言语产生和言语感知的角度看,人类完全具备产出和感知多于 5 个音高层级的能力。具体来说,从言语产生的角度看,人类可以产出远远多于 5 个不同的音高层级。笔者曾就此做过一项测试,要求二十几名被试发/a//i//u/三个元音,并且从其发音音域的最小值逐步增加至最大值,结果表明大部分被试都可以发出十几个不同的音高层级,个别受过音乐训练的被试甚至可以发出更多的音高层级。另一方面,从言语感知的角度看,人耳的听觉范围在 20～20000 Hz 之间,而感知平的音高的最小可觉差(JND)只有 0.3 Hz,由此来看,在人类的听觉范围内也可以存在无限多的感知上的音高层级。事实上,尽管说话者在理论上既可以产出亦可以感知出诸多不同的音高层级,但是这些音高层级在其语言系统中并非全都具有区别词汇意义的功能。换句话说,虽然我们可以发出和听出诸多不同的音高层级,但是只有极少数的音高层级可以用来充当母语中的音位。

既然如此,我们需要追问的是为什么语言中所能容纳的最大平调对立数目是 5 个。Kuang(2013a,2013b)借用分散理论(Dispersion Theory)(Liljencrants and Lindblom,1972;Lindblom,1986,1990;Flemming,1995)来解释黑苗中的五平调现象。分散理论的基本观点是音系对立的选择受制于 3 个功能性目标(Flemming,1995:24):一是对立数目的最大化;二是对立区别性的最大化;三是发音用力的最小化。上述 3 个目标源于语言传递信息的功能,对立数量的最大化可以使人类能够区分大量的词汇,对立听觉区别性的最大化可以使听者很容易感知出词汇间的差别,发音用力的最小化是人类运动行为的一般原则(即经济原则),并非语言所特有。因此,一个最佳的语音系统应该是说话者

(发音省力最小化)和听话者(听觉对立最大化)双方相互制约与平衡的产物。Liljencrants and Lindblom(1972)最初认为对立必须要有最大限度地区分,后来这一表达被修正为对立至少要能够被充分区分(Lindblom,1986)。Flemming(1995)明确提到了区分性与听觉或声学信息之间的联系,认为与语言相关的对立必须尽可能地在听觉上有区分,并且声学信息与声音的听觉独特性直接相关。也就是说,在声学上存在较好区分的声音才可以更好地表达音位对立。另一方面,那些语言中不存在的音位对立模式大多不符合"对立的听觉区分性应该被最大化以使得听者可以很容易感知不同词之间的差异"(Flemming,1995:23)。近年来,越来越多的研究支持分散理论所提出的基本主张,即音系对立的一个要求是它们必须能够很容易地被听者区分,而那些容易混淆的对立在音系上则很少出现(Lindblom,1986;Flemming,1995)。

结合分散理论的观点,考虑到发音和感知的限制,我们就不难理解为什么五平调的语言现象是罕见的。一方面,从言语产生的角度看,人类正常言语的音高范围通常不超过 100 Hz(Baken and Orlikoff,2000;Keating and Kuo,2012),例如,Kuang(2013a,2013b)考察了九种语言的男性音高范围,结果显示男性的总体音高范围大多在 100 Hz 左右,这就表明正常言语中的音高范围的生理制约在跨语言中是相当普遍的。另一方面,从言语感知的角度看,尽管平的区分在纯音作为音高区分刺激的研究中的 JND 是相当小的,约为 0.3 Hz(Flanagan and Saslow,1958;Klatt,1973),但是在词汇调的感知研究中,Silverman(2003)发现词汇调之间的 JND 似乎不少于 9 Hz,并且语言中用来保持音系对立的 JND 一般为 20～30 Hz(大约相当于两到三个半音)。因此,5 个平调好像是 100 Hz 音高范围内能够感知出来的最大对立。Kuang

(2013a,2013b)则认为在正常的言语音高范围内(100 Hz),3 个平调好像是听者能够感知出的最大对立。四平调或五平调的对立现象则违反分散理论,因为这种区别既难被发音又难被感知。

无论是从发音还是感知视角出发,多个平调的对立都并非语言的优先选择项。然而世界语言中却存在着诸如四平调或五平调对立的语言现象,我们不禁要追问这种现象的生成机制。根据分散理论,要想保持这种最大化的对立,增加对立数目的一个可能性结果就是扩大整体的声学分布空间。例如,元音分布的跨语言研究显示声学空间的大小与元音数目的多少呈正相关(Lindblom,1986;Becker-Kristal,2010)。也就是说,相对于元音少的语言而言,元音多的语言占据的声学空间更大。在声调研究中,Maddieson(1978:339)观察到在声调空间的分布上也存在一个与元音分布空间类似的放大效应,即相对于平调较少的语言而言,平调较多的语言倾向于采用一个相对更广的音高范围。例如,三平调的 Yoruba 语的整体音高范围是 79 Hz,四平调的 Toura 语则为 90 Hz(见表 8-1)。由此引出的问题是平调在语言系统中是如何分割声调空间的? Maddieson(1991)比较了两种不同的假设。第一个假设是根据最大分散性的观点,声调将在说话者的音域内最大限度地分开。因此,两个平调系统中的平调之间的空间比较宽,其他声调再分割固定的音高空间,分割方式是使声调之间的距离最大化。第二个假设是存在一个“大体固定的间隔作为平调间对比的满意度,它与说话者的音域有关”,这一假设意味着数量多的声调比数量少的占据的音域大。现有数据倾向于支持第二种假设,即随着语言中声调数量的增多,其音域也相应的扩大。这说明语言试图在平调间保持一个基本的音高间隔,通常来说,最小间隔是 1～2 个半音,最大约为 4 个半音,2～3 个半音的间隔最为普遍(Maddieson,1991;Hogan and Manyeh,1996;Connell,2000)。鉴于音域随着声调数量的增加而扩大,五平调相当于既能舒适地发音又能在感知上清楚区分的最大限度,这也在部分上解释了为什么人类语言中平调的最大个数是5个。

表8-1 跨语言中平调间的音高间隔(Hz)

	两平调		三平调			四平调
	Siswati	Kiowa	Yoruba	Thai	Taiwanese	Toura
						50
			52	28	32	30
	18	22	27	16	18	10
最低调	0	0	0	0	0	0

另一方面,从语言与音乐的对比研究中也可以理解为什么客观世界中会存在五平调对立的语言现象。尽管音乐中的音阶结构存在多样性,但是如果我们把关注点从作为自然系统的音阶转向把音阶作为音位系统,或者说转向音高范畴如何在音高对比的组织中形成和保持,那么某些音程(如五度音程)的自然基础只不过是说明听觉倾向与范畴形成之间存在的一种联系,这样的联系不是音乐独有的。在形成有组织的声音对比中,语言也会使用听觉系统的固有特性。例如,清浊辅音之间的不同就是使用了与文化无关的自然听觉边界(Pisoni,1977;Holt et al.,2004;Steinschneider et al.,2005),再者就是同一个语言中含有5个平调的例子(Patel,2008)。因此,在音乐和语言中,听觉系统的固有特性很可能影响某些范畴和对比的"可学习性"(learnability)。此外,声调语言母语者拥有绝对音高能力的人数要比非声调语言的母

语者多得多(Deutsch,2006;Deutsch et al.,2006,2009)。

除扩大整体音域范围外,另外一种在语言中增加音位对立数量的方式是通过引入其他维度的信息以实现多维对立。例如,Lindblom and Maddieson(1988)发现随着辅音数量的增加,越来越多的发音维度信息被利用。同样,对于声调而言,除扩大音域范围外,其他可资利用的有诸如调型、时长和发声类型等音高之外的线索。例如,傈话采用时长来区分短平、中平和长平三个音高相同的平调(梁敏,1984),苗语利用气嗓音等发声类型来区分调型相同且音高相近的声调(绿苗:Andruski and Ratliff,2000;Andruski,2006;白苗:Esposito,2012;Garellek et al.,2013;黑苗:Kuang,2013a,2013b)。

就含有5个平调的语言而言,一个十分值得讨论的话题是它们在母语者音域中的频域分布和感知情况。孔江平(1992)对紫云苗语的五平调系统进行了声学和感知研究,结果发现,五个平调的感知关系并不均等。另外,从声学和感知两个角度看,声调的感知和物理量(基频)之间并不一定完全对应。Kuang(2013a,2013b)研究了黑苗5个平调的发音和感知:从发音的角度来看,5个平调在声学空间中的分布呈现中间(T22、T33、T44)拥挤、两端(T11、T55)宽松的情形;从感知的角度来看,拥有极端音高值的声调(T11、T55)与中间的声调(T22、T33、T44)区别较好,中间位置的声调又进一步被分为两类(T33;T22、T44)。尽管T33的音高与T22和T44相差很小,但是母语者却不会将它们混淆。然而音高差别较大的T22和T44之间则容易出现分辨困难的情况。在此基础上,该文将嗓音发声类型纳入声调区分中,这样处于中间位置的3个声调(T22、T33、T44)就能够很好地进行区分。

从前人的研究中不难发现,五平调在发音音域中的分布以及母语者的感知问题是很有价值的研究议题，因为这一问题涉及人类如何平衡发音生理和听觉感知。考虑到人类语言中使用的音高范围是有限的，所以语言中能够出现的最大平调数量亦是有限的。本章以新寨苗语的5个平调作为实验对象，首先给出5个平调在母语者发音音域中的分布，进而通过感知实验考察每一个平调的感知音域，并以此为切入点，进一步考察新寨苗语在言语产生(speech production)和言语感知(speech perception)上的关联。此外，我们基于范畴感知实验范式考察五平调的感知模式。最后，通过对新寨苗语5个平调的个案研究，本项研究讨论了五度标调法的几个问题。

8.2 五平调的声学分布空间

本节主要考察五平调的声学特性。基于前期的田野调查，我们选取了包含新寨苗语8个声调的73个单音节语素(见本书第6章表6-2)。为了避免协同发音的影响，所选语素的声母要求为不送气塞音声母(/p//t//k//q/)，韵母为单元音(/i//ɛ//a//ə//o//u/)。随后，我们从30人的被试数据库中随机挑选出6位发音人(3男3女)(发音人信息见本书第7章)。

录音是在新寨的一所安静的房间内进行的，采用双通道录制，左声道由电容式麦克风录制声压信号(SP)，右声道由喉头仪录制声门阻抗信号(EGG)。录音软件为Adobe Audition 2.0，采样频率为44.1 kHz。录音过程中，为了避免连续语流中的协同发音，所有语素均要求采用单念形式，每个样本重复两遍，每个被试有144个语音样本，6名被试总共得到864个语音样本。语音信号分析软件为基于Matlab平台开发的VoiceLab。

为便于行文，下文分别用 T11（低平）、T22（中低平）、T33（中平）、T44（中高平）和 T55（高平）来指示新寨苗语中的 5 个不同音高层级的平调。表 8-2 和图 8-1 分别给出了新寨苗语 5 个平调的基频值和半音图（基频转换半音的参考频率为 64.66 Hz；刘复，1924）。

表 8-2　　五平调归一化的 11 个基频值（Hz）

	1	2	3	4	5	6	7	8	9	10	11	均值
T11	135	136	137	137	136	136	136	135	134	136	140	136
T22	167	165	166	165	165	165	164	161	162	163	161	164
T33	191	189	188	190	190	189	189	189	188	187	187	189
T44	209	208	210	214	216	216	213	211	213	215	215	213
T55	231	232	234	238	238	237	239	240	240	240	240	237

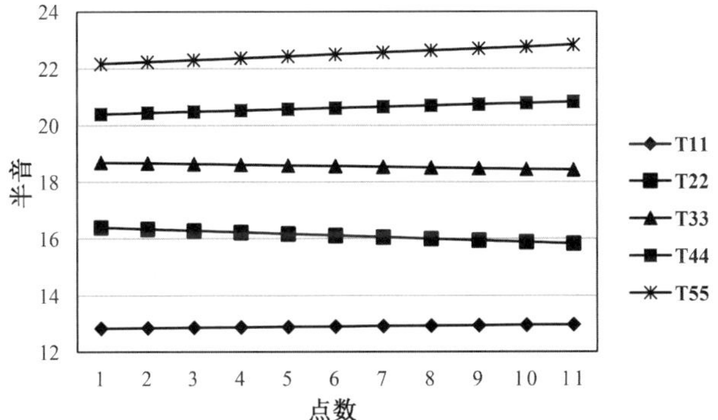

图 8-1　五平调的音高曲线（3 男 3 女，时间归一化，线性拟合）

表 8-2 和图 8-1 显示，从言语产生的角度看，新寨苗语的 5 个平调在母语者的发音音域中可以得到很好地区分。除 T11 外，其他几个平调间的频率间隔大致呈均匀分布状。具体来说，T11 和 T22 之间相差 28 Hz(3.22 ST)，T22 和 T33 之间相差 25 Hz(2.44 ST)，T33 和 T44 之间相差 24 Hz(2.06 ST)，T44 和 T55 之间相差 24 Hz(1.88 ST)。需要说明的是，将基频转换为半音后，半音值在高频的差别小于低频，例如，T33 和 T44 的基频差别与 T44 和 T55 之间的差别相同，同为 24 Hz，但是前者半音差值(2.06 ST)要大于后者(1.88 ST)。

为了更加清晰地展示 5 个平调在母语者发音音域中的分布，我们接下来采用多维尺度分析方法(Multi-Dimensional Scaling，MDS)，测量参数有 5 个，分别是平均基频、基频变异范围、基频起始值、基频终点值、时长。多维尺度分析方法的功用是在一个高维度空间内计算不同声调间的距离，并将这个距离投射到一个低维度的和可解释的空间中。

图 8-2 呈现的是新寨苗语的 5 个平调在二维空间中的分布情况。根据统计结果，这一分布模式可以解释 99%的变异。对该图的直观解释是空间中的声调之间的距离越远，声调之间的对立性就越充分。尽管在多维尺度分析中使用了时长，但是在这些声调的分布中，平均基频值是最主要的因素。由图 8-2 可知，从发音的角度看，这个声调空间可以根据音高特征分为三个部分：高(T44、T55)、中(T22、T33)、低(T11)。维度 1 将低平调、中平调和高平调区分开，维度 2 则将中间的平调(T22、T33)和两端的平调(T11、T44、T55)区分开。

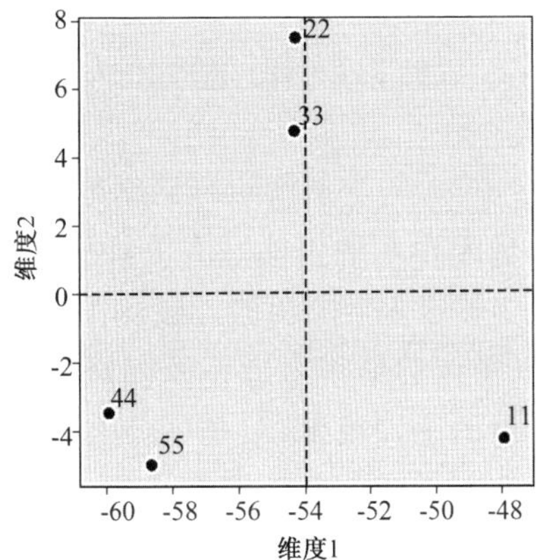

图 8-2　基于多维尺度分析的五平调的声学空间分布

根据图 8-2 显示的二维分布空间，不难发现，在新寨苗语的 5 个平调中，除 T11 与其他 4 个平调的区分非常明显外（这是因为 T11 涉及特殊发声类型问题，后续章节将专门讨论特殊嗓音发声类型对声调感知的影响），T22 和 T33（两者相差 25 Hz）在声调发音空间中也可以得到很好地区分，T44 和 T55（两者相差 24 Hz）也是如此。再结合新寨苗语五平调的发音音域情况，即 5 个平调的整体音域为 101 Hz（约 10 个半音，见表 8-2），这一观察结果与跨语言的调查基本吻合（Baken and Orlikoff，2000；Keating and Kuo，2012；Kuang，2013a，2013b）。在 100 Hz 的音高范围内区分 5 个音高层级，每个音高层级的差异大概为两个半音。这一结果也与 Silverman（2003）的观察相吻合，即语言中用来保持声调音系对立的 JND 一般为两个半音。因此，如果图 8-2 中这个声调空间是准确的，那么上述声调空间分布就可以说明新寨苗语母语者为什么能够很好地区分这 5 个平调，至少从发音的角度是如此。

8.3 五平调的感知实验

上文考察了新寨苗语5个平调的声学分布，并从言语产生的视角论证了五平调现象存在的可能。本节将从言语感知的视角考察母语者是如何感知这5个平调的。感知实验包含两部分：一是确认实验，基于五平调的原声合成一系列声音样本，通过确认实验考察每一个平调的感知范围；二是区分实验，考察母语者能否分辨出这5个平调原声两两间以及合成样本间的区别。结合确认实验和区分实验，本项研究还将讨论五平调的感知模式。

8.3.1 研究方法

8.3.1.1 材料

基于新寨苗语5个平调最小对立的单音节语素（[ta^{11}]“死”；[ta^{22}]“丢”；[ta^{33}]“地下”；[ta^{44}]“霜”；[ta^{55}]“来”），本项研究构建了以[ta]为基本音节形式的一系列声调连续统。具体来说，就确认实验而言，用于确认每一个平调感知音域的声调连续统有8组：T11-T22，T22-T11，T22-T33，T33-T22，T33-T44，T44-T33，T44-T55，T55-T44；用于考察五平调感知模式的声调连续统有10组：T11-T22，T22-T33，T33-T44，T44-T55，T11-T33，T22-T44，T33-T55，T11-T44，T22-T55，T11-T55。就区分实验而言，一方面考察五平调原始样本两两之间的区分，另一方面考察五平调两两间合成样本的区分。需要说明的是，选择这5个单音节语素的原因在于它们都是母语者日常交流中的高频词汇，并且参与实验的被试都能轻松自如地讲出这5个单音节语素。

在本项研究中，这 5 个音节的原始样本采用的是一位 25 岁男性母语者的发音。样本录音是在北京大学语音乐律实验室的专业隔音室进行的，麦克风为索尼公司生产的领夹式电容驻极 ECM-44 型号麦克风，采样频率为 44.1 kHz，精度为 16 比特值。

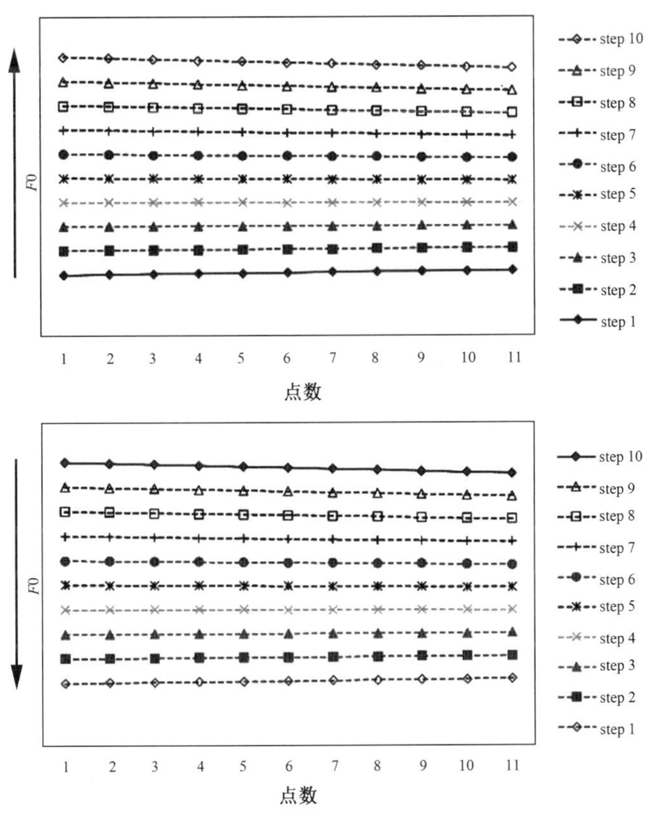

图 8-3　声调连续统分十步的基频调节示意

声调连续统的合成是在 Praat 中进行的(Boersma and Weenink,2016),算法是基音同步叠加法(pitch-synchronous overlap and add method,PSOLA),因为该方法在合成刺激样本过程中只是改变信号的基频,并不会对影响嗓音质量的频谱特性做出改变。合成刺激样本的主要步骤如下:(1)提取出原始语音样本归一化后的 11 个基频值。基频归一化通常有两种方式:一是时间上的归一化(time-normalization),二是频率上的归一化(frequency-normalization)。本项研究采用的是第一种方案,具体来说,首先根据能量包络确定元音段的起止点,其次是在时域上利用自相关算法(auto-correlation algorithm)提取准周期信号的即时基频值,最后通过等距间隔来获得归一化的基频值。(2)根据合成的方向确定所用原始样本的时长。例如,如果基于 T11 合成 T11-T22 的声调连续统,那么就采用 T11 的时长。同理,如果基于 T22 合成 T22-T33 的声调连续统,那么就使用 T22 的时长。这一做法与前人研究中采用固定时长的方案不同,理由有以下两点:一是从发音的角度看,时长在五平调的对立中不起区别性作用($ps>0.05$);二是在合成过程中保持母语者发音样本的时长可以更好地保留原始样本的细节信息,避免因不必要的调节而损伤原始样本的自然度。(3)通过调节原始样本的相应基频值来合成新的刺激样本。具体来说,通过内插的方法分十步来调节特定声调的 11 个基频值,最终在一个声调连续统中合成 10 个刺激样本。图 8-3 显示的是通过调节基频来合成一个声调连续统中 10 个刺激样本的示意图。左图表示的是基于一个原始声调及其时长合成的 10 个样本,右图表示的是基于另一个原始声调及其时长合成的 10 个样本。图中的实线代表原始声调的归一化基频,虚线代表合成样本的基频,箭头指示合成的方向。

8.3.1.2　被试

五平调的行为学感知实验共招募了 36 名新寨苗语母语者(男性 20 人,女性 16 人;平均年龄 27.4 岁,标准差 10.3),他们都能熟练运用苗语,并且苗语亦是其日常用语。实验时,没有被试报告有言语、语言或听力障碍。所有被试都要求签署一份知情同意书,实验结束后会得到一定额度的报酬。

8.3.1.3　程序

实验是在新寨一所民居的安静房间内进行,刺激通过 E-Prime 2.0呈现。对所有被试而言,刺激播放的音量都是固定的、舒适的。考虑到五平调的原始样本([ta^{11}]"死";[ta^{22}]"丢";[ta^{33}]"地下";[ta^{44}]"霜";[ta^{55}]"来")来自一名男性母语者,所以在实验开始之前我们先让被试熟悉这 5 个语音样本,目的是消除嗓音的性别差异对后续实验结果的影响。此外,在正式实验之前我们还要求被试参加练习实验,目的是让被试熟悉实验流程和任务内容,以保证后续正式实验中的稳定表现。同时,练习实验还可以帮助我们筛选那些不符合实验要求的被试。

实验分为两个部分:一是确认任务,二是区分任务。实验中,刺激以随机的方式呈现,每名被试都被要求完成上述两项任务,程序会自动记录下被试的反应按键和反应时间。

在确认任务中,每个连续统中的刺激样本以随机的方式呈现给被试,并且要求被试通过按键来做出判断。本文采用二选一的强迫性选择(two-alternative forced choice,2AFC),要求被试在给出的两个声调中选择一个。

在区分任务中，我们采用 AX 范式，步长为两步。一对样本中的两个刺激间隔时间为 500 ms，这是因为这个时长可以最大化范畴间和范畴内的区分差异（Pisoni，1973）。对于每一组声学连续统，共有 26 个试次，其中 16 个试次包括两个不同的刺激（正向：1-3，2-4，3-5，4-6，5-7，6-8，7-9，8-10；反向：3-1，4-2，5-3，6-4，7-5，8-6，9-7，10-8），10 个试次是相同的刺激样本对（1-1，2-2，3-3，4-4，5-5，6-6，7-7，8-8，9-9，10-10）。每对刺激播放后，要求被试判断这两个声音是相同的还是不同的。

8.3.1.4　数据分析

为了研究音高对确认表现和区分表现的影响，本项研究基于经典范畴感知范式的三个基本特性获得了以下参数：确认得分、确认曲线的边界位置和边界宽度以及区分得分。

根据实验设计，确认得分的定义是给定刺激被判断为声调 A 或 B 的百分比。确认曲线的边界位置和边界宽度可以通过对确认曲线进行概率分析获得（Finney，1971）。边界位置指的是确认曲线上交叉点 50%处，边界宽度被定义为确认曲线上通过平均值和标准差得到的 25%到 75%之间的线性距离（Best and Strange，1992；Hallé et al.，2004；Peng et al.，2010）。

为了得到每一对刺激样本的区分得分，本项研究采用 Xu et al.(2006)的公式，每一组包含四种类型的对比对（AB，BA，AA，BB），其中 AB 和 BA 属于不同样本对，AA 和 BB 属于相同样本对，并且相邻比较组包含重叠的 AA 和 BB。由此，每一个对比组的得分 P 被定义为：$P=P(\text{“S”}|S)P(S)+P(\text{“D”}|D)P(D)$。其中，$P(\text{“S”}|S)$代表相同样本对被判断为相同的比率，$P(\text{“D”}|D)$代

表不同样本对被判断为不同的比率，P(S)和P(D)分别代表每组样本中相同对和不同对的比率。

8.3.2 研究结果

8.3.2.1 五平调的感知音域

表8-3显示的是5个平调之间的确认结果。理论上，除T11和T55外，其他3个处于中间位置的平调(T22、T33、T44)的感知音域都应该由四部分组成。例如，T22的感知域包括：(1)由T11→T22所合成的样本中被感知为T22的部分；(2)由T22→T11所合成的样本中被感知为T22的部分；(3)由T22→T33所合成的样本中被感知为T22的部分；(4)由T33→T22所合成的样本中被感知为T22的部分。事实上，表8-3中T22的感知音域只包含第二种情况(18.59 Hz)和第三种情况(10.95 Hz)，这是因为第一种情况中被感知为T22的频域范围已经囊括在第二种情况的范围内；同理，第四种情况中被感知为T22的频域范围也已经囊括在第三种情形内。所以，针对T22、T33和T44这3个平调而言，只需考虑中间的两种情况即可。T11和T55这两个处于端点位置的平调的感知域理论上应该由两部分组成，但是，从T22→T11被感知为T11的部分与T11→T22中被感知为T11的部分相同，所以我们只考虑从T11→T22这一连续统中被感知为T11的部分。T55的情况也是如此。

表 8-3 五平调的感知音域

声调	连续统	F0(Hz)	确认正确率(%)	分布占比
T11	T11→T22	136.13	94.44	12.39 Hz (1.51 ST)
		139.23	83.33	
		142.33	69.44	
		145.42	55.56	
		148.52	55.56	
T22	T22→T11	164.01	100	29.54 Hz (3.20 ST)
		160.91	100	
		157.81	77.78	
		154.71	80.56	
		151.62	75	
		148.52	63.89	
		145.42	63.89	
	T22→T33	164.01	80.56	
		166.74	77.78	
		169.48	83.33	
		172.22	63.89	
		174.96	61.11	

续表

声调	连续统	F0(Hz)	确认正确率(%)	分布占比
T33	T33→T22	188.65	94.44	21.79 Hz (2.03 ST)
		185.91	91.67	
		183.17	86.11	
		180.43	91.67	
		177.69	75	
	T33→T44	174.96	52.78	
		188.65	77.78	
		191.35	88.89	
		194.05	77.78	
		196.75	55.56	
T44	T44→T33	212.95	94.44	24.11 Hz (1.98 ST)
		210.25	80.56	
		207.55	88.89	
		204.85	63.89	
		202.15	75	
		199.45	72.22	
	T44→T55	212.95	80.56	
		215.60	86.11	
		218.25	66.67	
		220.91	52.78	
		223.56	52.78	

续表

声调	连续统	F0(Hz)	确认正确率(%)	分布占比
T55	T55→T44	236.83	94.44	10.62 Hz (0.79 ST)
		234.17	83.33	
		231.52	77.78	
		228.87	83.33	
		226.21	63.89	

表 8-3 显示,T11、T22、T33、T44、T55 的感知范围分别为 1.51个半音、3.20 个半音、2.03 个半音、1.98 个半音和 0.79 个半音。综合来看,T22 的感知音域最广,其次是 T33 和 T44,两端位置的 T11 和 T55 的感知域分布较窄。T11 和 T55 感知音域较窄的原因与实验设计有一定的关系,即本部分的合成是基于原始样本的合成。由于 T11 和 T55 这两个声调处于调域的两端,T11 向下和 T55 向上扩展的范围并不明确,所以对于 T11 来说,只有 T11→T22 的数据,而没有 T11 向下扩展的数据。同理,对于 T55 来说,只有 T55→T44 的数据,而没有 T55 向上扩展的数据。从理论上来讲,T55 向上扩展的范围按理来说都会被感知为 T55,同样,T11 向下扩展的范围也都会被感知为 T11。但是,就目前而言,这种扩展并没有一个明确的界定标准,所以我们仅基于现有数据和事实来讨论这一问题。

从表 8-3 可知,T22 的感知域要远大于其他 4 个平调。结合这 5 个平调的嗓音特性来看,新寨苗语的 T11 存在气嗓音,而其他 4 个平调都属于正常嗓音(Liu and Kong,2017a,2017b;Liu et al.,2020)。因此,母语者在听 T22→T11 这组刺激连续统时,由于原始语音样本 T22 本身没有特殊嗓音发声类型,所以只有当合成样本的音高非常接近 T11 的音高时才会被感知为 T11,否则都会被感知为 T22。所以 T22 可以向下扩展的范围很广,相应地就会导致它的感知域也相对扩大。另外,当使用 T11→T22 这组刺激连续统时,由于原始语音样本 T11 存在气嗓音这一特殊嗓音发声类型,它的感知由音高和气嗓音两个因素共同贡献,所以在刺激连续统中,借助原始语音样本中的气嗓音,即使音高稍微高一些的合成样本也会被感知为 T11。这也就是表中由 T11→T22 和由 T22→T11 这两套刺激样本在听辨结果上存在交叉(145.42 Hz 和 148.52 Hz 的两个样本)的原因。与之相关的是,由于特殊嗓音发声类型不仅可以扩展相邻声调的感知范围,还可以扩展其自身声调的感知范围,所以处于底端的含有气嗓音的 T11 的感知域要大于处于顶端的没有特殊嗓音发声的 T55 的感知域。

总之,对比新寨母语者的发音音域(见表 8-2)和感知音域(见表 8-3),不难发现,新寨苗语母语者的发音音域(9.6 个半音)和感知音域(9.51 个半音)大致是相同的。

8.3.2.2　五平调的感知模式

图 8-4 显示的是新寨苗语 5 个平调两两之间合成刺激连续统的感知结果。图中实线代表的是确认曲线,虚线代表的是区分曲线。

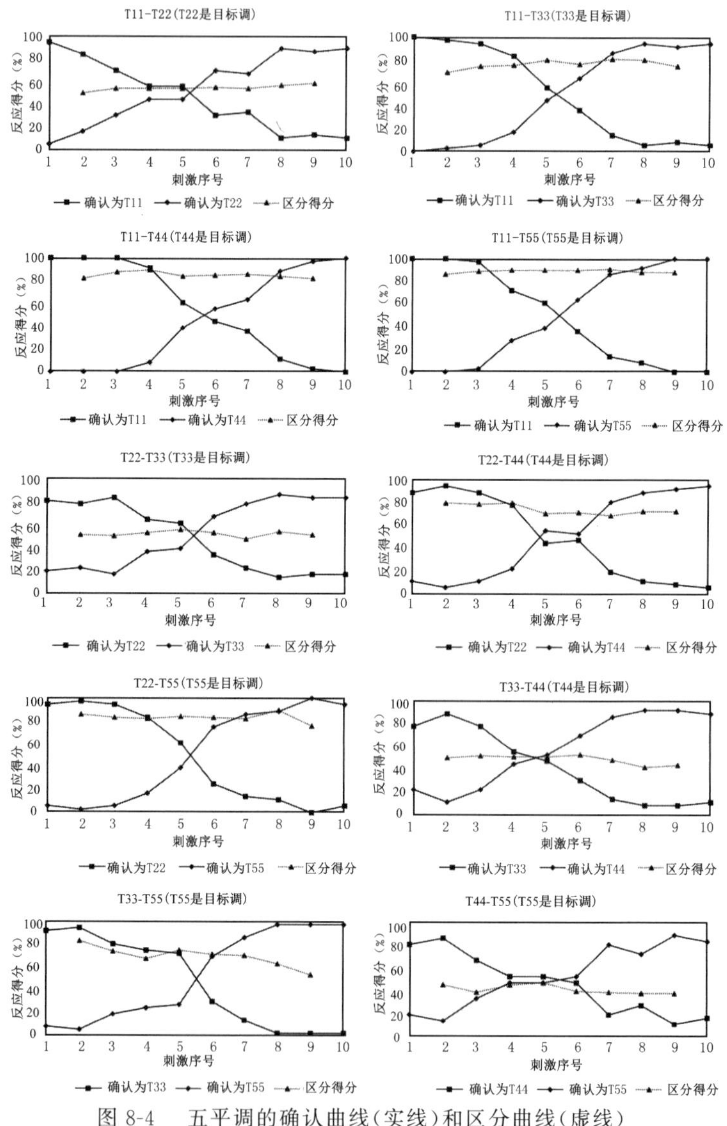

图 8-4　五平调的确认曲线(实线)和区分曲线(虚线)

就确认曲线而言，对图中不同声调连续统的确认曲线进行统计分析便可以得到每个声调连续统的确认得分、边界位置和边界宽度(见表 8-4)。表中的确认得分指的是被试对声调连续统中前一个声调的判断正确率，即 T11-T22、T11-T33、T11-T44、T11-T55 中被判断为 T11 的正确率，T22-T33、T22-T44、T22-T55 中被判断为 T22 的正确率，T33-T44、T33-T55 中被判断为 T33 的正确率，T44-T55 中被判断为 T44 的正确率。整体来看，确认得分和声调连续统间的声学物理距离是成正相关的，即随着声调连续统之间声学物理距离的增加，确认得分也增高。

表 8-4 显示，除 T11-T44 和 T33-T44 这两个声调连续统外，其他声调连续统的边界位置都处于第五个刺激样本和第六个刺激样本之间。此外，声调连续统中的音高间隔和确认曲线上的边界宽度之间存在负相关。一般来说，如果声调连续统中的两个平调间的音高间隔较小，边界宽度则大，例如，T11-T22(4.33)，T22-T33(4.90)，T33-T44(4.04)，T44-T55(5.43)。当声调连续统中两个平调间的音高间隔适中时，例如，T11-T33、T22-T44、T33-T55，那么边界宽度的值则要小一些，分别为 2.33、3.19 和 2.63。如果声调连续统中两个平调间的音高间隔大，例如，T11-T55(2.13)，那么边界宽度值则小。

基于以上观察，本文将这 10 组声调连续统分为 4 组：

组一：T11-T22、T22-T33、T33-T44、T44-T55；

组二：T11-T33、T22-T44、T33-T55；

组三：T11-T44、T22-T55；

组四：T11-T55。

方差分析的结果显示这四组声调连续统的边界宽度存在显著性差异〔$F(3,6)=15.087, p=0.003$〕。

表 8-4　五平调声调连续统之间的确认得分、边界位置和边界宽度

声调连续统	确认得分(%)	边界位置	边界宽度
T11-T22	45.8	5.01	4.33
T11-T33	50.0	5.50	2.33
T11-T44	55.6	6.07	2.45
T11-T55	49.4	5.45	2.13
T22-T33	46.9	5.12	4.90
T22-T44	48.6	5.35	3.19
T22-T55	48.6	5.36	2.33
T33-T44	41.9	4.58	4.04
T33-T55	46.7	5.16	2.63
T44-T55	46.1	5.00	5.43

就区分曲线而言，在给出新寨苗语五平调两两之间声学连续统的区分结果之前，本项研究首先考察了母语者对五平调原始语音样本的区分。在这项测试中，我们同样采用 AX 范式，每次随机播放 5 个平调原始样本中的任意两个，这两个样本既可以是五平调的任意两两正序或逆序组合，亦可以是同一个样本的重复，由此可得到 5 个相同样本对（T11-T11、T22-T22、T33-T33、T44-T44、T55-T55）和 20 个不同样本对（T11-T22、T22-T11、T11-T33、T33-T11、T11-T44、T44-T11、T11-T55、T55-T11、T22-

T33、T33-T22、T22-T44、T44-T22、T22-T55、T55-T22、T33-T44、T44-T33、T33-T55、T55-T33、T44-T55、T55-T44)，实验任务要求母语者判断所播放的两个样本是相同的还是不同的。

表8-5是新寨苗语母语者对五平调原始样本的区分任务的相异度矩阵，表中的“1”代表被试将两个声音判断为不同，“0”则代表相同。理想的结果是相同声调之间的概率都为“0”，不同声调之间的概率都为“1”。从表中可以看出，新寨苗语不同平调间的相异度均为“1”，相同平调间的相异度均为“0”，这一结果表明母语者能够百分之百地的将5个平调的原始样本区分开。

表8-5　五平调原始样本的区分相异度矩阵

	T11	T22	T33	T44	T55
T11	0				
T22	1	0			
T33	1	1	0		
T44	1	1	1	0	
T55	1	1	1	1	0

注：1代表完全不同，0代表完全相同。

在五平调原始样本的区分基础之上，我们再来观察五平调两两之间合成的刺激样本的区分情况。图8-4显示新寨苗语五平调两两间在区分曲线上都没有出现区分峰值，但是声调连续统之间的区分正确率并非固定不变的，而是随着声调连续统的音高差异而变化。具体来说，当两个平调相差一度时，如T11-T22、T22-T33、T33-T44和T44-T55，区分正确率处于随机水平(约50%)；当两个平调相差两度时，如T11-T33、T22-T44和T33-T55，区分正确率显著提高(70%～80%);当两个平调的音高差异达到三度和四度时,如 T11-T44、T22-55 和 T11-T55,区分正确率则达到 80%～90%。方差分析的结果显示不同声调连续统之间在区分正确率上存在一个显著性的主效应〔$F(9,70)=127.495, p<0.001$〕,事后检验的结果显示 T11-T22(54.3 ± 2.4 min,$p<0.001$)的区分正确率显著小于 T11-T33(75.9 ± 4.0 min,$p<0.001$)、T22-T44(74.0 ± 4.5 min,$p<0.001$)、T33-T55(69.8 ± 8.8 min,$p<0.001$)、T11-T44(85.3 ± 2.6 min,$p<0.001$)、T11-T55(88.9 ± 1.5 min,$p<0.001$)、T22-T55(83.4 ± 3.9 min,$p<0.001$)。但是,T11-T22 和 T22-T33(51.7 ± 2.5 min,$p=0.971$)、T33-T44(48.7 ± 4.0 min,$p=0.234$)之间没有显著性差异。同理,T11-T33(75.9 ± 4.0 min,$p<0.001$)的区分正确率显著小于 T11-T44(85.3 ± 2.6 min,$p=0.001$)、T11-T55(88.9 ± 1.5 min,$p<0.001$)、T22-T55(83.4 ± 3.9 min,$p=0.024$),但是 T11-T33 和 T22-T44(74.0 ± 4.5 min,$p=0.997$)、T33-T55(69.8 ± 8.8 min,$p=0.131$)之间也不存在显著性差异。T11-T44(85.3 ± 2.6 min,$p<0.001$)的区分正确率显著大于除 T22-T55(83.4 ± 3.9 min,$p=0.997$)和 T11-T55(88.9 ± 1.5 min,$p=0.800$)之外的其他声调连续统。最后,T44-T55(41.4 ± 3.9 min,$p<0.001$)的区分正确率在统计上小于其他任何一组声调连续统。

结合上述统计分析的结果,根据区分正确率的表现,五平调两两间的 10 组声调连续统也可以被分为 4 组:

组一：T11-T22、T22-T33、T33-T44；

组二：T11-T33、T22-T44、T33-T55；

组三：T11-T44、T22-T55、T11-T55；

组四：T44-T55。

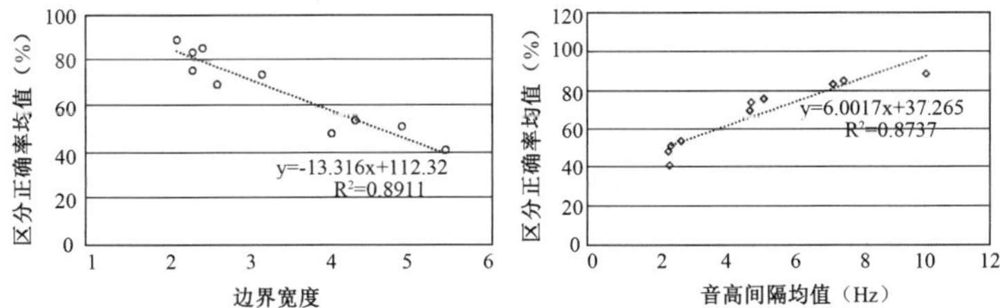

图8-5　区分正确率均值和确认边界宽度(左)、正确率均值和音高间隔均值(右)

表8-6　五平调声调连续统的确认边界宽度、区分正确率和音高间隔

连续统	边界宽度	区分正确率(%)	音高间隔(Hz)
T11-T55	2.13	88.89	10.10
T11-T44	2.45	85.30	7.65
T22-T55	2.33	83.45	7.32
T11-T33	2.33	75.93	5.26
T22-T44	3.19	74.07	4.87
T33-T55	2.63	69.79	4.84
T11-T22	4.33	54.28	2.78
T22-T33	4.9	51.74	2.48
T33-T44	4.04	48.73	2.39
T44-T55	5.43	41.44	2.45

当整合确认实验和区分实验的数据时，可以发现不同平调间

的确认边界宽度和区分正确率之间存在高度相关（相关系数 $r=0.8911$），见图 8-5 和表 8-6。图 8-5 和表 8-6 还呈现了声调连续统中的音高间隔对区分正确率的影响。根据本项研究的实验设计方案，每一个声调连续统都是分十步合成的，且不同声调连续统中的音高间隔步长是不同的。不难发现，不同平调间的音高间隔和区分正确率均是高度相关的（相关系数为 $r=0.8737$）。换句话说，当声调连续统中的步长的音高间隔较大时，区分正确率就高；反之则小。具体来说，当步长的音高间隔分别为 3 Hz、5 Hz、7 Hz、10 Hz 时，那么相对应的区分正确率分别为 50%、70%、80%、90%。

8.4 讨论

8.4.1 声调的发音与感知：兼论五度标调法

新寨苗语 5 个平调的个案研究表明每个平调无论在发音音域还是感知音域都不是等分的，尽管如此，发音音域和感知音域在整体上大体相同，这也许反映了语言的生理制约和听觉特性制约的平衡性。由于音高范围的生理制约在跨语言中是相当普遍的，约为 100 Hz（Baken and Orlikoff，2000；Kuang，2013a，2013b）。同样，人耳对语言频段的音位感知能力也是有限的，尽管人耳的听觉范围很广（20～20000 Hz），但是语言中只采用了很小的一部分，一般来说不会超过一个八度，即 12 个半音。已有数据表明，语言中音位的间隔以 2～3 个半音最为普遍（Maddieson，

1991；Hogan and Manyeh，1996；Connell，2000）。这也许可以解释为什么人类语言中平调的最大数量是 5 个，因为在100 Hz的音域范围内，5 个平调既能被母语者舒适的发音，又能在听觉上充分地进行区分。

再者，从言语产生的角度看，声调是由调时发声（指肌肉对声带振动快慢的调制，声学上用基频来表示）和调声发声（指肌肉对声带振动方式的调制，声学上可用开商和速度商来表现）共同作用产生的能区别意义的语音现象（孔江平，2001：288～290）。但是，不同语言实现声调功能时所采用的特征有所不同，例如，在汉语普通话中，音高起主导作用；在藏语中，音长和基频共同作用；在本书的研究对象新寨苗语中，音高和嗓音发声类型共同起作用。这些实例反过来可以说明不同的声学参量在声调的确认和感知中是存在功能上的差异的，只是我们目前对这种差异的研究还远远不够。另外，从言语感知的角度看，基频或音高是声调感知的一个重要维度。单从基频来确定声调是有缺陷的，这是因为不同语言的声调是由不同的因素有机地组合在一起而形成的一个心理上的感知范畴，从心理物理学上讲是一个多维感知范畴或者说是一个多维的感知场（孔江平，1995）。时长（林文芳，2010；孙顺，2013；刘文、汪锋、孔江平，2019）和嗓音发声类型（杨若晓，2009；Garellek et al.，2013；张锐锋、孔江平，2014；Yang，2015；刘文、张锐锋，2016；Liu and Kong，2017b）也是声调感知中不可忽视的因素。新寨苗语中的气嗓音不仅可以帮助母语者确认 T11，还可以扩展其自身调及相邻调的感知音域。

最后，根据新寨苗语的 5 个平调的声学和感知结果，无论在发音音域还是感知音域中，五平调的分布都不是等分的，紫云苗语（孔江平，1992）和黑苗（Kuang，2013a，2013b）的五平调情形也是如此。而前人在使用"五度标调法"时都是采用五度空间等分的方案（例如，Chao，1930；白涤洲，1934，2004；石锋，1986；王渝光，1988）。这说明等分的方案只是为了处理的方便，并没有语言事实作为基础，所以我们在使用五度标调法时一定要避免陷入五度空间等分的误区。

另外一个方面就是五度够不够用的问题。有些学者认为"五度标调法"在使用过程中刻度不够，为了更加精细地描写声调，提出了"九度制"（郑骅雄，1988）、"分域四度制"（朱晓农，2005）和"界域"（刘俐李，2006）等概念。关于对声调描写的精度和五度是否够用的问题，李蓝（2006）列出了 310 个五度制字母式声调符号。杨顺安（1987）认为五度标调法在理论上应该有 125 种可能的调值，即 5 种平调、10 种升调、10 种降调、100 种曲折调。Chao（1930）在设计这套标调方案之初也考虑到了这点，为了避免区分过细，他提出了"二四限制原则"，即第 2 点和第 4 点要么独用，要么两者同用，但不能与第 1、3、5 点同用。这样一来，合乎要求的调符数目就比穷尽性的可能组合要少得多，即平调 5 个，升调和降调 8 个，曲折调 10 个（张群显，2012）。事实上，就目前所报道的语言材料来看，一种语言的声调数量一般不会超过 15 个。从这个角度来看，赵先生的标调体系还是够用的。至于"精度"，从音系归纳的角度来看，只要够用就好，而非一味追求数值上的准确。因为“声调这种东西是一种音位,音位最要紧的条件就是这个音位跟那个音位的不混就够”(Chao,1930)。在设计标调方案之初,赵元任先生为什么会采用五度而非四度或六度呢?更为关键的一点是“五度标调法”的提出有其语言事实依据。跨语言的研究表明,世界上的声调语言所能容纳平调的最大数量是 5 个(Maddieson,1978),这也是“五度标调法”(Chao,1930)和 IPA(International Phonetic Association,1999)采用 5 个刻度(即采用“Extra high,High,Mid,Low,Extra low”来标示 5 个平调)的原因所在。从这个角度来看,“五度标调法”还是够用的。

8.4.2 平调的范畴化感知

就声调感知的范畴性而言,如果采用传统范畴感知的定义,毫无疑问,新寨苗语五平调的感知属于连续感知,因为确认曲线没有一个陡峭的边界,并且区分曲线上也没有产生区分峰值(见图 8-4)。尽管如此,新寨苗语五平调的区分曲线还是呈现了一些被前人忽视的现象。例如,虽然泰语三平调的感知也是非范畴的,但是区分实验在连续统内部呈现了一个远大于随机水平(50%)的区分正确率(92%~96%)(Abramson,1979)。同样是泰语三平调的感知研究,Francis et al.(2003)虽然也发现泰语三平调的区分曲线是平的,但是区分正确率则在 70%~80%。上述两项研究与新寨苗语五平调的研究结果有同有异,相同之处在于无论是 3 个平调还是 5 个平调,平调间的区分曲线都是平的;不同之处则在于区分正确率并非一成不变,新寨苗语五平调的感知表明区分正确率是随着步长间的音高间隔变化而变化的。当然，这一结果也与实验设计相关。Abramson(1979)和 Francis et al.(2003)的实验设计是在 3 个平调间渐变，因此步长是固定的；而本章的实验设计则是采用五平调两两之间的合成，步长大小取决于不同的平调组合。此外，新寨苗语的感知数据还揭示出另外一些有意思的现象，例如，确认实验的边界宽度和区分实验的区分正确率高度相关，并且步长间的音高间隔也和区分正确率高度相关。这些现象说明当刺激对的音高间隔较大时，它们往往比较容易被听者区分开，这一点也反映在较窄的边界宽度和较高的区分正确率上。然而，当刺激对的音高间隔较小时，边界宽度就宽，区分正确率也随之降低。尽管随着音高间隔的增加，听者更容易区分出刺激对之间的差异，但是这种易分辨的情形也不会导致区分峰值的出现。基于以上这些观察，我们认为具有相同调型不同音高层级的平调间的感知虽然属于连续感知，但是其亦有其自己的特性，并且与不同调型之间的感知结果不同。

8.5 小结

本章以新寨苗语的五平调作为研究对象，首先通过声学分析和多维尺度法考察了这 5 个平调的声学特性，发现五平调在母语者的发音音域中可以得到很好的区分。其次，我们又通过确认实验和区分实验考察了五平调的感知，结果发现母语者在听感上也能够很好地区分这 5 个平调，并且每一个平调都有自己的感知音域。在此基础上，我们讨论了五平调的发音和感知之间的关系，结果表明:(1)无论从发音还是感知角度,五平调之间的间距都不是等分的;(2)发音和感知虽然是两个层面的概念,但是五平调的研究结果显示母语者的发音音域和与之相对应的感知音域大致相等;(3)特定声调上存在的特殊嗓音发声类型不仅可以扩展其自身的感知音域,还可以扩展与之相邻声调的感知音域;(4)新寨苗语五平调的声学和感知结果表明,无论从发音的角度还是感知的角度,五度标调法中的五度都不是等分的,并且跨语言的证据也表明五度是够用的。

就五平调的范畴化感知而言,确认曲线和区分曲线清晰地呈现了平调间的感知模式不同于像汉语普通话阴平和阳平那样的典型范畴感知,换句话说,平调间的感知属于连续感知,这与前人对平调的研究结果一致。尽管如此,本项研究还是观察到了平调感知的一些特性,例如,确认曲线上没有陡峭的变化,这一点也体现在较宽的边界宽度上。确认曲线上的边界宽度和平调间的音高间隔之间存在负相关。如果连续统之间的音高间隔小,边界宽度就大,反之则小。在区分任务中,尽管区分曲线上没有峰值,但是区分正确率随着步长的音高间隔而变。音高间隔越大,区分正确率就越高。边界宽度和区分正确率高度相关,边界宽度越小,区分正确率就越高。新寨苗语五平调所呈现出的这些结果可以加强我们对平调感知特性的理解和认识。

第9章 升平调的感知研究

9.1 研究背景

声调是一种复杂的语音现象，它是人类语言演化出的提高语言信息量的独特方式(Kong，2017)。声调的特征不仅由其物理属性决定，同时还受制于听者的生理和心理特性。在声学层面上，声调是由基频这一物理参量来体现的。我国著名语言学家赵元任(1922)、刘复(1924)、白涤洲(1934)等开辟了声调定量研究的先河，揭示了汉语普通话四声的物理本质是基频(F0)的动态变化模式。因此，学界常通过基频来确定和研究声调。需要注意的是，基频并不完全等同于声调。"声调"是一个语言学概念，是感知出来的一个范畴(孔江平，1995)，而非一条基频或音高曲线(孔江平，2015：67～68)。

在声调感知研究中，最为经典的范式是范畴感知。范畴感知指的是将连续变化的刺激离散为有意义的范畴的能力，在不同的音位范畴中，听者可以感知出声学连续统中的细微变化，但是这种细微差异在同一个音位范畴中就不能被听者感知出来(Liberman，1957；Fry et al.，1962；Liberman et al.，1957，1961，1967；

Pisoni,1973)。经典范畴感知实验包含确认(判断听到的一个声音属于哪一个音位范畴)和区分(判断听到的两个声音是相同的还是不同的)两项任务。通常来说,如果听者对某个语音单位的感知是范畴性的,那么确认曲线和区分曲线应该满足以下三个条件:(1)确认曲线在两个范畴间存在一个比较陡峭的边界;(2)区分曲线在范畴边界处有区分正确率峰值,但在范畴内区分正确率则处于随机水平;(3)区分曲线可以通过确认曲线预测出来(Repp,1984)。根据上述定义,语音范畴化感知存在范畴感知和连续感知两种常见模式。根据调型异同,声调感知结果既有范畴感知(Wang,1976),亦有连续感知(Abramson,1979)。

音系学研究通常将声调分为平调和曲折调两大类。平调指的是音高保持在相对水平位置上的声调。相对于平调而言,曲折调指的是声调语言中那些在音节或词中具有音高变化的声调,音高下降的被称为"降调",音高上升的被称为"升调",音高先降后升的被称为"降升调"或"凹调",音高先升后降的则是"升降调"或"凸调"。除"平""降""升""凹"和"凸"这5种基本调型外,语言中还存在基频曲线呈"先平后降""先平后升""先降后平"和"先升后平"的声调,刘俐李(2005)将上述4种类型的声调统称为"角拱型声调"。至于角拱型声调的描写,前人文献中并没有一个统一的方案。例如,对基频曲线呈"先平后降"的声调而言,有人描写为平降调,有人则直接描写为降调;对基频曲线呈"先升后平"的声调而言,有人描写为升平调,有人则直接描写为升调。从音系归纳的角度看,弄清楚这些角拱型声调中的哪些成分是母语者感知该调时所必需的、哪些信息是冗余的是十分必要的，因为对这一问题的回答不仅可以帮助调查者更好地描写所调查语言的声调系统，同时还有助于厘清言语产生与言语感知之间的关系。

新寨苗语有8个声调，除5个平调和1个降调外，还有两个基频模式呈“先升后平”的声调。从田野听音记音的角度看，调查者通常将此调标记为升调。然而在声学上，它们的基频模式则呈现出“先升后平”的特点。由这一现象所引出的研究问题是，在新寨苗语的这种基频模式呈“先升后平”的声调的感知中，是“升”的部分起作用，还是“平”的部分起作用，抑或是“升”和“平”二者共同起作用。

本章以新寨苗语中基频模式呈“先升后平”的声调为例，首先通过声学分析讨论它们的声学表现，进而采用经典范畴感知范式设计了两项感知实验，分别考察母语者对它们的感知情形，最后结合感知实验的结果给出此类声调调型的感知判断标准，以期为语言或方言中的角拱型声调的调型判定提供感知依据。

9.2 声学实验

本节从言语产生的角度考察新寨苗语的声调系统，并着重分析基频模式呈“先升后平”的声调的声学表现。基于前期的田野调查，本项研究选取了包含声调最小对立的73个单音节语素作为样本（见第6章）。为避免协同发音的影响，所选语素的声母要求为零声母或不送气塞音声母（/p//t//k//q/），韵母为单元音（/i//ɛ//a//ə//o//u/）。声学实验选取了6位母语发音人（见表9-1）。

表 9-1　　发音人信息

编号	姓名缩写	年龄	民族	是否母语者	出生地	职业
男 1	YZH	25	苗	是	新寨	学生
男 2	YJ	28	苗	是	新寨	务农
男 3	YZG	49	苗	是	新寨	务农
女 1	YYQ	20	苗	是	新寨	学生
女 2	YZF	24	苗	是	新寨	务农
女 3	YZM	43	苗	是	新寨	务农

录音是在新寨的一所安静房间内进行，录音软件为 Adobe Audition 2.0，采样频率为 44.1 kHz，精度为 16 比特值。录音要求被试以一种自然、舒适的方式读词表，每个词重复两遍，两遍的间隔为两秒。为避免连续语流中的声调协同发音，所有词均要求采用单念形式。录音过程还招募了调查时的主要发音人来监听被试发音的准确性和自然流畅度。在参数选取和数据分析方面，本项研究选取了与研究目的相关的基频和时长，上述参数通过 VoiceLab 提取，每个元音被分为等长的 20 份。

图 9-1 显示的是新寨苗语声调的音高曲线分布模式，基频转换为半音的参考频率是 64.66 Hz。鉴于男女性别在声调的音高模式上的表现相同、只是音高绝对值存在差异，所以此处将男女性别数据进行合并。

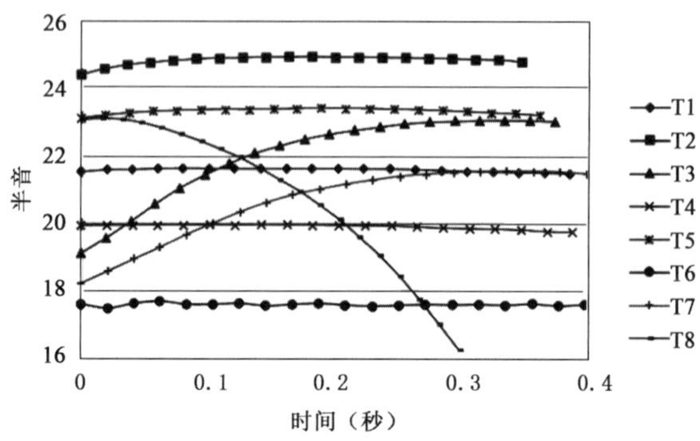

图 9-1 新寨苗语声调音高曲线图(3 男 3 女)

图 9-1 清晰地呈现出新寨苗语的声调在声学空间中的分布，其中 T1、T2、T4、T5 和 T6 的音高曲线均呈平状，T8 的音高曲线呈下降状，T3 和 T7 的音高曲线呈现出“先升后平”的特点，这一表现与跨语言中通常所见的升调模式不同。典型升调的音高上升曲线贯穿整个音节，例如，汉语普通话的阳平调(标记为 35)，而新寨苗语的 T3 和 T7 则呈现了另外一种模式，即前升后平，这一表现与同属苗语黔东方言的鱼粮苗语 T2 调的模式相同。为行文方便，下文暂且将 T3 和 T7 称之为“升平调”。至于对其调值的描写，不同的研究有不同的方案(见表 9-2)。

表 9-2　　新寨苗语声调的调类和调值

<table>
<tr><td rowspan="2">调类</td><td>T1</td><td>T2</td><td>T3</td><td>T4</td><td>T5</td><td>T6</td><td>T7</td><td>T8</td></tr>
<tr><td>中平</td><td>高平</td><td>高升</td><td>中低平</td><td>中高平</td><td>低平</td><td>低升</td><td>高降</td></tr>
<tr><td>调值(刘文、杨正辉、孔江平,2017)</td><td>33</td><td>55</td><td>244</td><td>22</td><td>44</td><td>11</td><td>233</td><td>41</td></tr>
<tr><td>调值(Liu et al.,2020)</td><td>33</td><td>55</td><td>24</td><td>22</td><td>44</td><td>11</td><td>23</td><td>51</td></tr>
</table>

对 T3 和 T7 调值的不同描写方案反映了研究者对此类声调的认识。244 和 233 的标注方案是根据实际的声学分析所得，这种方案虽然可以真实反映这两个声调在发音上的音高曲线变化，但是无法知道母语者在感知这类声调时是否也关注它们中“平”的部分。24 和 23 的标注方案重在反映调查者的感知，即只关注这两个声调“升”的部分，而不关注“平”的部分。然而，从言语感知的角度看，母语者是如何加工这种“先升后平”的声调呢？或者说，母语者在感知这种声调时是只关注“升”或“平”的特性，还是同时关注“升”和“平”？为了论证这一问题，本项研究以 T3 为例设计了两项感知实验。

9.3 感知实验

本节采用行为学实验来研究母语者是如何感知升平调的，具体从以下两个角度展开实验设计：一是将升平调(T3)和其语言系统中的一个平调(T5)进行合成听辨，因为这两个声调的音高终点值相同，目的是考察升平调中“升”的部分是否会影响到感知结果；二是先将升平调(T3)中“平”的部分调节为“升”，使整个声调变成一个直升调，然后再用它和其语言系统中的一个平调(T5)进行合成听辨，目的是考察升平调中“平”的部分是否会影响到感知结果。本项研究的实验假设是：如果实验设计一的感知结果和实验设计二相同，那么就说明在升平调 T3 的感知中，母语者只关注“升”的部分；反之，则说明母语者在感知升平调 T3 时既关注“升”的部分也关注“平”的部分。

9.3.1 方法

9.3.1.1 材料

基于新寨苗语的田野调查，本项感知实验从词表中选取了一组含有升平调 T3 和平调 T5 最小对立的常用单音节语素（T3“长”vs. T5“霜”），在此基础上构建了以[ta]为基本音节形式的两组声调连续统。选择 T3 和 T5 这两个声调的原因在于升平调 T3 的音高末点和平调 T5 的大体相同，在五度标调法中都是“4”。另外，选择“长”和“霜”这两个语素的原因在于它们都是母语者日常交流中的常用词汇，参与实验的被试都能讲出这两个单音节语素。

本项研究用于合成的原始语音样本采用的是一位男性中年母语者的发音，语音样本的采样频率为 44.1 kHz，精度为 16 比特值。声调连续统的合成是在 Praat 中进行的（Boersma and Weenink，2016），算法是基音同步叠加法（pitch-synchronous overlap and add method，PSOLA），因为该方法只改变信号的基频，并不改变信号中那些可以影响嗓音的频谱特征（Moulines and Charpentier，1990；Moulines and Laroche，1995；Taylor，2009；Upperman，2012）。

表 9-3 新寨苗语 T3 和 T5 归一化的基频（Hz）和时长（ms）

调类	词义	1	2	3	4	5	6	7	8	9	10	11	时长
T3	长	150	156	159	171	184	193	196	198	198	201	201	313
T5	霜	210	208	207	209	207	206	206	207	207	207	207	311

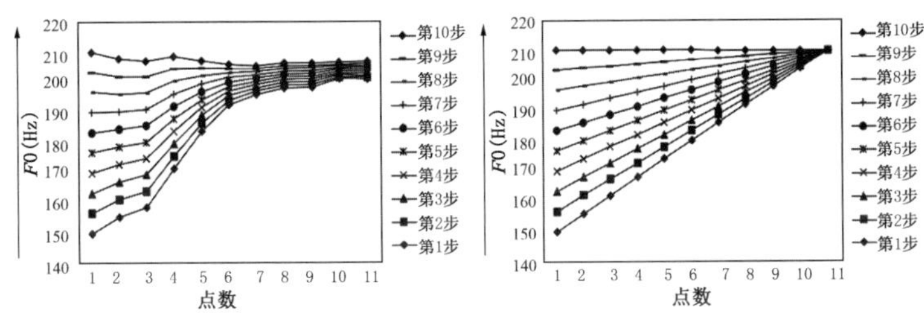

图 9-2　声调连续统分十步的基频调节示意

合成刺激样本的主要步骤如下：(1)提取出原始语音样本归一化后的 11 个基频值及时长(见表 9-3)。(2)根据合成方向选择所用原始样本的时长。二组声调连续统都是从 T3 合成到 T5，因此均采用 T3 的时长。需要说明的是，在样本合成过程中，本项研究采用的是原始语音样本的时长，这一点与前人研究中所采用固定时长的方案不同，理由有以下两点：一是时长在升平调(T3)和平调(T5)的对立中不起区别性作用($p>0.05$)；二是在合成过程中保持母语者发音样本的时长可以更好地保留原始样本的细节信息，避免因不必要的调节而损伤原始样本的自然度。(3)通过调节原始语音样本的相应基频值来合成新的刺激样本。具体来说，通过内插的方法在两个声调之间分 10 步来调节 11 个基频值，最终在一组声调连续统中合成 10 个刺激样本。两组声调连续统共合成 20 个刺激样本。(4)将所有用于听辨的语音样本的均方根(root mean square amplitude，RMS)振幅值都被设定在 75 dB(相对于听觉阈值而言)。图 9-2 显示的是通过调节基频来合成一个声调连续统中 10 个刺激样本的示意图。左图是基于升平调(T3)和平调(T5)的原始语音数据进行合成的样本，右图表示的是先将升平调(T3)调节为一个基频曲线为“升”的直升调，然后再将其和平调(T5)进行合成后的样本。箭头指示合成方向，二组声调连续统均是从 T3 合成到 T5。

9.3.1.2　被试

本项研究共招募了 19 名新寨苗语母语者(10 男、9 女),所有被试都能熟练地运用新寨苗语进行日常交流,并且新寨苗语亦是其日常用语。实验时没有被试报告有言语、语言或听力障碍。实验要求所有被试都要签署知情同意书,并且实验结束后会得到一定额度的报酬。

9.3.1.3　程序

实验是在新寨的一个安静房间内进行,刺激通过 E-Prime 2.0呈现。对所有被试而言,刺激播放的音量都是固定的、舒适的。考虑到用于合成的原始样本来自一名男性母语者,所以在实验之前先让被试熟悉刺激,目的是为了消除刺激的性别因素对后续实验的影响。在正式实验之前要求被试参加练习实验,目的是为了让被试熟悉实验流程和任务内容,以保证正式实验中的稳定表现。

实验采用范畴感知实验范式,有确认和区分两项任务。实验中刺激以随机方式呈现,每名被试都被要求完成上述两项任务,程序会自动记录下被试的反应按键和反应时间。在确认任务中,每个连续统中的刺激以随机方式呈现给被试,并且要求被试通过按键来做出判断。本文采用二选一的强迫性选择(two-alternative forced choice,2AFC),要求被试在给出的 T3 和 T5 两个选项中选择一个。每个刺激重复 7 次。在区分任务中,本项研究采用 AX 范式,步长为二。一个声调连续统的区分任务有 26 个试次,其中 16 个属于两个不同刺激的组合(正序:1-3,2-4,3-5,4-6,5-7,6-8,7-9,8-10;逆序:3-1,4-2,5-3,6-4,7-5,8-6,9-7,10-8),10 个试次是相同刺激的重复，即 1-1，2-2，3-3，4-4，5-5，6-6，7-7，8-8，9-9，10-10。每个试次中的两个刺激间隔为 500 ms，因为这个时间可以最大化范畴间和范畴内的区分差异（Pisoni，1973）。每对刺激播放后，要求被试判断所播放的两个声音是相同的还是不同的。每对刺激重复 5 次。

9.3.1.4　数据分析

为了研究音高对确认和区分表现的效应，本文基于范畴感知范式的基本特性获取了每个被试的 6 种参数，即确认得分、边界位置、边界宽度、区分得分、区分范畴内得分、区分范畴间得分。

确认得分的定义是给定刺激被判断为声调 T3 或 T5 的百分比。确认曲线的边界位置和边界宽度可以通过对确认曲线进行概率分析获得（Finney，1971）。边界位置指的是确认曲线上交叉点 50% 处，边界宽度定义为确认曲线上通过平均值和标准差得到的 25% 到 75% 之间的线性距离（Best and Strange，1992；Hallé et al.，2004；Peng et al.，2010）。在本项研究中，如果被试在声调连续统两端的确认得分小于 80%，那么该被试的数据将被剔除。

为了得到每一对刺激的区分得分，本书采用 Xu et al.（2006）的公式。每一组包含四种类型的对比对（AB，BA，AA，BB），其中 AB 和 BA 属于不同样本对，AA 和 BB 属于相同样本对，并且相邻比较组包含重叠的 AA 和 BB。由此，每一个对比组的区分得分 P 被定义为：P＝P（"S"|S）P（S）＋P（"D"|D）P（D），其中 P（"S"|S）代表相同样本对被判断为相同的比率，P（"D"|D）代表不同样本对被判断为不同的比率，P（S）和 P（D）分别代表每组样本中相同对和不同对的比率。获得每一个被试的区分数据后，我们进而可以

计算区分曲线范畴内和范畴间的得分。范畴间区分得分测量的是与确认函数的范畴边界相对应的区分刺激对的得分,范畴内区分得分测量的是除与确认函数范畴边界相对应的区分刺激对得分之外的其他刺激对的平均得分。

9.3.2 结果

图 9-3 显示的是 19 名被试数据平均后的确认曲线(实线)和区分曲线(虚线)。左图表示的是基于升平调(T3)和平调(T5)合成样本的听辨结果,右图表示的是基于直升调和平调(T5)合成样本的听辨结果。

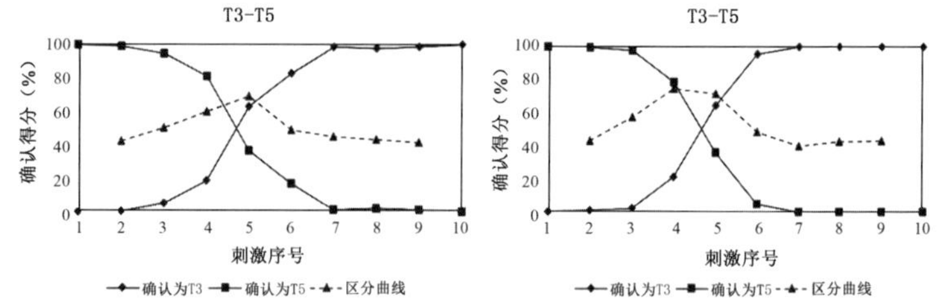

图 9-3 T3 和 T5 的确认曲线(实线)和区分曲线(虚线)

直观上看,无论升平调和平调之间,还是直升调和平调之间都呈现出了范畴感知模式的特点,即确认曲线在边界位置处有一个陡峭的边界,区分曲线上存在一个区分峰值,并且区分曲线上的区分峰值与确认边界位置对应。对每一名被试在这两个声调对的确认曲线和区分曲线进行统计分析可以得到每个声调连续统的平均确认得分、边界位置、边界宽度、平均区分得分、区分范畴内得分和区分范畴间得分(表 9-4)。需要说明的是,由于刺激的合成是基于 T3 进行的,所以表中的确认得分指的是被试将声调连续统中的刺激判断为 T3 的正确率。边界宽度反映的是确认曲线在边界位置处的陡峭度。通常来说，边界宽度越大，确认曲线在边界位置处就越平缓；边界宽度越小，确认曲线在边界位置处就越陡峭。

表 9-4　声调连续统间的确认和区分参数（保留小数点后两位）

声调连续统	确认得分	边界位置	边界宽度	区分得分	区分范畴间得分	区分范畴内得分
升平调—平调	56.54	4.82	1.27	50.28	62.96	46.28
直升调—平调	58.27	4.68	1.22	52.48	71.26	46.23

首先，本文考察升平调和平调、直升调和平调这两个声调连续统的感知模式。从确认曲线上看，这两个声调连续统的边界宽度都很小（升平调—平调：1.27；直升调—平调：1.22），这就说明这两个声调连续统的确认曲线在边界位置处都比较陡峭。从区分曲线上看，独立样本 T 检验的结果表明：无论是升平调和平调〔$t(36)=5.747$，$p<0.001$〕，还是直升调和平调〔$t(36)=9.702$，$p<0.001$〕，这两个声调连续统的区分范畴间得分都显著大于区分范畴内的得分。根据经典范畴感知的定义，我们可以断定升平调和平调之间、直升调和平调之间在感知模式上相同，即都属于范畴感知模式。

其次，从确认曲线上看，配对样本 T 检验的结果显示这两个声调连续统在平均确认得分〔$t(9)=1.414$，$p=0.191$〕、确认边界位置〔$t(18)=1.055$，$p=0.305$〕和确认边界宽度〔$t(18)=0.274$，$p=0.787$〕这三个参数上均不存在显著性差异。同理，从区分曲线上看，这两个声调连续统在平均区分得分〔$t(7)=-1.089$，$p=0.312$〕和区分范畴内得分〔$t(18)=0.036$，$p=0.971$〕这两个参数上也不存在显著差异，二者仅在区分范畴间得分〔$t(18)=$

$-2.634, p=0.017$〕上存在显著差异。以上这些结果说明升平调和平调、直升调和平调这两个声调连续统的感知结果表现基本一致。

结合本项研究的实验假设和升平调—平调、直升调—平调的感知结果,不难发现在T3的区分中,母语者只关注基频曲线中前半段的"升",而不关注后半段的"平",这是因为当升平调和直升调分别与平调组合时,得出的感知结果相同。

9.4 讨论

根据新寨苗语声调的声学分析和感知实验结果,本章讨论以下两个问题:

(1)当声调的音高曲线呈现两种或以上形状组合时,例如,新寨苗语中呈现"先升后平"的T3,在其感知中起作用的部分是升、平还是二者兼有?

(2)由第一个问题还引出了音系学中的一个经典问题:曲折调的音系表征是什么?换句话说,曲折调是一个单一的单位还是平调的组合?

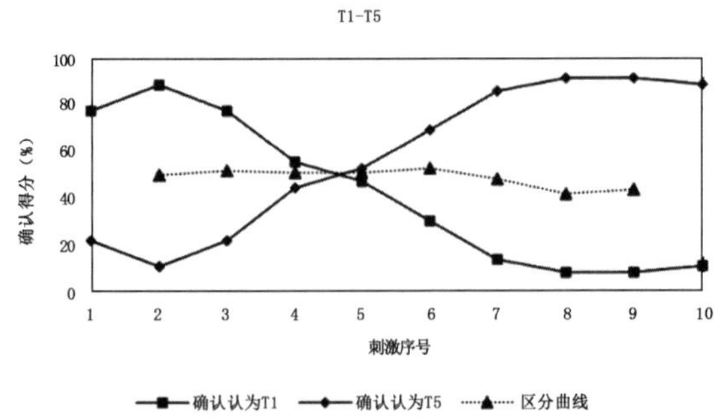

图 9-4 新寨苗语 T1 和 T5 的确认曲线(实线)和区分曲线(虚线)

针对第一个问题，前人研究显示异型声调之间（平调与升调、平调与降调）通常是范畴感知，例如，汉语普通话中的阴平（平调）和阳平（升调）（Wang，1976；Hallé et al.，2004；Xu et al.，2006；Peng et al.，2010；Si et al.，2017）、阴平（平调）和去声（降调）（Xi et al.，2010；Si et al.，2017），粤语中的高平调和高升调（Francis et al.，2003），台湾闽南语中的高平调和高降调（Sun and Huang，2012）；而同型声调之间（平调与平调）则是连续感知，例如，泰语中的三个平调（Abramson，1977，1979）、粤语中的低平调和高平调（Francis et al.，2003）、台湾闽南语中的高平调和中平调（Sun and Huang，2012）。根据调型异同对声调感知模式的影响，本项研究提出了一个判定平调与否的方案。具体来说，如果一个待判定声调（例如，新寨苗语的 T3）与其语言系统中的平调（T5）之间的感知模式属于范畴感知，那么这个待判定声调就不是平调；相反，如果一个待判定声调（例如，新寨苗语的中平调 T1）与其语言系统中的平调（T5）之间的感知模式属于连续感知（图 9-4），那么就可以将这个声调判定为平调。

根据上述感知判定标准，新寨苗语的 T3 应该是一个升调而非平调，因为 T3 和该语言系统中的另一个平调（T5）间的感知模式属于范畴感知，而新寨苗语的两个平调间（T1 和 T5）则是连续感知。这一研究成果不仅丰富了我们对声调的认识，同时还可以指导田野调查中处理和归纳一种语言或方言的声调系统，尤其是当声调的音高曲线呈现微升或微降的情形时。此外，根据本书的感知研究成果，在对新寨苗语的 T3 进行描写时，调值就可以选用 24 而非 244，因为 T3 在发音时基频曲线上呈现的“平”对母语者的感知没有任何影响。

另外,上述感知判定标准还可以指导田野调查中处理和归纳一种语言或方言的声调系统,尤其有助于微升和微降调的判定。例如,粤语的阳平调 T4,有人标记为低平[11],有人则标记为低降[21](梁源,2017),不过上述标记多是依据声学分析和调查者的听辨而定,然而母语者又是如何感知该调的呢?根据本项研究提出的判定平调与否的感知标准,我们可以采用粤语中的一个平调与 T4 进行听辨合成。若感知结果是连续感知,就说明 T4 是个平调;若感知结果是范畴感知,则说明 T4 是个降调。因此,要想准确标调,即当调查者对声调进行调型的定性处理时,声学分析只是一个参照,更为重要的是需要获得母语者的感知数据,通过感知结果来描写的声调才符合人类大脑的认知,也只有这样才能有效地确定声调的调型。

针对第二个问题,有研究者认为曲折调是平调的组合(例如,Woo,1969;Fromkin,1972),另一些研究者则认为曲折调在底层是一个单位(Wang,1967;Elimelech,1974;Gandour,1977)。不过以往研究多是从音系规则的视角出发,本项研究则从言语感知角度切入,根据上文提出的平调的感知判定标准,如果曲折调(以升调为例)是平调的组合,那么升调和平调之间的感知模式应该属于连续感知,然而事实并非如此,无论是新寨苗语,还是其他语言(例如汉语普通话、粤语)的升调和平调之间的感知模式都是范畴感知,这一点不仅说明升调和平调并不具有相同的音系底层,同时也说明升调是一个单位,而非平调的组合。

9.5 小结

声调是一种复杂的语音现象，其特征不仅由物理属性决定，同时还受制于听者的生理和心理特性。从言语产生的视角看，声调的声学关联物（即基频曲线）有多种表现形式，除平、升、降、凸和凹这五种基本的类型外，还存在诸如先平后降型、先升后平型等其他一些表现形式。从言语感知的视角看，研究者更为关注的是这种含有两种基频表现的声调在感知中是否都被母语者所关注。为了论证这一问题，本项研究以新寨苗语的 T3（基频曲线呈先升后平）为例，通过经典范畴感知实验揭示了母语者在感知 T3 时只关注它的“升”，而不关注“平”。这一研究结果进一步证实了基频并不等同于声调，因为声调是一个语言学概念，是感知出来的一个范畴，而非一条基频或音高曲线。因此，严格来说，要想准确标调，首先需要将基频计算出来，然后通过调节基频合成一系列语音样本，进而在具体语言中进行声调感知实验，让母语者进行听辨，并根据感知结果确定调类的范畴，从而确定调值。

再者，根据新寨苗语的感知结果，本项研究依据调型异同对声调感知模式的影响提出了一个判定平调与否的方案。具体来说，如果一个待判定声调与其语言系统中的平调之间的感知模式属于连续感知，那么就可以将这个声调判定为平调；相反，如果一个待判定声调与其语言系统中的平调之间的感知模式属于范畴感知，那么这个声调就不是平调。这一研究成果不仅丰富了人们对声调的认识，还可以指导田野调查中处理和归纳一种语言或方言的声调系统，尤其有助于微升和微降调的判定。最后，本章结合新寨苗语的个案从言语感知的视角讨论了曲折调的音系表征，认为升调是一个单位，而非平调的组合。

第10章　结语

当下世界语言正面临着前所未有的濒危状态。语言的消亡不仅仅是一种语言类型的消失，与之同逝的还有特定人群的思维模式、文化遗产，甚至一种生活状态。本书正是在语言濒危这一大的时代背景下开展的研究。笔者以黔东苗语（新寨）作为研究对象，通过多年追踪调查和实验研究，向学界呈现基于该语言的语音学田野调查方法与技巧、音系归纳、声学研究、生理研究和感知研究。本书有两个研究目标：一是决定特定人群的语音在多大程度上代表整个语言，以及特定人群所属语言可允许的变异；二是语言保护，希望本书内容能为后代说话者和研究者保存有关人类语言多样性和文化宝藏的信息。

在研究方法与手段上，本书将传统的语言学调查（听音记音）与现代语音学（实验语音学）结合起来。在传统的语言学田野调查方面，本书详细阐述了田野调查中的实践技巧和注意事项，并以黔东苗语（新寨）作为实验对象，呈现了该语言的语音面貌。在现代语音学研究方面，本书借助实验语音学的方法、仪器与技术，获取了声学数据（语音）、生理数据（喉头仪信号）、感知数据（行为学听辨数据），建立了黔东苗语（新寨）语音资源多模态数据库，并在此基础上提取辅音、元音、声调、嗓音和感知等参数，构建新寨苗语生理参数数据库、声学参数数据库和感知参数数据库。下面我们从音系研究、声学研究、嗓音研究和感知研究四个方面逐一介绍本书的研究成果。

(1)音系研究

众所周知,高质量的数据收集是语音学田野调查成功的关键。随着研究的深入和语言保护的需要,仅收集传统的听音记音材料已不能满足研究的需要。除语音转写数据外,声学数据、生理数据和感知数据在田野调查中的作用愈加凸显,因此,田野工作者还需要掌握收集这些数据的方法与技术。本书结合作者多年的田野调查经验,从调查前的准备工作、词表制作、发音人选择、语音转写、音系分析、仪器设备和技术等方面具体阐释语音学田野调查的方法与技巧,希望这些知识能够给那些即将进入田野的研究者带来一些启发或借鉴,以帮助他们在田野中更加顺利地开展工作。

语音学田野调查作为一种实践活动,除了掌握相关方法和技术手段外,更为重要的是,田野工作者要将这些知识运用到实践中。本书以黔东苗语(新寨)作为研究对象,在给出该语言地理位置、人口、民族、语言使用和系属信息的基础上,重点运用语音学田野调查的方法与技术描写并分析了该语言的辅音、元音、声调、嗓音质量和音节结构,并呈现语篇《北风与太阳》的苗语转写。整体来说,新寨苗语共有 32 个辅音、8 个元音和 8 个声调。具体来说,辅音根据发音方法可以分为塞音、塞擦音、鼻音、擦音、边擦音、边音和通音。其中,塞音和塞擦音又根据送气与否分为清不送气音和清送气音;鼻音分清浊;擦音分清浊和送气。需要说明的是,鼻音在发音部位上的对立只能出现在音节起始位置,词尾位置上的鼻音中和为/N/,具体发音部位则取决于其前面的元音;当元音后接鼻音韵尾时,元音通常会被鼻化;如果清鼻音出现在前一个音节的元音之后,那么它就会在清音开始之前实现为一个浊鼻音;清鼻音声母通常会使后接的元音产生鼻化现象。

(2)声学研究

在辅音声学研究方面,通过对新寨苗语1029个单音节语素进行统计分析,我们得到了每一个辅音做声母的使用频率。就单个辅音而言,塞音[t]的出现频次最高(9.72%),浊擦音[z]的频次最低(0.39%)。无论是塞音、擦音还是塞擦音,相同发音部位的不送气辅音的出现频率都大于送气辅音。从发音部位来看,齿龈部位的塞音最多,硬腭部位的塞擦音和擦音最多。鼻音的发音部位按照出现频率由高到低为齿龈(70)、双唇(51)、软腭(10),并且浊鼻音的出现频率远远大于清鼻音。针对辅音声学特性而言,不同发音部位的塞音可以通过冲直条的能量集中区进行区分,VOT则是区分塞音和塞擦音送气与否的一个可靠指标。在擦音的区分中,谱重心和频谱形状是区分不同发音部位擦音的有效参数。一般来说,发音部位较前的擦音倾向于具有较高的谱重心,例如,齿龈擦音[s]的谱重心最高。在频谱形状方面,频谱中最明显的噪音峰值通常与擦音的前后关联,较后的擦音在低频部分具有较大的噪音,这与相对较后的擦音具有较长的前腔有关。相对于谱重心和频谱形状两项参数而言,时长在区分擦音中所能提供的信息量最少,不过,在新寨苗语中观察到唇齿擦音[f]的时长最短,这一点与跨语言的研究结果一致。在鼻音方面,清鼻音在听感上有同部位的塞音,但是声学上并无相关冲直条这一表征塞音的特征,这为清鼻音的语音转写提供了客观证据。至于清鼻音在听感上具有同部位塞音色彩的成因,需要进一步通过听辨测试来验证。在排除音高、清浊、时长等因素后,我们发现边擦音的对立仅存在于送气与否方面,这些研究成果可以指导我们在语音转写时选择更加能反映其实质的标注符号。

在元音声学研究方面,语音学研究的一个重要目标是通过声学分析类推发音时舌位的生理变化。本书通过宽带语图呈现出新寨苗语 8 个元音的共振峰分布模式，并在此基础上运用线性预测算法（LPC）提取每一个元音的共振峰参数，然后基于共振峰数据绘制了声学元音图。声学元音图可以将元音的发音生理运动与声学表现很好地关联在一起。例如，第一共振峰与发音的开口度相关，也就是说，元音发音时的开口度越大，第一共振峰的数值就越大；元音发音时的开口度越小，第一共振峰的数据也就越小。第二共振峰与元音发音时舌位的前后有关，也就是说，元音发音时舌位越靠前，第二共振峰的数值也就越大；相反，元音发音时舌位越靠后，第二共振峰的数值也就越小。

在声调声学研究方面，本书提取基频和时长两个声学参数分析了新寨苗语单字调及双字调的基频模式，并根据声调的声学参数构建了一套用于描写单字调与双字调的区别特征系统。研究发现，新寨苗语有 8 个单字调，而且双字调没有产生变调，即双字调有 64 种组合模式。此外，在双字调组合中，相对于前字而言，后字保持单字调调型的稳固性更高。遗憾的是，囿于现有材料和分析，目前我们还不能解释新寨苗语双字调连读不变调背后的机制。关于变调与否的问题，一方面需要考察更多的语言材料和事实，另一方面，还需要从生理、心理、声学和听感等多个角度进行深入研究。

（3）嗓音研究

在嗓音研究方面，本书对新寨苗语单字调及双字调嗓音发声特性进行了初步分析，结果发现：一是基于嗓音发声模式，新寨苗语有 8 个单字调，与基频模式数目相同，双字调也有 64 种嗓音发声组合模式，并且单字调在双字调的前字和后字中具有不同的表现；二是除 T6 和 T8 外，其他各单字调的开商曲线和速度商曲线在同一音节内部大致呈镜像分布；三是嗓音发声特性在音节内部并非一成不变；四是特殊嗓音发声类型（气嗓音）可以用来阐释语言对生理的塑造;五是嗓音发声特性同时也是声调演变的条件之一。

(4)感知研究

在感知研究方面,新寨苗语有5个平调。有关5个平调在发音音域中的分布以及母语者是如何感知它们的,这一问题涉及人类如何平衡发音生理和听觉感知,因此,是一个很有价值的研究议题。本书研究发现无论在发音音域中还是感知音域中,母语者都能很好地区分这5个平调。通过研究五平调的发音和感知之间的关系,本书还得到几个有意思的结论:一是无论从发音还是感知角度来看,五平调之间的间距都不是等分的;二是发音和感知虽然是两个层面的概念,但是五平调在母语者的发音音域和感知音域中所占据的频率范围大致相等;三是某个声调上的特殊嗓音发声类型不仅可以扩展其自身的感知音域,还可以扩展与之相邻声调的感知音域;四是五平调的声学和感知实验表明,无论从发音的角度还是感知的角度,五度标调法中的五度都不是等分的,并且跨语言的证据也表明五度是够用的。

在弄清楚五平调的发音和感知关系的基础之上,本书基于经典范畴感知实验范式讨论了五平调两两之间的感知模式,无论是确认结果(确认曲线上没有陡峭的变化)还是区分结果(区分曲线上无区分峰值),五平调间的感知都属于连续感知,这一结果与范畴感知不同(例如,汉语普通话的阴平和阳平)。不过,本书观察到平调感知的一些特点。例如,确认曲线上的边界宽度和平调间的音高间隔存在负相关,也就是说,如果连续统之间的音高间隔小,边界宽度就大,反之则小;区分正确率随着步长的音高间隔而变,具体来说,音高间隔越大,区分正确率就越高;确认曲线上的边界宽度和区分正确率高度相关,边界宽度越小,区分正确率就越高。上述观察可以加强学界对平调感知特性的理解和认识。

就声调调型而言,除常见的平、降、升、凹和凸外,语言中还存在基频曲线由两个部分组成的声调。然而,有关这类声调的描写,前人文献中并没有给出一个统一的方案。从音系归纳的角度看,弄清楚这类声调中的哪些成分是母语者感知该调时所必需的、哪些信息是冗余的是十分必要的,因为对这一问题的回答不仅可以帮助调查者更好地描写所调查语言的声调系统,同时还有助于厘清言语产生与言语感知之间的关系。本书以新寨苗语中基频模式呈"先升后平"的声调为例,通过采用经典范畴感知范式设计了两项感知实验,结果表明母语者在感知这类声调时只关注基频的"升",而不关注"平"。这一研究结果进一步证实了基频并不等同于声调的观点。因此,严格来说,要想准确标调,首先需要将基频计算出来,然后通过调节基频合成一系列语音样本,进而在具体语言中进行声调感知实验,让母语者进行听辨,并根据感知结果确定调类的范畴,从而确定调值。此外,我们还根据调型异同对声调感知模式的影响提出了一个判定平调与否的方案。具体来说,如果一个待判定声调与其语言系统中的平调之间的感知模式属于连续感知,那么就可以将这个声调判定为平调;相反,如果一个待判定声调与其语言系统中的平调之间的感知模式属于范畴感知,那么这个声调就不是平调。这一方案可以指导田野调查中处理和归纳一种语言或方言的声调系统,尤其有助于微升和微降调的判定。最后,我们还从言语感知的视角证明了曲折调是一个独立的单位,而非平调的组合。

我国是一个多民族、多语言的国家。然而,随着时代和社会的发展,语言濒危愈加严重,这就急需田野工作者去广袤的田野中探索、挖掘更多的语言资源,从而为后代留下该语言的特点与面貌。本书以黔东苗语(新寨)作为个案,研究方法多元(田野调查、声学分析、生理分析、行为学听辨),研究内容丰富(既有传统的语音转写,又有声学、生理、行为学等数据),这为最大可能地记录语言，并为语言保护和复兴提供了坚实的材料基础。这些知识无论是对调查一个鲜为人知的濒危语言，还是对描写像汉语普通话这样拥有众多使用者的强势语言的调查者或研究者来说都是有借鉴意义的。此外，本书构建了新寨苗语辅音、元音、声调、嗓音的声学参数数据库和感知参数数据库，这为该语言的语音合成与语音识别奠定了基础。例如，本书基于声调的声学和感知研究成果给出了一套具有可操作性的判定声调调型的标准，并且感知研究还可以找出特定声调的声学变异区间，确定声调的调型及其声学变异范围，对言语工程领域的自动声调识别有着重要的参考价值。在后续研究中，我们将结合其他生理信号（例如，空气动力学数据、舌位数据、电子腭位数据、神经电生理数据）建立黔东苗语（新寨）发音生理、声学和感知模型，从而更好地研究黔东苗语（新寨）发音生理、声学和感知之间的关联机制。

参考文献

(一)中文文献

1.艾则孜:《基于动态电子腭位的维吾尔语辅音协同发音研究》,北京大学博士学位论文,2018 年。

2.白涤洲:《北京话声调及变化》(未刊遗稿),转引自罗常培、王均:《普通语音学纲要》(修订本),北京:商务印书馆 2004 年版。

3.白涤洲:《关中声调实验录》,《历史语言研究所集刊》第四本第四分,北京:商务印书馆 1934 年版。

4.蔡莲红、孔江平:《现代汉语音典》,北京:清华大学出版社 2014 年版。

5.陈保亚:《论语言接触与语言联盟》,北京:语文出版社 1996 年版。

6.陈保亚:《20 世纪中国语言学方法论》,济南:山东教育出版社 1999 年版。

7.陈保亚:《当代语言学》,北京:高等教育出版社 2009 年版。

8.戴庆厦:《阿昌语的清鼻音》,《民族语文》1985 年第 2 期。

9.国务院人口普查办公室、国家统计局人口和就业统计司编:《中国 2010 年人口普查资料》,北京:中国统计出版社 2012 年版。

10.孔江平:《紫云苗语五平调的声学及感知研究》,马学良主编:《民族语文研究新探》,成都:四川民族出版社 1992 年版。

11.孔江平:《苗语浊送气的声学研究》,《民族语文》1993 年第 1 期。

12.孔江平:《藏语(拉萨话)声调感知研究》,《民族语文》1995 年第 3 期。

13.孔江平:《哈尼语发声类型声学研究及音质概念的讨论》,《民族语文》1996 年第 1 期。

14.孔江平:《阿细彝语嗓音声学研究》,戴庆厦等编:《中国民族语言论丛》,昆明:云南民族出版社 1997 年版。

15.孔江平:《论语言发声》,北京:中央民族大学出版社 2001 年版。

16.孔江平:《语言发声研究的基本方法》,Fant, G., Fujisaki, H., and Shen, J. (eds.):《现代语音学前沿文集》,北京:商务印书馆年版 2009 年版。

17.孔江平:《"音涯一千":论语音生理和语音认知能力》,第一届汉语语言学前沿问题国际论坛,香港教育大学,2018 年。

18.孔江平等编著:《藏语方言调查字表》,北京:商务印书馆 2011 年版。

19.孔江平:《实验语音学基础教程》,北京:北京大学出版社 2015 年版。

20.李方桂:《上古音研究》,北京:商务印书馆 1980 年版。

21.李蓝:《"中国通用音标符号集"及若干问题的说明》,《方言》2006 年第 3 期。

22.李书娴:《关于广州话阴去调和阳去调的听辨实验》,《方言》2008 年第 1 期。

23.李英浩:《基于动态电子腭位的汉语普通话音段协同发音研究》,北京大学博士学位论文,2011 年。

24.李云兵:《苗瑶语比较研究》,北京:商务印书馆 2018 年版。

25.梁敏:《倈话元音的短长》,《语言研究》1984 年第 2 期。

26.梁源:《声调变异中的发音与感知机制——以香港粤语为例》,《中国语文》2017 年第 6 期。

27.林幼菁、胡琛莹:《小金嘉戎语的缺性声调系统》,《语言学论丛》第 54 辑,北京:商务印书馆 2016 年版。

28.林文芳:《长短作为唯一区别——福清方言声调听感实验》,《中国语言学集刊》2010 年第 1 期。

29.刘复:《四声实验录》,上海:群益书社 1924 年版。

30.刘俐李:《基频归一和调系归整的方言实验》,第七届中国语音学学术会议,2006 年。

31.刘俐李:《汉语声调的曲拱特征和降势音高》,《中国语文》2005 年第 3 期。

32.刘文:《同型声调感知的多维研究——基于声学、行为学和脑电的证据》,北京大学博士学位论文,2019 年。

33.刘文:《新寨苗语五平调的声学和感知研究——兼论五度标调法》,《中国语音学报》第 11 辑,北京:中国社会科学出版社 2019 年。

34.刘文:《升还是平:新寨苗语声调个案研究——兼论平调的感知判定》,《民族语文》2020 年第 1 期。

35.刘文、张锐锋:《鱼粮苗语低平调和低降调的声学感知研究》,《语言学论丛》第 54 辑,北京:商务印书馆 2016 年版。

36.刘文、汪锋、孔江平:《北五里桥白语声调的发声及变异研究》,《当代语言学》2019 年第 1 期。

37.刘文、杨正辉、孔江平:《新寨苗语单字调及双字调的声学实验研究》,《民族语文》2017 年第 2 期。

38.兰正群、吴西愉:《彝语松紧元音对立的生成机制研究》,《民族语文》2017年第4期。

39.马学良主编:《汉藏语概论》,北京:民族出版社2003年版。

40.潘晓声:《汉语普通话唇形协同发音及可视语音感知研究》,北京大学博士学位论文,2011年。

41.黔东南苗族侗族自治州概况编写组:《黔东南苗族侗族自治州概况》,贵阳:贵州人民出版社1986年版。

42.石德富、刘文、杨正辉:《推链与养蒿苗语送气清擦音的产生》,《语言科学》2017年第4期。

43.石锋:《天津方言双字组声调分析》,《语言研究》1986年第1期。

44.孙顺:《闽语赤岩话的长短调》,北京大学中文系语言学讨论班课程报告,2013年。

45.谭晶晶:《汉语普通话朗读时的呼吸节奏研究》,北京大学硕士学位论文,2008年。

46.王辅世:《苗语方言划分问题》,《民族语文》1983年第5期。

47.王辅世:《苗语简志》,北京:民族出版社1985年版。

48.王辅世:《苗语古音构拟》,日本:东京外国语大学亚非语言文化研究所1994年版。

49.王辅世、毛宗武:《苗瑶语古音构拟》,北京:中国社会科学出版社1995年版。

50.王力:《博白方音实验录》,北京:中华书局年版2014年版。

51.王渝光:《五度调值标记法的改进与昆明话四声的调值》,《云南师范大学学报(哲社版)》1988年第4期。

52.吴韩娜:《基于呼吸的汉韩韵律对比研究》,北京大学博士学位论文,2015 年。

53.吴西愉:《基于观测设备的语言发音研究综述》,《民族语文》2019 年第 6 期。

54.吴宗济、林茂灿主编:《实验语音学纲要》,北京:高等教育出版社 1989 年版。

55.杨锋:《中国传统吟诵研究——从节奏、嗓音和呼吸角度》,北京大学博士学位论文,2012 年。

56.杨锋:《中国传统吟诵语音研究》,北京:商务印书馆 2018 年版。

57.杨若晓:《基于发声的汉语普通话四声的范畴知觉研究》,北京大学硕士学位论文,2009 年。

58.杨顺安:《五度字调模型在合成汉语语音中的应用》,《方言》1987 年第 2 期。

59.张琨:《苗瑶语声调问题》,《历史语言研究所集刊》第十六本,北京:商务印书馆 1947 年版。

60.张群显:《赵元任五度制标调法:理论与实际》,《学术研究》2012 年第 5 期。

61.张锐锋、孔江平:《河南禹州方言声调的声学及感知研究》,《方言》2014 年第 3 期。

62.赵元任:《中国言语字调底实验研究法》,《科学》1922 年第 9 期。

63.郑骅雄:《现代汉语声调类型的九度分析》,《语文研究》1988 年第 1 期。

64.周殿福、吴宗济编著:《普通话发音图谱》,北京:商务印书馆 1963 年版。

65.中国科学院少数民族语言研究所主编:《中国少数民族语

言简志 苗瑶语族部分》,北京:科学出版社 1959 年版。

66.中国社会科学院语言研究所编:《方言调查字表》,北京:商务印书馆 1981 年版。

67.中国社会科学院、澳大利亚人文科学院编:《中国语言地图集》,香港:香港朗文(远东)有限公司 1987 年版。

68.中央民族学院苗瑶语研究室编:《苗瑶语方言词汇集》,北京:中央民族学院出版社 1987 年版。

69.朱晓农:《上海声调实验录》,上海:上海教育出版社 2005 年版。

70.朱晓农:《说鼻音》,《语言研究》2007 年第 3 期。

71.朱晓农、石德富、韦名应:《鱼粮苗语六平调和三域六度标调制》,《民族语文》2012 年第 4 期。

72.朱晓农、吴和德:《高坝侗语五平调和分域四度制》,《语言研究集刊》第 4 辑,上海:上海辞书出版社 2007 年版。

(二)外文文献

1. Abbi, A., *A Manual of Linguistic Field Work and Indian Language Structures*, Munich: Lincom Europa, 2001.

2. Abercrombie, D., "Direct Palatography", *STUF-Language Typology and Universals*, Vol.10 (1957).

3. Abramson, A. S., "Noncategorical Perception of Tone Categories in Thai", *The Journal of the Acoustical Society of America*, Vol.61, No.S1 (1977).

4. Abramson, A. S., "The Noncategorical Perception of Tone Categories in Thai", in Lindblom, B. & Ohman, S. (Eds.), *Frontiers of Speech Communication Research*, New York: Academic Press, 1979.

5. Anderson, V. B., *Giving Weight to Phonetic Principles: The Case of Place of Articulation in Western Arrernte*, Ph.D. dissertation, University of California, Los Angeles, 2000.

6. Anderson, V. B., "Static Palatography for Language Fieldwork", *Language Documentation and Conservation*, Vol.2, No.1 (2008).

7. Andruski, J. E., "Tone Clarity in Mixed Pitch/Phonation-Type Tones", *Journal of Phonetics*, Vol.34, No.3 (2006).

8. Andruski, J. E., & Ratliff, M., "Phonation Types in Production of Phonological Tone: The Case of Green Mong", *Journal of the International Phonetic Association*, Vol.30, No. 1-2 (2000).

9. Austin, P., "Data and Language Documentation", in Jost Gippert, Nikolaus Himmelmann and Ulrike Mosel (Eds.), *Essentials of Language Documentation*, Berlin and New York: Mouton de Gruyter, 2006.

10. Austin, P. K., & Sallabank, J., *The Cambridge Handbook of Endangered Languages*, Cambridge: Cambridge University Press, 2011.

11. Baken, R. J., & Orlikoff, R. F., *Clinical Measurement of Speech and Voice* (Second Edition), San Diego: Singular Publishing Group, 2000.

12. Bao, Z., *The Structure of Tone*, Oxford: Oxford University Press, 1999.

13. Becker-Kristal, R., *Acoustic Typology of Vowel Inventories and Dispersion Theory: Insights from a Large Cross-*

Linguistic Corpus (Ph.D. Dissertation), University of California, Los Angeles, 2010.

14. Beckman, M., Hirschberg, J., & Shattuck-Hufnagel, S., "The Original ToBI System and The Evolution of The ToBI Framework", in Sun-Ah Jun (Ed.), *Prosodic Models and Transcription: Towards Prosodic Typology*, Oxford: Oxford University Press, 2005.

15. Behrens, S. J., & Blumstein, S. E., "Acoustic Characteristics of English Voiceless Fricatives: A Descriptive Analysis", *Journal of Phonetics*, Vol.16, No.3 (1988).

16. Belotel-Grenié, A., & Grenié, M., *Phonation types analysis in Standard Chinese*, Proceedings of Spoken Language Processing, Yokohama, 1994.

17. Belotel-Grenié, A., & Grenié, M., *The Creaky Voice Phonation and the Organisation of Chinese Discourse*, International Symposium on Tonal Aspects of Languages: Emphasis on Tone Languages, 2004.

18. Benedict, P., "Thai, Kadai, and Indonesian: A New Alignment in Southeastern Asia", *American Anthropologist*, Vol.44, No.4 (1942).

19. Benedict, P., *Sino-Tibetan: A Conspectus*, Cambridge: Cambridge University Press, 1972.

20. Benedict, P., *Austro-Tai Language and Culture with a Glossary of Roots*, New Haven: Human Relations Area Files Press, 1975.

21. Best, C. T., & Strange, W., "Effects of Phonological

and Phonetic Factors On Cross-Language Perception of Approximants", Journal of Phonetics, Vol.20, No.3 (1992).

22. Bhaskararao, P., "PhoneticDocumentation of Endangered Languages: Creating a Knowledge-base Containing Sound Recording, Transcription and Analysis", *Acoustical Science and Technology*, Vol.25, No.4 (2004).

23. Bhaskararao, P., & Ladefoged, P., "Two Types of Voiceless Nasals", *Journal of the International Phonetic Association*, Vol.21, No.2 (1991).

24. Bickley, C., *Acoustic Analysis and Perception of Breathy Vowels*, Speech communication group working papers, Research Laboratory of Electronics, Boston: MIT Press, 1982.

25. Blankenship, B., "The Timing of Nonmodal Phonation in Vowels", *Journal of Phonetics*, Vol.30, No.2 (2002).

26. Blankenship, B., Ladefoged, P., Bhaskararao, P., & Chase, N., "Phonetic Structures of Khonoma Angami", *Linguistics of the Tibeto-Burman Area*, Vol.16, No.2 (1993).

27. Boersma, P., & Weenink, D., Praat: Doing phonetics by computer, 2016.(http://www.fon.hum.uva.nl/praat/)

28. Bolinger, D., *Intonation and Its Parts: Melody in Spoken English*, Stanford, CA: Stanford University Press, 1987.

29. Bolinger, D., *Intonation and Its Uses: Melody in Grammar and Discourse*, Stanford, CA: Stanford University Press, 1989.

30. Bouquiaux, L., Jacqueline, M., & James, R., *Stud-*

ying and Describing Unwritten Languages, Dallas, TX: SIL International, 1992.

31. Bowern, C., *Linguistic Fieldwork, A Practical Guide*, New York: Palgrave MacMillan, 2008.

32. Brunelle, M., "Tone Perception in Northern and Southern Vietnamese", *Journal of Phonetics*, Vol. 37, No.1 (2009).

33. Brunelle, M., *Perception in the Field*, in R. Pieraccini & A. Colombo (Eds.), Proceedings of the 12th Annual Conference of the International Speech Communication Association, International Speech Communication Association, Bonn, 2011.

34. Brunelle, M., "Dialect Experience and Perceptual Integrality in Phonological Registers: Fundamental Frequency, Voice Quality and The First Formant in Cham", *The Journal of the Acoustical Society of America*, Vol.131, No.4 (2012).

35. Brunelle, M., Nguyên, D. D. and Nguyên, K. H., "ALaryngographic and Laryngoscopic Study of Northern Vietnamese Tones", *Phonetica*, Vol.67, No.3 (2010).

36. Butcher A. R., "The Phonetics of Neutralisation: The Case of Australian Coronals", in J. Windsor Lewis (Ed.), *Studies in General and English Phonetics*, Essays in honour of Professor J.D. O'Connor, London: Routledge, 1995.

37. Butcher A. R., *What Speakers of Australian Aboriginal Languages Do With Their Velums and Why: The Phonetics of The Nasal/Oral Contrast*, in J. J. Ohala, Y. Hasegawa, M. Ohala, D. Granville and A. C. Bailey (Eds.), Proceedings of the 14th International Congress of Phonetic Sciences, ICPhS, Berke-

ley, 1999.

38. Butcher A. R., "'Fortis/Lenis' Revisited One More Time: The Aerodynamics of Some Oral Stop Contrasts in Three Continents", *Clinical Linguistics and Phonetics*, Vol. 18, No. 6-8 (2004).

39. Butcher, A., "Research Methods in Phonetic Fieldwork", *The Bloomsbury Companion to Phonetics*, 2013.

40. Butcher, A. R. & Loakes, D. E., "Enhancing the Left Edge: The Phonetics of Prestopped Sonorantsin Australian languages (A)", *Journal of the Acoustical Society of America*, Vol.124, No.4 (2008).

41. Catford, J. C., "The Articulatory Possibilities of Man", in B. Malmberg (Ed.), *Manual of Phonetics*, Amsterdam: North-Holland, 1968.

42. Chan, M., "Post-Stopped Nasals in Chinese: An Areal Study", *UCLA Working Papers in Phonetics*, Vol.68 (1987).

43. Chan, M., & Ren, H., "Post-stopped Nasals: An Acoustic Investigation", *UCLA Working Papers in Phonetics*, Vol.68 (1987).

44. Chang, K., "On the Tone System of The Miao-Yao Languages", *Language*, Vol. 29, No.3 (1953).

45. Chang, K., "The Reconstruction of Proto-Miao-Yao Tones", *Bulletin of the Institute of History and Philology*, Vol.44 (1972).

46. Chang, K., "Proto-Miao Initials", *Bulletin of the Institute of History and Philology*, Vol. 47 (1976).

47. Chao, Y-R., "A System of Tone Letters", *Le Maître Phonétique*, Vol. 45 (1930).

48. Chao, Y-R.,*Mandarin Primer: An Intensive Course in Spoken Chinese*, Cambridge. MA: Harvard University Press, 1948.

49. Chelliah, S., *A Grammar of Meithei*, Berlin and New York: Mouton de Gruyter, 1997.

50. ChelliahS. L., & de Reuse W. J., "Phonetic and Phonological Fieldwork", *Handbook of Descriptive Linguistic Fieldwork*, Springer, Dordrecht, 2010.

51. Chelliah, S. L. & de Reuse, W. J.,*Handbook of Descriptive Linguistic Fieldwork*, Dordrecht: Springer, 2011.

52. Childers, D. G., Hicks, D. M., Moore, G. P., Eskenazi, L., & Lalwani, A. L., "Electroglottography and Vocal Fold Physiology", *Journal of Speech, Language, and Hearing Research*, Vol.33, No.2 (1990).

53. Cohn, A., *Phonetic and Phonological Rules of Nasalization*, UCLA Ph.D. Dissertation, 1990.

54. Connell, B., "The Perception of Lexical Tone in Mambila", *Language and Speech*, Vol.43, Part 2 (2000).

55. Coupe, A., *A Phonetic and Phonological Description of Ao, A Tibeto Burman of Nagaland, North East India* (Pacific Linguistics 543), Canberra: Pacific Linguistics, Research School of Pacific and Asian Studies, The Australian National University, 2003.

56. Crowley, T., *Field Linguistics: A Beginner's Guide*,

Oxford: Oxford University Press, 2007.

57. Crystal, D., *The Cambridge Encyclopedia of Language* (3rd edition.), Cambridge: Cambridge University Press, 2010.

58. Dart, S., *Articulatory and Acoustic Properties of Apical and Laminal Articulations*, Ph.D. dissertation, University of California, Los Angeles, 1991.

59. Davis, K., "The Production of 'Breathy Voice'", *The Journal of the Acoustical Society of America*, Vol.89, No.4B (1991).

60. Davison, D. S., "An Acoustic Study of So-called Creaky Voice in Tianjin Mandarin", *UCLA Working Papers in Phonetics*, Vol.78 (1991).

61. Demolin, D., *Aerodynamic Techniques for Phonetic Fieldwork*, Proceedings of the 17th International Congress of Phonetic Sciences, Hong Kong, 2011.

62. Denes, P. B., & Pinson, E., *The Speech Chain*, Macmillan, 1993.

63. Deutsch, D., "TheEnigma of Absolute Pitch", *Acoustics Today*, Vol.2, No.4 (2006).

64. Deutsch, D., Dooley, K., Henthorn, T., & Head, B., "Absolute Pitch Among Students in an American Music Conservatory: Association With Tone Language Fluency", *The Journal of the Acoustical Society of America*, Vol. 125, No. 4 (2009).

65. Deutsch, D., Henthorn, T., Marvin, E., & Xu, H.,

"Absolute Pitch Among American and Chinese Conservatory Students: Prevalence Differences, and Evidence for a Speech-Related Critical Perioda", *The Journal of the Acoustical Society of America*, Vol.119, No.2 (2006).

66. Dickson, B. C., Esling, J. H., & Snell, R. C., *Real Time Processing of Electroglottographic Waveforms for The Evaluation of Phonation Types*, The Third International Conference on Spoken Language Processing, 1994.

67. Dixon, R. M. W., *Basic Linguistic Theory*, Volume 1 *Methodology*, Oxford: Oxford University Press, 2010a.

68. Dixon, R. M. W., *Basic Linguistic Theory*, Volume 2 *Grammatical Topics*, Oxford: Oxford University Press, 2010b.

69. Dromey, C., Stathopoulos, E. T., & Sapienza, C. M., "Glottal Airflow and Electroglottographic Measures of Vocal Function at Multiple Intensities", *Journal of Voice*, Vol.6, No. 1 (1992).

70. Dutta, I., *Four-way Stop Contrasts in Hindi: An Acoustic Study of Voicing, Fundamental Frequency and Spectral Tilt*, Ph.D. Dissertation, University of Illinois at Urbana-Champaign, 2007.

71. Eberhard, D. M., Gary F. S., & Charles D. F., *Ethnologue: Languages of the World, Twenty-third edition, Dallas*, Texas: SIL International, 2020.

72. Edmondson, J., & Esling, J., "The Valves of The Throat and Their Functioning in Tone, Vocal Register and Stress: Laryngoscopic Case Studies", *Phonology*, Vol.23, No.2

(2006) .

73. Edmondson, J., Esling, J., Harris, J., Shaoni, Li., & LAMA Ziwo., "The Aryepiglottic Folds and Voice Quality in the Yi and Bai Languages: Laryngoscopic Case Studies", *Mon-Khmer Studies: A Journal of Southeast Asian Languages (MKS)*, Vol.31 (2001).

74. Edmondson, J. A., & Gregerson, K. J., "On Five-Level Tone Systems", *Language in Context: Essays for Robert E. Longacre*, 1992.

75. Elimelech, B., "On The Reality of Underlying Contour Tones", *UCLA Working Papers in Phonetics*, Vol.27 (1974).

76. E-MELD., E-MELD School of Best Practice in digital language documentation, *Ultrasound Analysis: Navajo*, 2005. (http://emeld.org/school/case/navajo/index.html)

77. Emeneau, M. B., "The Vowels of the Badaga language", *Language*, Vol.15, No.1 (1939).

78. Esling, J. H., "Laryngographic Study of Phonation Type and Laryngeal Configuration", *Journal of the International Phonetic Association*, Vol.14, No.2 (1984).

79. Esling, J., "Voice Quality", in Carol A. Chapelle, John Levis & Murray Munro (Eds.), *Encyclopedia of Applied Linguistics*, Boston: Wiley-Blackwell, 2013.

80. Esling, J., & Harris, J., "States of the Glottis: An Articulatory Phonetic Model Based on Laryngoscopic Observations", in William J. Hardcastle & Janet Mackenzie Beck (Eds.), *A figure of speech: a Festschrift for John Laver*, Mah-

wah, NJ: Lawrence Erlbaum Associates, 2005.

81. Esposito, C. M., "An Acoustic and Electroglottographic Study of White Hmongtone and Phonation", *Journal of Phonetics*, Vol.40, No.3 (2012).

82. Fabre, P., "Sphygmographie par simple contact d électrodes cutanées, introduisant dans l artere de faibles courants de haute fréquence détecteurs de ses variations volumétriques", Comptes Rendus Soc Biol, Vol.133 (1940).

83. Fabre, P., "Un procedeelectriqued inscription de I accolementglottiqueaucoursde laphonation: glottographiede haute frequence", Bulletin de l′Académie Nationale de Médecine, Vol.141 (1957).

84. Fant, G., *Acoustic Theory of Speech Production*, The Hague: Mouton, 1960/1970.

85. Ferguson, C., "The Phonemes of Bengali", *Language*, Vol.36, No.1 (1960).

86. Finney, D. J., *Probit Analysis*, Cambridge: Cambridge University Press, 1971.

87. Fischer-Jørgensen, E., "Phonetic Analysis of Breathy (Murmured) Vowels in Gujerati", *Indian Linguistics*, Vol.28 (1967).

88. Flanagan, J. L., & Saslow, M. G., "Pitch Discrimination for Synthetic Vowels", *The Journal of the Acoustical Society of America*, Vol.30, No.5 (1958).

89. Flemming, E. S., *Auditory representations in phonology*, Ph.D. dissertation, UCLA, 1995.

90. Forrest, K., Weismer, G., Milenkovic, P., & Dougall, R. N., "Statistical Analysis of Word-Initial Voiceless Obstruents: Preliminary Data", *Journal of the Acoustical Society of America*, Vol.84, No.1 (1988).

91. Foulkes, P., *Fieldwork for Studies of Phonological Variation*, Proceedings of the 15th International Congress of Phonetic Sciences, Spain: Universidad Autónoma de Barcelona, 2003.

92. Fourcin, A. J., & Abberton, E., "First Applications of A New Laryngograph", *Medical & Biological Illustration*, Vol.21, No.3 (1971).

93. Fourcin, A. J., "Laryngographic Assessment of Phonatory Function", in Ludlow, C. L., Hart, M. O. (Eds.), *ASHA report* 11: *Proceedings of the Conference on the Assessment of Vocal Pathology*, Rockville, Maryland, 1981.

94. Francis, A.L., Ciocca, V. & Ng, B.K., "On the (non) Categorical Perception of Lexical Tones", *Attention, Perception and Psychophysics*, Vol.65 (2003).

95. Frokjaer-Jensen B., & Thorvaldsen P., "Construction of a Fabre Glottograph", *ARIPUC*, Vol.3 (1968).

96. Fromkin, V. A., "Tone Features and Tone Rules", *Studies in African Linguistics*, Vol.3, No.1 (1972).

97. Fry, D. B., Abramson, A. S., Eimas, P. D., & Liberman, A. M., "The Identification and Discrimination of Synthetic Vowels", *Language and Speech*, Vol.5, No.4 (1962).

98. Gandour, J. T., "On the Interaction Between Tone and

Vowel Length: Evidence from Thai Dialects", *Phonetica*, Vol.34, No.1 (1977).

99. Gandour, J., "Tone Perception in Far Eastern languages", *Journal of Phonetics*, Vol.11, No.2 (1983).

100. Garellek, M., Keating, P., Esposito, C., & Kreiman, J., "Voice Quality and Tone Identification in White Hmong", *The Journal of the Acoustical Society of America*, Vol.133, No.2 (2013).

101. Gick, B., "The Use of Ultrasound for Linguistic Phonetic Fieldwork", *Journal of the International Phonetic Association*, Vol.32, No.2 (2002).

102. Gleason, H., *An Introduction to Descriptive Linguistics*, New York: Holt, Rinehart & Winston, 1961.

103. Glenn, J. R., "The Sound Recordings of John P. Harrington: A Report on Their Disposition and State of Preservation", *Anthropological Linguistics*, Vol.33, No.4 (1991).

104. Gobl, C., and Ní Chasaide, A., "Voice Source Variation and Its Communicative Functions", in W. J. Hardcastle, J. Laver and F. E Gibbon (Eds.), *The Handbook of Phonetic Sciences*, Oxford: Wiley-Blackwell, 2010.

105. Goedemans, R., Harry, van der H., & Ellis, V., *StressTyp: The Structure of a Database for Stress Patterns of the World's Languages*, University of Leiden, 2006.

106. Gordon, M., *Collecting Phonetic Data on Endangered Languages*, The 15th International Congress of Phonetic Sciences, 2003.

107. Gordon, M., Barthmaier, P., & Sands, K., "A Cross-Linguistic Acoustic Study of Voiceless Fricatives", *Journal of the International Phonetic Association*, Vol. 32, No. 2 (2002).

108. Gordon, M., & Maddieson, I., "The Phonetics of Ndumbea", *Oceanic Linguistics*, Vol.38, No.1 (1999).

109. Gordon, M., & Ladefoged, P., "Phonation Types: A cross-Linguistic Overview", *Journal of Phonetics*, Vol.29, No. 4 (2001).

110. Gudschinsky, S., "Native Reactions to Tones and Words in Mazatec", *Word*, Vol.14, No.2-3 (1958).

111. Gudschinsky, S., "Toneme Representation in Mazatec Orthography", *Word*, Vol.15, No.3 (1959).

112. Hale, K., Krauss, M., Watahomigie, L. J., Yamamoto, A. Y., Craig, C., Jeanne, L. M., & England, N. C.,"Endangered-Languages", *Language*, Vol.68, No.1 (1992).

113. Hallé, P.A., Chang, Y-C. & Best, C.T., "Identification and Discrimination of Mandarin Chinese Tones by Mandarin Chinese vs. French Listeners", *Journal of Phonetics*, Vol.32, No.3 (2004).

114. Harris, Z., *Methods in Structural Linguistics*, Chicago: University of Chicago Press,1951.

115. Haugen, E., "The Phonemes of Modern Lcelandic", *Language*, Vol.34, No.1 (1958).

116. Healey, A., *Handling Unsophisticated Linguistic Informants*, Canberra: Linguistics, Department of Anthropology

and Sociology, The Australian National University, 1964.

117. Healey, A., *Language Learner's Field Guide*, *Ukarumpa*, Papua New Guinea: Summer Institute of Linguistics, 1975.

118. Henrich, N., d'Alessandro, C., Doval, B., & Castellengo, M., "On the Use of the Derivative of Electroglottographic Signals for Characterization of Nonpathological Phonation", *The Journal of the Acoustical Society of America*, Vol.115, No.3 (2004).

119. Hildebrandt, K., "APhonetic Analysis of Manange Segmental and Suprasegmental Properties", *Linguistics of the Tibeto-Burman Area*, Vol. 21, No.8 (2005).

120.Himmelmann, N., "Prosody in Language Documentation", in Jost Gippert, Nikolaus P. Himmelmann and Ulrike Mosel (Eds.), *Essentials of Language Documentation*, Berlin and New York: Mouton de Gruyter, 2006.

121. Himmelmann, N., & Ladd, R., "Prosodic Description: An Introduction for Fieldworkers", *Language Documentation and Conservation*, Vol.2, No.2 (2008).

122. Hillenbrand, J., Cleveland, R. A., & Erickson, R. L., "Acoustic Correlates of Breathy Vocal Quality", *Journal of Speech, Language, and Hearing Research*, Vol. 37, No. 4 (1994).

123. Hockett, C. F., *A Course in Modern Linguistics*, New York: The Macmillan Co, 1958.

124. Hogan, J. T., & Manyeh, M., "A Study of Konotone

Spacing", *Phonetica*, Vol.53, No.4 (1996).

125. Hoijer, H., "Native Reaction as a Criterion in Linguistic Analysis", *Proceedings of the Eighth International Congress of Linguists*, Oslo: Oslo University Press, 1958.

126. Holmberg, E. B., Hillman, R. E., & Perkell, J. S., "Glottal Airflow and Transglottal Air Pressure Measurements for Male and Female Speakers in Soft, Normal, and Loud Voice", *The Journal of the Acoustical Society of America*, Vol.84, No.2 (1988).

127. Holmberg, E., Hillman, R. E., & Perkell, J. S., "Measures of the Glottal Airflow Waveform, EGG, and Acoustic Spectral Slope for Female Voice", *Proc. ICPhS*, Vol. 95 (1995).

128. Holt, L. L., Lotto, A. J., & Diehl, R. L., "Auditory Discontinuities Interact With Categorization: Implications for Speech Perception", *The Journal of the Acoustical Society of America*, Vol.116 (2004).

129. Hombert, J. M., *The Perception of Contour Tones*, Proceedings of the First Annual Meeting of the Berkeley Linguistics Society, 1975.

130. Hombert, J. M., "Consonant Types, Vowel Quality, and Tone", In Victoria. A. Fromkin (Ed.) *Tone: A Linguistic*, New York: Academic Press, 1978.

131. Hombert, J. M., Ohala, J. J., & Ewan, W. G., "Phonetic Explanations for The Development of Tones", *Language*, Vol.55, No.1 (1979).

132. Howard, D. M., "Variation of Electrolaryngographically Derived Closed Quotient for Trained and Untrained Adult Female Singers", *Journal of Voice*, Vol.9, No.2 (1995).

133. Huffman, M., "Measures of Phonation Type in Hmong", *The Journal of the Acoustical Society of America*, Vol. 81, No.2 (1987).

134. Hughes, G. W., & Halle, M., "Spectral Properties of Fricative Consonants", *Journal of the Acoustical Society of America*, Vol.28 (1956).

135. Hyman, L., "Word-Prosodic Typology", *Phonology*, Vol.23, No.2, (2006).

136. Hyman, L., "How (not) To Do Phonological Typology: The Case of Pitch-Accent", *Language Sciences*, Vol.31, No.2-3 (2009).

137. International Phonetic Association., *Handbook of the International Phonetic Association: A Guide to the Use of the International Phonetic Alphabet*, Cambridge: Cambridge University Press, 1999.

138. Javkin, H. R., Antōnanzas-Barroso, N., & Maddieson, I., "Digital Inverse Filtering for Linguistic Research", *Journal of Speech, Language, and Hearing Research*, Vol.30, No.1 (1987).

139. Jianfen, C., & Maddieson, I., "An Exploration of Phonation Types in Wu Dialects of Chinese", *UCLA Working Papers in Phonetics*, Vol.72 (1989).

140. Johnson, K., Ladefoged, P., & Lindau, M., "Indi-

vidual Differences in Vowel Production", *The Journal of the AcousticalSociety of America*, Vol.94, No.2 (1993).

141. Jongman, A., Wayland, R., & Wong, S., "Acoustic Characteristics of English Fricatives", *Journal of the Acoustical Society of America*, Vol.108, No.3 (2000).

142. Keating, P. A., & Esposito, C., "Linguistic Voice Quality", *UCLA Working Papers in Phonetics*, Vol. 105 (2007).

143. Keating, P., Esposito, C., Garellek, M., Khan, S., & Kuang, J., *Phonation Contrasts Across Languages*, Proceedings of the 17th international congress of phonetic sciences (ICPhS), Hong Kong, 2011.

144. Keating, P., Garellek, M., & Kreiman, J., *Acoustic Properties of Different Kinds of Creaky Voice*, Proceedings of the 18th International Congress of Phonetic Sciences, Glasgow, 2015.

145. Keating, P., Kuang, J., Esposito, C., Garellek, M., & Khan, S., "Multi-Dimensional Phonetic Space for Phonation Contrasts", *LabPhon* 13, Stuttgart, 2012.

146. Keating, P., & Kuo, G., "Comparison of Speaking Fundamental Frequency in English and Mandarin", *The Journal of the Acoustical Society of America*, Vol.132, No.2 (2012).

147. Keating, P., & Shue, Y. L., "Voice Quality Variation With Fundamental Frequency in English and Mandarin", *The Journal of the Acoustical Society of America*, Vol.126, No.4 (2009).

148. Kelly, J., & Local, J., *Doing Phonology: Observing, Recording, Interpreting*, Manchester and New York: Manchester University Press, 1989.

149. Kirk, P., Ladefoged, P., & Ladefoged, J., "Using a Spectrograph for Measures of Phonation Types in a Natural Language", *UCLA Working Papers in Phonetics*, Vol.59 (1984).

150. Klatt, D. H., "Discrimination of Fundamental Frequency Contours in Synthetic Speech: Implications for Models of Pitch Perception", *J Acoust Soc Am*, Vol.53, No.1 (1973).

151. Klatt, D. H., & Klatt, L. C., "Analysis, Synthesis, and Perception of Voice Quality Variations Among Female and Male Talkers", *Journal of the Acoustical Society of America*, Vol. 87, No. 2 (1990).

152. Kong, J., *Laryngeal Dynamics and Physiological Models: High Speed Imaging and Acoustical Techniques*, Beijing: Peking University Press, 2007.

153. Kong, J., *A Study on Tone Emergence Based on Phoneme Load*, International Conference on the Ancestry of the Languages and Peoples of China, Guangzhou, China, 2017.

154. Krauss, M. E., "Athabascan Tone", *Athabascan Prosody*, in Sharon Hargus and Keren Rice (Eds.), Amsterdam and Philadelphia: John Benjamins, 2005.

155. Krauss, M. E., "Keynote-Mass Language Extinction and Documentation: The Race Against Time", in Miyaoka, O., Sakiyama, O. & Krauss, M. E. (Eds.), *The Vanishing Languages of the Pacific Rim*, Oxford: Oxford University Press,

2007.

156. Krishnamurti, B., "Fieldwork on Konda, a Dravidian Language", *Language Typology and Universals*, Vol. 60,No.1 (2007).

157. Kuang, J., Phonation in Tonal Contrasts, Ph.D. dissertation, UCLA, 2013a.

158. Kuang, J., "The Tonal Space of Contrastive Five Level Tones", *Phonetica*, Vol.70, No.1-2 (2013b).

159. Kuang, J., "Covariation Between Voice Quality and Pitch: Revisiting the case of Mandarin Creaky Voice", *Journal of the Acoustical Society of America*, Vol.142, No.3 (2017).

160. Kuang, J., and Keating, P., "Vocal Fold Vibratory Patterns in Tense Versus Lax Phonation Contrasts", *Journal of the Acoustical Society of America*, Vol.136, No.5 (2014).

161. Kwan, J. C., *A phonology of a Black Miao dialect*, University of Washington, 1966.

162. Kwan, J., "Ch'ing Chiang Miao Phonology", *Tsing-Hua Journal of Chinese Studies*, Vol.9 (1971).

163. Ladefoged, P., "Use of Palatography", *Journal of Speech and Hearing Disorders*, Vol.22, No.5 (1957).

164. Ladefoged, P., "Igbirra Notes and Word-List", *Journal of West African Languages*, Vol.1, No.1 (1964).

165. Ladefoged, P., "Linguistic Phonetics", *UCLA Working Papers in Phonetics*, Vol.6 (1967a).

166. Ladefoged, P., *Three Areas of Experimental Phonetics*, London: Oxford University Press, 1967b.

167. Ladefoged, P., *A Phonetic Study of West African Languages* (2nd edition), Cambridge: Cambridge University Press, 1968.

168. Ladefoged, P., *Preliminaries to Linguistic Phonetics*, Chicago: University of Chicago Press, 1971.

169. Ladefoged, P., "The Linguistic Use of Different Phonation Types", in D. M. Bless & J. H. Abbs (Eds.), *Vocal Fold Physiology: Contemporary Research and Clinical Issues*, San Diego: College-Hill Press, 1983.

170. Ladefoged, P., *Elements of Acoustic Phonetics*, Chicago: University of Chicago Press, 1996.

171. Ladefoged, P., "Instrumental Techniques for Linguistic Phonetic Fieldwork", in Hardcastle, W. & Laver, J. (Eds.), *A Handbook of the Phonetic Sciences*, Oxford: Blackwell, 1997.

172. Ladefoged, P., *Phonetic Fieldwork*, The 15th International Congress of Phonetic Sciences, 2003a.

173. Ladefoged, P., *Phonetic Data Analysis: An Introduction to Fieldwork and Instrumental Techniques*, Oxford: Wiley-Blackwell, 2003b.

174. Ladefoged, P., *Preserving the sounds of disappearing languages*, 2003c.

175. Ladefoged. P., *Vowels and Consonants*, Oxford: Blackwell, 2005.

176. Ladefoged, P., & Antoñanzas-Barroso, N., "Computer Measures of Breathy Voice Quality", *UCLA Working Papers*

in Phonetics, Vol.61 (1985).

177. Ladefoged, P., & Disner, S. D., *Vowels and Consonants* (3rd edition), Oxford: Wiley-Blackwell, 2012.

178. Ladefoged, P., & Johnson, K., *A Course in Phonetics* (7thedition), Cengage, 2015.

179. Ladefoged, P., & Maddieson, I., "Recording the Phonetic Structures of Endangered Languages", *UCLA Working Papers in Phonetics*, Vol.93 (1996a).

180. Ladefoged, P., & Maddieson, I., *The Sounds of the World's Languages*, Oxford: Blackwell, 1996b.

181. Ladefoged, P., & Maddieson, I.,*A Course in Phonetics* (7th edition), Cengage Learning, 2015.

182. Ladefoged, P., Maddieson, I., & Jackson, M., "Investigating Phonation Types in Different Languages", in O. Fujimura (Eds.), *Vocal physiology: Voice Production, Mechanisms and Functions*, New York: Raven, 1988.

183. Ladefoged, P., & Traill, A., *Phonological Features and Phonetic Details of Khoisan Languages*, in J.W. Snyman (Ed.), Papers of seminar held on 27 July, 1979, Pretoria: University of South Africa, 1980.

184. Laver, J., *The Phonetic Description of Voice Quality*, Cambridge: Cambridge University Press, 1980.

185. Laver, J., *Principles of Phonetics*, Cambridge: Cambridge University Press, 1994.

186. Lehiste, I., *Suprasegmentals*, Cambridge, MA: MIT Press, 1970.

187. Lewis, M. Paul, Gary F. Simons, and Charles D. Fennig., *Ethnologue: Languages of the World*, Nineteenth edition, Dallas, Texas: SIL International, 2016.

188. Li, F-K., "Languages and Dialects", *The Chinese Year Book*, Shanghai; Also in Journal of Chinese Linguistics, Vol.1 (1937/1973).

189. Liberman, A. M., "Some Results of Research on Speech Perception", *Journal of the Acoustical Society of America*, Vol.29, No.29 (1957).

190. Liberman, A. M., Cooper, F. S., Shankweiler, D. P., & Studdert-Kennedy, M., "Perception of the Speech Code", *Psychological review*, Vol.74, No.6 (1967).

191. Liberman, A. M., Harris, K. S., Hoffman, H. S., Griffith, B. C., "The Discrimination of Speech Sounds Within and Across Phonemic Boundaries", *Journal of Experimental Psychology*, Vol.54, No.5 (1957).

192. Liberman, A.M., Harris, K.S., Kinney, J.A., Lane, H., "The Discrimination of Relative Onset-time of the Components of Certain Speech and Nonspeech patterns", *Journal of Experimental Psychology: General*, Vol.61, No.5 (1961).

193. Lindblom, B., "Phonetic Universals in Vowel Systems", *Experimental Phonology*, 1986.

194. Lindblom, B., "Explaining Phonetic Variation: A Sketch of the H & H Theory", *Speech Production and Speech Modelling*, Springer Netherlands, 1990.

195. Liljencrants, J. & B. Lindblom., "Numerical Simula-

tion of Vowel Quality Systems: The Role of Perceptual Contrast", *Language*, Vol.48 (1972).

196. Lindblom, B., & Maddieson, I., "Phonetic Universals in Consonant Systems", in L. M. Hyman, and C. N. Li (Eds.), *Language, Speech and Mind, Studies in Honor of Victoria A. Fromkin*, London: Routledge, 1988.

197. Liu, W., *A Perceptual Study on the Five Level Tones in Hmu (Xinzhai variety)*, The 13th Phonetic Conference of China (PCC 2018), Guangzhou, China, 2018.

198. Liu, W., "The Proto-Yao Initials and the Relationship Between Yao and Chinese", in Kong, Jiangping (Ed.), *The Ancestry of the Languages and Peoples of China, Journal of Chinese Linguistics, Monograph Series*, Vol.29 (2019).

199. Liu, W., & Kong, J., *A Study on Phonation Patterns of Tones in Xinzhai Miao*, The 9th International Conference in Evolutionary Linguistics (CIEL-9), Yunnan Minzu University, Kunming, China, 2017a.

200. Liu, W., Kong, J., *The Role of Breathy Voice in Xinzhai Miao Tonal Perception*, The 50th International Conference on Sino-Tibetan Languages and Linguistics (ICSTLL-50), Institute of Ethnology and Anthropology, Beijing, China, 2017b.

201. Liu, W., Lin, Y-J., Yang, Z., & Kong, J., "Hmu (Xinzhai variety)", *Journal of the International Phonetic Association*, Vol.50, No.2, (2020).

202. Longacre, R. E., "Five Phonemic Pitch Levels in

Trique", *Acta Linguistica*, Vol.7, No.1-2 (1952).

203. Maddieson, I., "Universals of Tone", in Joseph H. Greenberg, Charles A. Ferguson & Edith A. Moravcsik (Eds.), *Universals of Human Language*, Stanford, California: Stanford University Press, 1978.

204. Maddieson, I.,*Patterns of Sounds*, Cambridge: Cambridge University Press, 1984.

205. Maddieson, I., "Tone Spacing", *York Papers in Linguistics*, Vol.15 (1991).

206. Maddieson, I., "Collapsing Vowel Harmony and Doubly-Articulated Fricatives: Two Myths about the Phonology of Avatime", in Maddieson, I. & Hinnebusch, T. J. (Eds.), *Language History and Linguistic Description in Africa*, Trenton: Africa World Press, 1998.

207. Maddieson, I., "Phonetic Fieldwork", in P. Newman & M. Ratliff (Eds.), *Linguistic Fieldwork*, Cambridge: Cambridge University Press, 2001.

208. Maddieson, I., "Tone", in Haspelmathet al.(Eds.), *The World Atlas of Language Structures*, Oxford: Oxford University Press, 2005.

209. Maddieson, I., & Hess, S., "'Tense'and 'Lax'Revisited: More on Phonation Type and Pitch in Minority Languages in China", *UCLA working papers*, Vol. 63 (1986).

210. Maddieson, I., & Ladefoged, P., "'Tense' and 'lax' in four minority languages of China", UCLA Working Papers in Phonetics, Vol. 60 (1985).

211. Marasek, K., *Glottal Correlates of the Word Stress and the Tense/Lax Opposition in German*, Proceedings of the International Congress of Phonetic Sciences ,University of Stuttgart, Stuttgart, 1996.

212. Marasek, K., "Electroglottographic Description of Voice Quality", *Arbeitspapiere des Instituts für Maschinelle Sprachverarbeitung*, Vol.3, No.2 (1997).

213. Matthews, G., "A Phonemic Analysis of a Dakota Dialect", *International Journal of American Linguistics*, Vol. 21, No.1 (1955).

214. Miller, A. and Finch, K., "Corrected High Frame Rate Anchored Ultrasound With Software Alignment", *Journal of Speech, Language and Hearing Research*, Vol. 54, No. 2 (2011).

215. Miyaoka, O., "Endangered Languages: The Crumbling of the Ecosystem of Language and Culture-An Introduction to Kyoto Conference", *Lectures on Endangered Languages*: 2-*From Kyoto Conference* 2000, 2001.

216. Mok, P. P. K., & Wong, P. W. Y., *Perception of the Merging Tones in Hong Kong Cantonese: Preliminary Data on Monosyllables*, Speech Prosody 2010-Fifth International Conference, 2010.

217. Mok, P. P., Zuo, D., & Wong, P. W., "Production and Perception of a Sound Change in Progress: Tone Merging in Hong Kong Cantonese", *Language Variation and Change*, Vol.25, No.3 (2013).

218. Moseley, C., *Atlas of the World's Languages in Danger*, Paris: Unesco Publishing, 2010.

219. Moran, S., & McCloy, D., *PHOIBLE* 2.0, Jena: Max Planck Institute for the Science of Human History, 2019.

220. Moulines, E., Charpentier, F., "Pitch-synchronous Waveform Processing Techniques for Text-to-speech Synthesis Using Diphones", *Speech communication*, Vol. 9, No. 5-6 (1990).

221. Moulines, E., Laroche, J., "Non-parametric Techniques for Pitch-scale and Time-scale Modification of Speech", *Speech communication*, Vol.16, No.2 (1995).

222. Newman, P. & Ratliff, M., *Linguistic Fieldwork*, Cambridge: Cambridge University Press, 2001.

223. Ohala, J. J., "The Physiology of Tone", *Southern California Occasional Papers in Linguistics*, Vol.1 (1973).

224. Ohala, J. J., "Production of Tone", *Tone*, New York: Academic Press, 1978.

225. Ohala, J. J., & Ewan, W. G., "Speed of Pitch Change", *The Journal of the Acoustical Society of America*, Vol.53 (1973).

226. Orlikoff, R. F., "Assessment of the Dynamics of Vocal Fold Contact From the Electroglottogram Data from Normal Male Subjects", *Journal of Speech, Language, and Hearing Research*, Vol.34, No.5 (1991).

227. Peng, G., Zheng, H-Y., Gong, T., Yang, R-X., Kong, J-P. & Wang, W. S-Y., "The Influence of Language Ex-

perience on Categorical Perception of Pitch Contours", *Journal of Phonetics*, Vol.38, No.4 (2010).

228. Pike, K. L., *Phonemics: A Technique for Reducing Languages to Writing*, Michigan: University of Michigan Press, 1947.

229. Pisoni, D. B., "Auditory and Phonetic Memory Codes in the Discrimination of Consonants and Vowels", *Perception & Psychophysics*, Vol.13, No.2 (1973).

230. Pisoni, D. B., "Identification and Discrimination of the Relative Onset Time of Two Component Tones: Implications for Voicing Perception in Stops", *The Journal of the Acoustical Society of America*, Vol.61 (1977).

231.Ratliff, M., *Hmong-Mien Language History*, Canberra: Pacific Linguistics, 2010.

232. Redden, J., "On Expanding the Meaning of Applied Linguistics: A Suggestion for Training Linguists and Language Teachers in Field Linguistics", *Notes on Linguistics*, Vol. 22 (1982).

233. Repp, B. H., "Categorical Perception: Issues, Methods, Findings", in N.J. Lass (Ed.), *Speech and language: Advances in basic research and practice*, 10, New York: Academic Press, 1984.

234. Rothenberg, M., "A New Inverse-Filtering Technique for Deriving the Glottal Air Flow Waveform During Voicing", *Journal of the Acoustical Society of America*, Vol.53, No.6 (1973).

235. Rothenberg, M., "Measurement of Airflow in Speech", *Journal of Speech and Hearing Research*, Vol.20, No.1 (1977).

236. Rothenberg, M., & Mahshie, J. J., "Monitoring Vocal Fold Abduction Through Vocal Fold Contact area", *Journal of Speech, Language, and Hearing Research*, Vol.31, No.3 (1988).

237. Shi, F., Shi, L., & Liao, R., "An Experimental Analysis of the Five Level Tones of the Gaoba Dong Language", *Journal of Chinese Linguistics*, Vol.15, No.2 (1987).

238. Shue, Y-L., Keating, P. A., Vicenik, C., & Yu, K., *Voice Sauce: A Program for Voice Analysis*, Proceedings of the 17th international phonetic sciences (ICPhS), Hong Kong, 2011.

239. Si, X., Zhou, W., & Hong, B., "Cooperative Cortical Network for Categorical Processing of Chinese Lexical Tone", *Proceedings of the National Academy of Sciences*, Vol.114, No.46 (2017).

240. Silverman, D., "Pitch Discrimination Between Breathy vs. Modal Phonation", in J. Local, J., Ogden, R., Temple, R. (Eds.), *Laboratory Phonology*, 6, Cambridge: Cambridge University Press, 2003.

241. Silverman, D., Blankenship, B., Kirk, P., & Ladefoged, P., "Phonetic Structures in Jalapa Mazatec", *Anthrolopological Linguistics*, Vol.37, No.1 (1995).

242. Spajić, S., Ladefoged, P., Maddieson, I., & Sands, B., "Phonetic Structure of Dahalo", *UCLA Working Papers in*

Phonetics, Vol.84 (1993).

243. Steinschneider, M., Volkov, I. O., Fishman, Y. I., Oya, H., Arezzo, J. C., & Howard, M. A., "Intracorticalresponses in Human and Monkey Primary Auditory Cortex Support a Temporal Processing Mechanism for Encoding of the Voice Onset Time Phonetic Parameter", *Cerebral Cortex*, Vol.15 (2005).

244. Stevens, K. N., *Acoustic Phonetic*, Cambridge, MA: MIT Press, 1998.

245. Stoakes H., Fletcher J. M. & Butcher A. R., *Articulatory Variability of Intervocalic Stop Articulation in Bininj-Gun-wok*, in P. Warren and C. I. Watson (Eds.), Proceedings of the 11th Australasian International Conference on Speech Science and Technology, Canberra: Australasian Speech Science and Technology Association Inc., 2006.

246. Stoakes H., Fletcher J. M. and Butcher A. R., *An Acoustic and Articulatory Study of BininjGun-wok Stop Consonants*, in J. Trouvain and W. J. Barry (Eds.), Proceedings of the 16th International Congress of Phonetic Sciences, Saarbrücken, 2007.

247. Strecker, D., "The Hmong-Mien Languages", *Linguistic of The Tibeto-Burman Area*, Vol.10, No.2 (1987).

248. Sun, K. C., & Huang, T., "A Cross-Linguistic Study of Taiwanese Tone Perception by Taiwanese and English Listeners", *Journal of East Asian Linguistics*, Vol.21, No.3 (2012).

249. Sutton, P., & Walsh, M., *Revised Linguistic Field-*

work Manual for Australia，Canberra：Australian Institute of Aboriginal Studies，1979.

250. Svantesson，J-O.，"Acoustic Analysis of Chinese Fricatives and Affricates"，*Journal of Chinese Linguistics*，Vol.14，No.1（1986）.

251. Tabain，M.，"An EPG Study of the Alveolar vs. Retroflex Apical Contrast in Central Arrernte"，*Journal of Phonetics*，Vol.37，No.4（2009）.

252. Tabain，M.，"EPG Data from Central Arrernte：A Comparison of the New Articulate Palate with the Standard Reading palate"，*Journal of the International Phonetic Association*，Vol.41，No.3（2011）.

253. Tabain，M.，"Research Methods in Speech Production"，*Bloomsbury Companion to Phonetics*，London：Bloomsbury，2013.

254. Tabain，M.，Fletcher，J. M. & Butcher，A. R.，"An EPG Study of Palatal Consonants in two Australian languages"，*Language and Speech*，Vol.54，Part 2（2011）.

255. Taylor，P.，*Text-to-speech synthesis*，Cambridge：Cambridge university press，2009.

256. Tehrani，H.，*The Electroglottograph*，2012.（http://www.linguistics.ucla.edu/faciliti/facilities/physiology/EGG.htm）

257. The UCLA Phonetics Lab Archive.，Los Angeles，CA：UCLA Department of Linguistics，2007.（http://archive.phonetics.ucla.edu）

258. Thieberger，N.，*The Oxford Handbook of Linguistic*

Fieldwork, Oxford: Oxford University Press, 2012.

259. Titze, I. R., "Interpretation of the electroglottographic signal", Journal of Voice, Vol.4, No.1 (1990).

260. Titze, I. R., "Phonation Threshold Pressure: A Missing Link in Glottal Aerodynamics", *The Journal of the Acoustical Society of America*, Vol.91, No.5 (1992).

261. Titze, I. R., *Principles of Voice Production*, Iowa Ciety, IA: National Center for Voice and Speech, 2000.

262. Upperman, G., *Changing pitch with PSOLA for voice conversion*, retrieved from on Nov, 12, 1, 2012. (http://cnx.org/content/m12474/1.3/)

263. Vaux, B., & Cooper, J., *Introduction to Linguistic Field Methods*, Munich: Lincom Europa, 1999.

264. Wang, F., "Sound Correspondence and the Comparative Study of Miao-Yao languages: From the Perspective of Pervasiveness of Sound Correspondence", *Bulletin of Chinese Linguistics*, Vol.8, No.1 (2015).

265. Wang, F., & Liu, W., "Sound Correspondence and the Comparative Study of the Miao-Yao Languages: From the perspective of complete sound correspondence", *Bulletin of Chinese Linguistics*, Vol.10, No.1 (2017).

266. Wang, W. S-Y., "Phonological Features of Tone", *International Journal of American Linguistics*, Vol.33 (1967).

267. Wang, W. S-Y., "Language change", *Annals of the New York Academy of Sciences*, Vol.208 (1976).

268. Wang, W. S-Y., "A Note on Tone Development",

Wang Li Memorial Volumes, 1987.

269. Wedekind, K., “Thoughts When Drawing a Map of Tone Languages”, *Afrikanistische Arbeitspapiere*, Vol.1 (1985).

270. Whorf, B., “Pitch Tone and the ‘Saltillo’ in Modern and Ancient Nahuatl”, *International Journal of American Linguistics*, Vol.59, No.2 (1993).

271. Woo, N. H., *Prosody and phonology*, Doctoral dissertation, Massachusetts Institute of Technology, 1969.

272. Xi, J., Zhang, L., Shu, H., Zhang, Y. & Li, P., “Categorical Perception of Lexical Tones in Chinese Revealed by Mismatch Negativity”, *Neuroscience*, Vol.170, No.1 (2010).

273. Xu, Y., Gandour, J.T., & Francis, A.L., “Effects of Language Experience and Stimulus Complexity on the Categorical Perception of Pitch Direction”, *The Journal of the Acoustical Society of America*, Vol.120 (2006).

274. Yang, R., “The Role of Phonation Cues in Mandarin Tonal Perception”, *Journal of Chinese Linguistics*, Vol. 43, No.1B (2015).

275. Yip, M., *Tone*, Cambridge: Cambridge University Press, 2002.

276. Zsiga, E., *Features, Gestures, and the Temporal Aspects of Phonological Organization*, Ph.D. dissertation, Yale University, 1993.

后 记

本书是本人黔东苗语(新寨)研究的阶段性成果。2013年,一个偶然的机会,我有幸初识黔东苗语(新寨)。通过传统听音记音调查,我发现该语言存在诸多有趣的语音现象,如五平调、气嗓音、送气擦音、送气边擦音和清鼻音,并被这些具有独特语言类型价值的语音特征深深吸引。自此之后,我展开了对黔东苗语(新寨)的探索之旅,除音系调查和同音字表整理外,还涉及声学分析、生理分析、行为学听辨实验和脑电实验等,并一直延续至今。

基于"语言学的语音学"研究理念,本书将现代语音学的理论、研究方法、仪器设备、技术手段与传统田野调查相结合,多视角、多维度地剖析调查对象的语言特征,进而呈现语言的真实面貌。成书过程中,我得到了诸多师友的鼎力帮助和热心关怀。

我首先要感谢孔江平老师。书中大部分章节内容都是我在攻读博士学位期间完成的,其中声调声学研究、嗓音发声类型研究、感知研究的实验设计、数据采集、数据分析和结果呈现都得益于与孔老师的讨论和交流。众所周知,语言学田野调查和实验"耗资不菲",有幸的是,黔东苗语(新寨)的调查和实验得到了孔老师的大力支持,这为本书的顺利完成提供了经费保障。在拙著修订过程中,又承孔老师拨冗赐序,从理论和实践两个方面对本研究做了高屋建瓴的评述,令本书增色良多。

我还要感谢汪锋老师将我领入民族语言研究的缤纷世界，并系统训练了我的语言田野调查技能。林幼菁老师开设的《民族语言调查》将黔东苗语（新寨）选做调查对象，本书"黔东苗语（新寨）音系研究"一章即得益于课堂的交流讨论。在调查早期，我曾向王洪君老师和陈保亚老师报告过黔东苗语（新寨）的音系，二位老师肯定了其独特的语言类型价值，并激励我继续追踪研究。

感谢鲍怀翘老师、沈钟伟老师、李爱军老师、蓝庆元老师、李云兵老师、石德富老师和杨海潮老师就本书内容和苗语研究给予的建议与帮助，诸位老师的鼓励也激励着我在苗语研究领域继续前行。

本书部分章节发表在 *Journal of the International Phonetic Association*、*Proceedings of Interspeech* 2020、《民族语文》《语言科学》《中国语音学报》等国内外期刊，感谢期刊编辑和匿名审稿专家反馈的建设性修改意见，这些意见使本书在一次次修改中渐成雏形。

当然，我还要感谢黔东苗语（新寨）的所有被试，是他们成就了本书。尤其感谢本书的主要发音合作者杨正辉。他既是母语者，又是研究者。2013 年第一次接触黔东苗语（新寨）时，他还是中央民族大学少数民族语言文学系的本科生。由于我们当时都面临繁重的学业，调查工作只能在周末进行。在闲暇时间完成初步调查后，我又利用寒假整理出了黔东苗语（新寨）的音系和同音字表。基于音系调查成果，我又设计了声学实验、生理实验和感知实验，并多次深入贵州黔东南苗族侗族自治州核查已有材料和采集新语音数据。在新寨调查和做实验期间，杨正辉全程通力配合，带我领略了苗寨的风土人情：高山流水、禾花鱼、长桌宴、吊脚楼、苗族民歌……让我在新寨体验了一段新鲜难忘的旅程，留下了刻骨铭心的记忆，同时也收获了深厚的友谊。时至今日，虽然我们居住于不同的城市，忙碌着各自的事业，但还时常就黔东苗语(新寨)研究交流彼此的看法和观点。

本书得以顺利出版，得益于我的任职单位山东大学文学院的资助。感谢杜泽逊院长和学院科研秘书吉颙老师协助处理出版事务。感谢山东大学出版社的李孝德老师，他承担了本书的编辑工作，并提出了诸多修订意见。当然，囿于个人学识和水平，书中若有错漏，概由本人负责。

感谢家人多年来一如既往地支持与呵护，家人的支持是我前进的最大动力。

语言学田野调查是一个迷人的研究领域，田野不仅能够提供鲜活的语言现象和语言事实，同时还能突破我们对现实世界的已有认知。当下，人类语言正处于极速变异和消亡的时期，语言背后代表的是族群特定的思维模式和文化的多样性，随着语言的消亡，人类文化多样性必然会随之而去。本书综合多个学科知识，采用多元的研究方法和技术手段，目的是为了更好地呈现调查对象的真实面貌，希望本书的研究成果可以为语言记录和保护提供一种新的研究参考，同时也为语言学的实证研究贡献一份绵薄之力。

刘　文

2021年3月29日

于山东大学中心校区